精益思想丛书

低成本 零缺陷 持续改善

The Toyota Way to Lean Leadership

Achieving and Sustaining Excellence through
Leadership Development

丰田模式

（领导力篇）

典藏版

[美] 杰弗瑞·莱克
（Jeffrey K. Liker）
加里·康维斯　著
（Gary L. Convis）

赵胜 译

机械工业出版社

CHINA MACHINE PRESS

图书在版编目（CIP）数据

丰田模式 . 领导力篇 : 典藏版 /（美）杰弗瑞·莱克（Jeffrey K. Liker),（美）加里·康维斯 (Gary L. Convis) 著；赵胜译 . -- 北京 : 机械工业出版社 , 2024.6. --（精益思想丛书）. --ISBN 978-7-111-75700-9

I. F431.364

中国国家版本馆 CIP 数据核字第 2024VH4037 号

机械工业出版社（北京市百万庄大街 22 号　邮政编码 100037）
策划编辑：刘　静　　　　　责任编辑：刘　静　　崔晨芳
责任校对：梁　园　李　杉　责任印制：郜　敏
三河市国英印务有限公司印刷
2024 年 8 月第 1 版第 1 次印刷
170mm×230mm·16.25 印张·1 插页·228 千字
标准书号：ISBN 978-7-111-75700-9
定价：89.00 元

电话服务　　　　　　　　　网络服务
客服电话：010-88361066　　机 工 官 网：www.cmpbook.com
　　　　　010-88379833　　机 工 官 博：weibo.com/cmp1952
　　　　　010-68326294　　金 书 网：www.golden-book.com
封底无防伪标均为盗版　　机工教育服务网：www.cmpedu.com

献给我的儿子杰西，正是因为他深刻的见解和睿智的建议，才有了全书的主题。

——杰弗瑞·莱克

献给我的妻子黛博拉，在我们精彩的人生旅程中，她始终伴我左右，给我坚定的支持。

——加里·康维斯

目录

推荐序一

很高兴机械工业出版社将出版莱克教授的新书《丰田模式（领导力篇）》。我一年前很荣幸地接受莱克教授的邀请，为这本书在台湾发行的繁体版做审校。20余天的边审边学，使我获益良多，不亦乐乎！

我佩服莱克教授对丰田公司的专精研究，同时另一位作者康维斯先生数十年如一日的严谨工作态度以及用心培养人才的宝贵经验也令我十分敬佩。因此，我特别在此为读者们总结我学习到的三个重点。

第一，一家企业的价值观与企业文化分不开，先要有一个愿景，然后在实际工作中体现出这些价值观。比如：丰田公司尊重员工，所以尽量不裁员；重视顾客需求，所以采用内建质量系统来追求零缺陷，作为公司运营的一根支柱；为了减少浪费，所以倡导连续流，作为另一根支柱；等等。经过反复的练习，持续改善，这些价值观会逐渐成为企业文化的一部分，体现在每个员工每天工作的行为模式上。书中提到的许多故事与迈克·鲁斯（Mike Rother）在《丰田套路》（Toyota Kata）中提出的研究心得有异曲同工之妙。

一家企业的价值观是企业未来发展的"真北",是凝聚全体员工的向心力。即使有一天遇到重大的环境变迁,也可以遵循既有的价值观回归原点,再次出发。丰田公司数十年来屡次遭遇重大挫折,但都能遵照这个原则度过危机,值得我们深思。

第二,作为一家企业的领导者,最重要的工作有两个:一是常到现场去,从实干或观察中掌握现状;二是鼓励部属接受挑战,培养他们解决问题的能力。前者帮助你赢得员工的尊敬,后者代表你对员工的尊重。

第三,前人给我们总结出了一套"守—破—离"的培养思维。本书举出许多实例来介绍如何在丰田应用这套思维,愈阐愈明。个人认为这个三部曲是戴明博士提出的"计划、执行、检查、处理"(PDCA)科学方法的前身。我们的前辈这样教导我们,我们也应该遵循同样的方法去教育下一代。感谢译者的用心,从浩瀚的中文词库中找出"守—破—离"这三个具有深远意义的字,既得体,又容易理解。

如果30年前能拜读此书,相信对我这半辈子做人做事的态度会有深远的影响。但现在也为时不晚,我很高兴把这些理念传递给年轻的朋友们,与他们分享。相信你们和我一样,读完这本书后一定会受益良多,祝你们学习快乐。

赵克强博士　精益企业总裁

2013 年 4 月 15 日

推荐序二

外人很难理解在我们公司内部，丰田模式是多么珍贵，他们也很难理解培养践行我们价值观的领导者要面临怎样的挑战。寻找新的更好的方式来培养丰田的领导者不啻无尽的征途。正是由于这个原因，加里·康维斯和杰弗瑞·莱克博士决定撰写这样一本书才会让我深感欣慰。加里曾是新联合汽车制造公司（NUMMI）卓越的领导者，我和他共事过，彼此非常熟悉。现在正是丰田向那些外部引进人才深入学习文化的时候。作为局外人，杰弗瑞博士一直致力于从较深的层次来理解丰田模式。他写的这本书把我们思想深处的东西诠释得非常到位，我真的被深深打动了。

2009年接任社长后不久，我曾做过一次简短的演讲，发誓要永远离"现场"最近。哪里有实物，哪里就有"现场"。消费者驾驶我们的车的时候，怎样使用我们的产品，哪些地方让他们觉得舒适以及哪些地方让他们觉得不便，这些都是临近"现场"才能了解的。作为公司现任领导者，凡期望他人做到的，我都必须身先士卒。深入把握"现场"就是要掌握第一手资料：产品是如何设计、生产和使用的，我们还存在哪些问题。问题永远都会存在，因为我们永远都不会是完美的。真正把握问题的唯一方式就是亲临"现场"。

这使我想到了丰田式领导力的作用，也就是本书的主题。在丰田，我们始终投入大量的时间和精力，以培养能理解和践行公司原则与价值观的领导者。我们想让公司的每一位领导者以及各级团队成员身上都有我们公司的DNA。我们期望我们的员工能有伟大创举，在面临乍一看不可能有胜算的挑战时，能欣然接受并努力获得成功。只有在伟大领导者的领导之下，员工才会有伟大的创举。所有人都是一边学习一边成长的，都需要老师和指导者的帮助与引导。在丰田，每一位领导者都有责任培养下一代领导者，这也是他们最重要的工作。

尊重他人就是要让他承受批评与反馈所带来的痛苦，这可能是人们没有想到的。当与团队成员分享他们改进活动所取得的成效时，我们经常会说："先告诉我们最坏的情况。你现在仍然没有解决的问题是什么？"如果我们不能基于真实情况给予他们准确的反馈，他们就不能成长，我们也就没有做到尊重他们。领导者的责任不是把员工置于失败的境地，而是把他们放在富有挑战性的位置上，让他们经过努力获得成功，而且知道怎样做才会更好。我们的目标是，丰田的每一位员工，从基层生产车间的工人一直到公司最高层管理人员都要努力奋斗，不断提高。我们都需要老师引导我们更上一层楼。我个人现在仍然在接受很多老师的教导。

加里和杰弗瑞博士对我们培养领导者的方式进行了详细说明，这又是一个我们丰田人进行反思和学习的机会。我希望本书能让你获得一些价值理念，使你本人和你的公司都能从中受益。

丰田章男　丰田汽车公司董事长

前　言

严峻挑战时期丰田的典范作用

这是一本有关发展精益领导者的书，它毫不掩饰地将丰田作为精益领导杰出的典型。在精益运动中表现出来的巨大差距以及很多精益项目最终以失败告终的根本原因都在于领导。在本书中你将会看到，精益领导和西方公司（美国或者欧洲的公司）以及日本的大多数公司所采用的常见领导模式大相径庭。

我们从 2008 年年初开始写这本书，当时把丰田视作持续卓越领导的典型是完全没有争议的。丰田从无名小卒起家，发展成世界最大的汽车生产商，连续 50 年实现盈利。而且，对于很多公司来说，丰田模式已经成为一种追求卓越的蓝图和向导。可是到了 2009 年年末，局外人都开始考虑是否应该把丰田当作失败领导而不再是模仿的典型进行研究。这也是无可指责的。到了 2011 年年底我们准备出版这本书的时候，丰田在不到 5 年的时间里遭受了 3 次沉重的打击，最后一次是日本地震和海啸，现在仍然处于恢复中，还没有恢复到 2007 年不可战胜的状态。

确实，有关丰田的报道，尤其是2010年年初的报道让大多数人都认定丰田已经丢掉了自己的方式。几百万辆汽车被召回；被指汽车失控；不断有谣言称公司隐匿或否认了严重的缺陷；公司高层领导者多次承认失败并道歉。所有这一切都使丰田成为用以警示后人的例子，而不再是鼓舞人心的典范。

可是今天，我们依然认为丰田是鼓舞人心的典范。在看完我们这本书之后，你听我们这么说就不会再感到惊讶。可是话又说回来，我们还认为丰田领导方式和领导者培养存在着不容忽视的失败。我们真正想说的是，丰田某些部门在面对召回危机的时候，采取的一些行为或者举措并没有践行丰田模式。但是这些不到位的行为并不是说我们就不能从丰田学到怎样培养精益领导者的重要经验，反倒说明我们要学习的还有很多。在丰田章男的领导下，丰田公司从各种各样的危机中进行反思和学习。因此我们认为，并不是丰田模式存在缺陷，而是在践行丰田模式时还存在没有做到位的情况。对于这些问题的解决，我们并不推荐根本性的改变，而是提倡要更加关注根本性的东西。换句话说，就是公司需要（一直如此）回到丰田模式最根本的方方面面。

正如丰田模式教导我们的，从失败中我们能学到很多，但是前提条件是对真正的失败和根本的原因进行确认并彻底解决。我们两个人一个在丰田工作，一个研究丰田，时间加起来有50年了；我们与公司内部各个层面的人士进行了广泛接触，同时还进行了其他方面的一些研究。在此基础上，我们发现，2007～2011年致使丰田遭遇三重危机的真正原因与大众媒体的普遍看法截然不同。基于我们对丰田问题的清晰了解，加之丰田对挑战丰田声誉的危机所做出的最终反应，我们深信，丰田和以往一样，依然是精益领导的卓越典型，或许比以往更加优秀。

因此在本书正文之前，让我们先有一个清晰的了解。[1]

经济大萧条

经济萧条对汽车行业的冲击比对其他行业的冲击来得要早。早在2008

年，原材料价格，尤其是钢铁价格暴涨。接着，在 2008 年夏初，石油价格上涨，涨幅之高可谓前所未有。石油身价倍增，这一冲击足以使消耗大量汽油的通用小货车和运动型多功能汽车（SUV）的销量锐减。失去 40% 甚至更多的销量在汽车行业实属常见，丰田也不例外。

丰田并不是第一次面对大范围的经济冲击。早在 1973 年石油危机的时候，丰田生产体系（Toyota Production System，TPS）在日本就已经很出名。那个时候日本国内销售和出口暴跌，不过丰田比其他公司以更快的速度恢复了盈利。怎么会出现这种情况呢？原来，丰田通过在整个生产链上推行准时化生产（just-in-time production），最大限度地消除了过量生产和库存，所以能快速满足美国对节油丰田汽车日益增长的需求。丰田出人意料的成功使得全日本（最终扩展到了全世界）掀起了推行丰田生产体系的热潮。

2008 年的经济萧条与以往不同。几年以来，丰田大卡和运动型多功能汽车销售的速度一直比生产的速度要快。为了逐步迎合强劲的需求，丰田允许这些车型留有库存。他们甚至还在得克萨斯州圣安东尼奥新建立一家工厂，专门生产丰田坦途，以提高这些车型的生产能力。后来在石油暴涨、汽车需求暴跌的情况下，过多库存和生产带来的弊病随之凸显，令人触目惊心。丰田做出艰难的决定，关闭了美国坦途和红杉多功能运动车生产线长达 3 个月，等待库存回落。

过量生产导致了生产线最终关闭，尽管这说明了丰田在执行丰田模式、应对危机的过程中尚存在待改进的地方，但并不说明丰田放弃了丰田模式的原则。工厂被关闭 3 个月，但在整个停工期间并没有裁减员工。[2] 相反，丰田还进行投资，通过培训和改善来促进员工的发展。对培训的大量需求说明，在多年竭尽全力发展的过程中，丰田对员工培养的投入并不足够。在全世界经济大萧条、所有汽车的需求量都暴跌的情况下，丰田的培训和改善足足持续了 3 个多月。

在经济萧条时期，其他所有全球性汽车公司都在大批裁员，而丰田却往员工身上投资。丰田之所以有这种能力，是因为它还有一条原则：自力更生。

第二次世界大战（以下简称"二战"）之后，为了实现快速发展，丰田大量融资，身负大量债务。后来的发展并没有预期的那么快，公司几近破产。结果，公司创始人丰田喜一郎（Kiichiro Toyoda）在债权人的压力下被迫裁减工人，后来他本人也辞职了。资金上依赖他人风险很大，这件事清楚地说明了这一点。从那以后，即使是在最好的年份里，丰田也一直坚持勤俭持家，积累起大量的财富，以备在不测之时能够自力更生。经济大萧条时期丰田也确实做到了这一点。公司积蓄大量的现金储备，几乎没有债务。所以，公司才有能力在员工身上投资，承受巨额的短期损失。因此，当其他公司为维持生存而举步维艰的时候，丰田却能够继续为将来谋求发展。不过，这并不是说丰田没有缩减费用，只是丰田的做法与经济萧条时期其他公司的常见做法截然不同。丰田的做法是：在让工人们共同分担经济危机带来的痛苦之前，管理者首先削减自己的薪酬，包括工资和津贴，并减少自己的额外待遇。最终，尽管加班费、津贴和临时劳务费都被取消了，但全资的丰田工程与制造公司没有发生一例非自愿的减员。

结果，这些具有前瞻性的行为使丰田以非常好的状态安然度过经济危机，很快就恢复到了盈利状态。丰田的质量、生产能力和安全性都超过了经济危机前的水平，工厂运行良好。然而，接着又发生了召回危机。

召回危机

这自然要从一辆雷克萨斯丰田车的严重事故说起。那是在 2009 年 8 月，一位不当班的加利福尼亚高速公路巡警在圣迭戈遭遇车祸。与绝大多数车祸不同的是，这次致使 4 人丧生的惨案被 911 电话记录了下来。出事汽车是从一家雷克萨斯经销商那里借来的（这家人把自己的车放在那里做日常保养）。在沿着郊区高速公路行驶的时候，驾驶员突然对汽车失去了控制，无论怎么踩刹车，汽车就是不减速，相反却一直加速，直到超过每小时 110 英里[⊖]。就

⊖ 1 英里 = 1609.3 米。

在失控的汽车高速飞驰时，车上一个人打通 911 寻求帮助，在还没有找到阻停汽车的方法时，汽车与一辆 SUV 相撞，冲到护堤上，4 个人全部死亡，汽车撞毁，燃起熊熊大火。媒体开始进行毫无根据的猜测，认为车祸起源于电磁干扰，干扰使汽车电脑紊乱，持续加速，直至失去控制。

这起事故引发了各大报纸、美国国家高速公路交通安全管理局（National Highway Traffic Safety Administration, NHTSA）和美国国会的调查，最后，美国国家航空航天局（NASA）受 NHTSA 的委托也参与了调查。有人称丰田电子元件存在严重问题，导致汽车突然意外加速（一般称之为"暴冲"），而丰田却对该问题进行了隐瞒。于是《洛杉矶时报》成立了一个特别调查小组（想必是冲着普利策大奖而来的），集中对丰田展开调查，准备对这一问题进行披露。混淆视听就是这样发生的，结果导致谣言四起，为了满足个人或者机构的需要，有人甚至开始进行恶性攻击。

2009 年 10 月，在事故发生两个月后，即在经济危机最肆虐之前的 3 个月，圣迭戈警察局发布了一份报告，并被传到网上。到目前为止，至少有一些人看到了这份报告或者报告摘要。但是该报告后来才引起大量媒体关注。警察局的深入调查不容置疑地说明，车祸是由借出汽车的经销商人为造成的。经销商错把一辆 SUV 上的全天候地垫铺到了出事汽车上，勉强铺进了驾驶舱，却无法用夹子把地垫固定住。这完全违反了正常的操作程序。不难想象，这样做的结果是，油门踏板被绊住。原车没有一点问题，问题是由修理车的经销商人为造成的。NHTSA、丰田以及丰田的科技顾问公司 Exponent 最后对遭质疑的突然意外加速进行调查，结果发现没有一例是由电子问题造成的，而且在几乎所有的调查中，都认定车祸是人为造成的，即司机踩的是油门踏板，却误以为踩了刹车踏板。为了向持怀疑态度的美国国会证明这一切都是真的，NHTSA 甚至授意 NASA 展开独立调查。在这场危机最严重的时期过去一年之后，调查结果被公之于众。2011 年 2 月，在危机狂潮过去一年之后，交通运输部部长雷·拉胡德在一次新闻发布会上公布了调查结果："最终的裁定就是，丰田车意外加速并非由电子元件引起。"

最后，所有人都可以走开、回家并忘记丰田曾经因为媒体等的错误报道而遭受过攻击，是这样吧？可是丰田绝对不会这样。丰田的问题被揭示出来：少量车上的踏板不够灵活，回弹的反应慢（在美国售出的 200 万辆车中，12 辆被确认有这种问题）；普锐斯刹车装有可调试软件，以便在非常时期防抱死制动系统能够启动，结果却容易让司机产生错觉，从而用力更小；《消费者报告》（Consumer Reports）曾做过操作测试，结果发现，驾驶雷克萨斯 SUV 以每小时 60 英里的速度急转弯，脚突然抬离油门而又没有踩下刹车，此时车子的电动稳定控制系统表现得不够灵敏。幸运的是，所有这些问题都没有造成事故。可是，不管怎么说这些都是问题。

丰田的一次次召回，表面上看是丰田汽车一时存在大量的质量和安全问题，实际上，这完全是一种错觉。丰田在意识到问题的严重性之后，通常的做法是，先召回问题汽车，再进行调查。例如，雷克萨斯受到了《消费者报告》的批评，在《消费者报告》文章登出来的当天该车型就被召回。再仔细看看，各种召回事件只是在美国盛行。2010 年，其他汽车公司也都深陷这一危机中。据 NHTSA 报告，2010 年共发生 600 次召回事件，是自 2004 年以来最多的一年。[3] 在这 600 次召回事件中，丰田所占的次数是最少的，而它召回的车辆数目却是最多的，主要是因为丰田有 230 万辆汽车都使用了那种特殊的油门踏板，其实这种踏板很少会出现被卡住的情况。

按理说，丰田公司这样大规模的召回并不是因为有大量实际存在的技术问题，而是因为身陷多方利益形成的政治风暴中：议会代表追求连任成功，媒体发疯般地要扭转因为经济危机而带来的收入缩水局面，辩护律师服务的美国客户已经破产或者几近破产，所谓"专家型"目击者是因为收了辩护律师的钱才帮他说话。很多人猜测，在 2000 ～ 2010 年的 10 年里，丰田由于太过关注发展和盈利，才导致了质量问题的频发。可是，在 2009 年秋，丰田公司赢得的质量和安全奖项比其他任何公司都多。2010 年春，新闻媒体还在报道丰田公司依然在不断召回其汽车的时候，关于质量的审查却在大幅减少。然后，突然间，到了 2010 年秋，在《消费者报告》调查的 17 个项目中，丰田有 10 项位居榜首。而且在 J. D. Power 所调查的汽车品牌中，丰田所得的奖项也遥遥领先（该奖项以车辆购置 3 年后的可靠性和里程在 200 000 英里以上的汽车的持久品质为依据）。媒体到此完全安静下来，在包括 Polk 研究机构、《基普林格》（*Kiplinger's*）、公路安全保险研究所以及《车主之选》（*Motorist Choice*）等众多机构评审的汽车制造商中，丰田所得的奖项是最多的。在 2010 年过半的时候，丰田已经恢复其在美国零售第一的领军地位，凯美瑞再一次成为最畅销品牌车。很明显，就算丰田汽车真的有问题，其恢复也只用了几个月的时间，速度之快令人惊讶。但是这样的状态持续的时间很短，很快日本便遭受了历史上最严重的地震袭击，之后又遭海啸侵袭，日本北部地震剧烈地区的零部件运输停滞，导致丰田的大部分生产停顿或者减慢。

东日本大地震和海啸

正当丰田销售和利润逐渐恢复，再一次恢复其精英地位的时候，2011 年日本爆发了地震和海啸。这是日本有史以来所遭受的最惨烈的灾难。

相对来说，丰田及其直接供应商受到的影响并不大，因为其主要的业务在日本中部内陆的名古屋。丰田在北部确实也建立了一家工厂生产雅力士（这是一种小款车型，在全世界范围内销售）。不过受到的损害很小，工厂很快就恢复了生产。北部另一家为混合动力汽车生产电池的工厂也受到了影响，可是也很快恢复了生产。丰田工程师以极快的速度对设备进行调整和调试。地震发生两周之内，混合动力汽车的生产就恢复了。

不过，丰田很快发现，供应商需要的很多最基本的原材料都来自日本北部，接近震中。最让丰田不能安心的是，那些受到地震影响、给丰田的供应商供货的厂家不在丰田的直接领导之下，丰田对这些工厂根本就不了解。于是丰田和供应商一道，对这些厂家进行直接访查，对受地震影响的工厂进行大排查。结果发现在 3 月 11 日地震之后有 500 种零部件无法得到供应。

丰田赶紧派出工程师团队，协同设备供应商，一道去北部逐个解决供应商的问题。这涉及清移残骸、对机器进行重新调整和修理，可谓在所不惜。到了 4 月份，无法得到供应的零部件已经减少到了 150 种。到了 5 月初，丰田无法得到的零部件减少到了 30 种。

另外，丰田还向受灾地区伸出援助之手，提供大量的水和救济品。美国丰田员工、经销商以及供应商们向日本海啸受灾者集体捐赠了 700 多万美元。

先是经济萧条，后来是召回危机，现在又是自然灾害，人们可能会认为丰田的金库空了，该走西方的老路：要裁员了。可是丰田家底深厚，即使在缺乏零部件无法正常生产的工厂里，丰田也都能保证正式员工有工作，同时还进行深度的日常改善和培训。此外，丰田通过大范围研究开发，对产品进行了最大规模的彻底清查。除此之外，丰田美国工厂的员工还利用日本地震造成的带薪停工期在全美国展开社区帮扶活动。例如，亚拉巴马州引擎工厂的员工们自愿投入累计 10 000 个小时，对刚刚遭受龙卷风侵袭的社区进行救济扶助，在亚拉巴马州境内所有县中自愿推行了 73 个救援项目。这个时候，日本员工对先前美国同行的救援给予回报，向美国龙卷风受灾区捐助了 30 万美元。

丰田的员工和供应商步调一致，齐心协力，才使得多数汽车生产线在 6 月月初就恢复了生产，到了 9 月份，生产就全部恢复了——只用了最初预期时长的一半。丰田大批新型车的上市（大约 80% 的车型在未来几年内都会更新），为丰田的再次腾飞做好了准备。2011 年 8 月的金融危机对丰田有一定的影响，但是在未来几年内，经济肯定会充分复苏，丰田的销售肯定会强力反弹，从而为丰田创造巨大的利润。

存在领导失败吗

从很多方面，我们都可以把这三重危机看成丰田难以置信的恢复能力的最好演示，看成丰田模式强大生命力的绝佳证明，但是丰田模式本身就要求员工把任何问题都视作对公司进行反思和巩固的机会。丰田善于做深刻反思，善于做大量改善。

以经济大萧条为例。危机中丰田对库存数量不满意。过度生产是丰田界定的七大浪费之首。丰田看到了石油价格上涨的迹象，本应该认识到大型汽车的销售会受到影响，却一直没有中断生产，直到危机袭来，结果导致库存过量，生产能力闲置。

另一个例子是召回危机。当时许多利益团体同时对不大的问题展开攻击，还人为制造出丰田汽车电子元件存在着重大问题的虚假信息。丰田本来可以轻松化解掉这一切。NHTSA 和 NASA 的调查报告声称丰田汽车不存在严重的质量问题。不过当丰田对整个事件进行深刻反思的时候，还是认识到了很多严重的问题。在我们看来，这些问题根本不是导致召回危机的原因，可是这些问题确实造成了丰田未能对不断升级的危机，尤其是对顾客的担忧做出快速有效的反应。有一点非常清楚的事实就是，没有一例召回危机是由丰田生产厂家或者丰田生产体系引起的。研发部门的设计是出现了一些问题，但是总的来说，问题的数量是很小的，而且丰田进行了善后处理，确保刹车能使汽车在正常距离内停住。而且，丰田的设计决策所导致的召回事件在 10 多年的时间里仅发生了 10 来次。对于有 3 万个零部件、几百个车型的产品来说，一年里出现几种误差绝对称不上质量灾难。可是丰田还是抓住这一机遇进行反思和改进。我们采访的各部门经理都认为：

- 从顾客打电话反映问题到丰田做出要么改进设计要么召回的决定，中间用时太长。
- 对 NHTSA 的投诉和媒体的攻击所做出的反应速度过慢。
- 最严重的是，丰田没能切实倾听顾客对产品性能的看法，如对自适应巡航控制系统控制汽车速度所引起的顾客担忧没有给予足够重视。

丰田模式即精益生产，其具体内容是，"现地现物"（genchi genbutsu）或"亲赴现场查看"。这个原则的含义是，在尽可能的情况下，做出决定的都应该是那些在发生现场对情况了如指掌、能提出切实可行解决方案的人。

领导者在从基层往管理职位晋升时，对其深入"现地"有着严格的要求：要深入工作场地或者车间，要对真实情况了如指掌。

在这些危机面前，丰田有一个非常明显的失败是：做出最关键决定的人并不在"现地"。最了解现场情况、对质量和安全不足之处把握最准的是丰田北美工程部门、销售部门、信息部门和政府关系部门的管理者。可是对于汽车突然意外加速如何向媒体公布这一问题，做出决定的却是在日本的管理者和工程师。他们对发生的问题根本就不了解。丰田模式强调，做出决定的人离"现地"越远，做出的决定就越糟糕。这场事故充分说明了这一情况。

丰田模式的另一个核心原则是对问题刨根问底。在汽车踏板不灵敏和地垫事件中，丰田找到了技术问题的根本原因，这种做法很好，这是毋庸置疑的。可是更重要的问题在于沟通和做出决策。追求丰田模式，仅仅知道错误的人做出了关键性的决定是远远不够的，我们还要弄清楚，为什么会由错误的人做出错误的决定，否则就会引发错误的领导。

丰田一直追求地区业务更加自立，从而减少对日本本部的专家、人事和支持的依赖。这是丰田一直追求的目标，可是一直没能做到。因此在危机来袭时，工程研究和各项决策大多仍然是在日本本部进行的。而日本的工程师对北美的媒体攻击和公众情绪一无所知。在本书后面的章节中你会看到，这些做法都违背了丰田的原则和方法。而这些原则和方法是丰田一直努力要让领导者掌握的。

所有这一切都说明，丰田在北美并没有培养出足以让自己放心和信任的领导者，没能撒手让这些本该最了解情况的人做决策来解决问题。有人可能会认为根本的原因在于在20世纪90年代丰田发展得过于快速。可是在对社长丰田章男进行的个人采访中，他却表达了另外一种看法："问题在于丰田发展的速度比人力资源发展的速度快很多……问题并不在于丰田发展速度本身，而在于丰田发展的速度和人力资源发展的速度不协调。"

丰田章男动用其作为社长的所有能量把召回危机当作可持续发展的能量，而不是转嫁责任，对别人横加指责。在一次接受莱克采访时他是这么说的：

在 2 月份因为召回危机第一次站到美国媒体面前的时候，我受到了严厉的攻击，简直就成了任人撒气的沙袋……那一刻我就想我永远都不会这样对待别人。在国会听证期间，对于怎样向国会代表解释、怎样说服他们，我并不是太关注……我心里一直想着的是丰田的经销商、顾客、供应商以及我们的美国同事……因此，我们根本没有针锋相对，或者显得傲慢不屑，而是竭尽全力与这些人沟通。

丰田章男和对外事务部的同事向全世界的丰田员工传达了这样一条信息：公司给顾客造成了不便，真诚接受批评，并致力于促进公司发展。这种发展不仅仅在于产品设计和关键流程方面，还应该包括人力资源。丰田的质量和安全理念激发了消费者的"品牌忠诚度"，使消费者在整个召回危机中始终对丰田保持忠诚。这种理念应该引起更多关注。尽管丰田由于对原则坚持不够而引发了召回危机，但是我们仍然认为，丰田对危机做出反应的方式从长远看说明丰田模式依然处于最佳状态。

按理说，对于地震这种自然灾害，丰田不应该再找自己的碴儿了。可是，丰田再一次进行深刻反思，得出了一条重要经验。早在 1977 年，曾发生一场大火，当时世界上唯一的压力阀生产厂家因此化为灰烬。压力阀是制动装置的关键零件。在 36 个供应商和 150 个转包商的帮助下，丰田迅速恢复过来。丰田得出的经验是，关键零件要分布在至少两个区域，要有至少两家供应商。到了 2011 年，同样的情况发生了，只是形式稍有变化。这次的情况是，丰田并不了解供货源。丰田的一些供应商完全依赖一个地域的一两个货源。丰田不得不深入挖掘供应货源，确保任何自然灾害都不能使全球生产停滞。

丰田应对召回危机

在召回危机开始阶段，丰田没能正确认识问题并及时做出反应。到了 2010 年 2 月，在丰田章男的领导下，丰田开始真正践行丰田模式。丰田没有选择反击，而是承认公司应该发展并承诺对公司进行革新。从公共关系的角度来看，丰田践行的是以下原则：

（1）永远都不指责顾客、政府以及包括经销商和供应商在内的合作者。

（2）对给顾客造成的任何痛苦和不便向顾客道歉。

（3）面对公众不做任何替自己辩解的回应。

（4）努力工作，对真实存在的问题进行确定并加以解决。

（5）对揭示出来的确实存在的问题进行公开承认，并快速做出反应。

（6）重点强调公司正在采取的积极措施。

尽管有这些原则指导着丰田的公共传播，但一些深层的问题还是很明显的，比如，如何快速有效地对有疑问的顾客做出反应等；同时还存在一些内部问题，如工程组织部门与北美员工以及存在同样问题的其他地区的员工进行沟通的方式等。

在应对召回危机的过程中，丰田所采取的步骤似乎已经很好地解决了问题。主要的关注点在于各部门对顾客投诉所做的一系列反应。以组织设计为例，丰田需要联系机制把信息快速传导给组织内相应的部门，让更多的地方当局了解情况，以便让问题全部浮出水面，在发生地得以解决。

丰田采取一系列步骤确保质量和安全问题能在相应地区得到解决（也就是离出事地点最近的地方），切实推行"现地现物"原则。公司在全世界各地设置了首席质量官和地区产品安全执行官这些新的职位。首席质量官为高层管理人员（属于董事会下一级），权限很大。必要时，他们可以与丰田章男和董事会直接沟通，以确保对出现的问题给予足够的重视。请注意，这种别出心裁的设计是在全球推行的。尽管问题只出现在美国，但其根本原因是全球性的，因此公司做出的反应也应该是全球性的。

既然多数顾客投诉都要通过工程设计部门解决，于是丰田成立了一个新的设计质量创新部门，直接向研发部门副总裁汇报工作。这一部门主要对顾客投诉给出设计改变的建议。工程部门还进行其他的一些改变，如增加经理助理的数量、对年轻的工程师进行指导和培养等。工程部门还在整个培养过程中专门辟出 4 周时间，集中精力从顾客的立场来解决质量问题，让工程师们亲临各地经销店，真正理解顾客问题，等等。

为了快速做出反应，丰田北美公司设置了市场分析快速反应小组（SMART），直接对首席质量官负责。在美国，这种反应小组里有大约 200 个来自全国各地经过严格训练的工程师和技术员，他们的工作就是在 24 小时内对顾客投诉进行调查。他们最初的任务是对汽车突然意外加速的投诉进行处理，后来权限扩大到任何与安全有关的问题。在 2010 年，他们详细调查了 6000 个事件，研究汽车并采访司机，结果发现，除了导致召回重修的地垫和踏板问题之外，并没有其他技术问题。

他们也确实发现，对于一些随着时间发展而改进的汽车部件，顾客确实产生了一定的误解。例如，一些汽车上安装有高端的自适应巡航控制系统，在前面汽车减速的时候会自动减速。如果前面的汽车提速了，这种巡航系统会自动恢复到司机设定的速度。在有些人看来，这也成了突然意外加速。关于这一问题的投诉，通过向顾客详细解释系统的工作原理就能完全得到解决。

另外，丰田还进行了很多改进，以增强地方尤其是北美的自主权以及更好地协调公司不同部门的工作。例如，在召回危机之前，丰田请回了退休的稻叶良睍，任命其为丰田北美公司的首席运营官，目的是更好地协调丰田汽车销售部门、工程部门和制造部门之间的关系。发现导致问题的真正原因并非一朝一夕就可以完成。

不过，更重要的经验是公司意识到了跨部门、跨地域协同作战的好处。在全世界，每个地区都需要对零部件情况进行每日清查，确定生产应优先解决的问题。在日本，丰田人一开始把混合动力车作为优先发展对象，因为他们认为这种车销量很大。他们每天开会了解零部件情况，确定优先发展车型，在各部门分配零件，与世界各地的分公司沟通情况。应对严峻的挑战需要每日沟通和合作，这不仅考验了丰田，也增强了丰田全球合作的能力。

我们从丰田危机中能够学到的精益领导经验

我们认为，从丰田面对三重危机所做的努力中可以学到两方面关于精益领导的主要经验。

第一，在追求精益的过程中领导是至关重要的。丰田一如既往地坚持精益生产原则，这一点毋庸置疑。丰田生产体系在效率和质量上依然优越于其他竞争者。可是作为精益方式最好的践行者同样不能阻止问题的发生，而且问题一旦发生，也同样无助于问题的解决。这是因为，问题发生的根本原因在于领导方式，而不是精益流程。需要注意的是，无论世界上哪个国家，如果不在全公司（包括公司的辅助部门）推行精益领导，而仅仅在精益流程上进行投入都是不会获得预期效果的。

第二，危机告诉我们，你永远无法到达真北（true north）。任何一位精益领导者都不能在荣誉面前一劳永逸，认为所有的问题都已解决，所有的浪费都已消除。大野耐一（Taiichi Ohno）曾经说过一番耐人寻味的话："浪费永远存在。"当然，丰田所面临的问题不是传统意义上的浪费和效率低下，但浪费仍然是问题之一。危机来袭时，过度生产便是一种彻头彻尾、不可原谅的浪费。在召回危机中，丰田辛苦挣来的安全、质量以及关注顾客需求方面的良好声誉都被轻易浪费掉了。让远离现场的工程师和管理者做决定同样是一种浪费。尽管有 1977 年大火的教训，但在 2011 年，丰田在供应链问题上又一次深陷同样的泥潭，甚至没有意识到这一点。换句话说，在发展全球业务的过程中，尽管有 40 年的卓越历程，丰田依然存在有待消除的浪费问题。精益领导的一个重要任务就是帮助周围所有人认识到真北的存在，但从没有人到达过真北。永远都会有问题存在，永远都会有浪费存在，因此，改善和提高也是永无止境的。从这种角度看，每一天都应该过得如履薄冰。

找到通向真北之路的"指南针"就是公司的 10 年愿景，在每 10 年开始的第一年进行更新。"2020 年全球愿景"在危机爆发前差不多已经制定完成，愿景的内容主要关注的是把生产和自然周期融为一体，着重于发展绿色生产和绿色汽车。这种发展着重点并没有被丢弃。可是在召回危机之后，丰田章男意识到，在主要由日本管理人员制定的愿景中，海外领导者几乎没有参与其中。于是，他召集海外所有地区的最高管理者，要求他们对愿景进行新一轮的学习。结果，大家针对召回危机中揭示出来的问题提出了更好的解决方法，那就是始终把顾客放在第一位，始终提供更好的汽车和稳固的商业环境，永远遵循丰田的价值观。而所有这一切都是为了实现稳定的发展。愿景提出的主要行动口号是："超越你的期待，收获你的笑容。"[4] 愿景的 3 个主要方面是：

（1）丰田将永远引领未来的汽车行业，用最安全和最负责的出行方式丰富全世界人民的生活。

（2）我们致力于提高质量，不断革新，尊重地球。奋斗目标就是超越你的期待，收获你的笑容。

（3）我们的员工富有天赋和激情，相信永远有更好的解决方法。在全体员工的共同努力下，我们将不断挑战新的目标。

丰田所经历的挑战在 2010～2020 年中的后几年里将会继续存在。丰田将倾其精益领导的所得进一步改进和提高。在丰田失去明显优势这一光环的时候，其美国及海外其他竞争者却变得更加强大，带来更加严峻的挑战。丰田将在复杂的国际环境中推行真正的观念变革，重新获得竞争优势，目睹这一切能让我们受益匪浅。

同时，对于那些正在接触精益领导并努力探索如何实现精益领导的公司来说，依然可以把丰田作为典范。尽管出现了引发问题的事件（往往是由误解引起的），尤其是召回危机及其余波，但 60 多年来，丰田一直在以非常有效的方式培养精益领导者（从自动织布机工厂算起的话，时间就更长了）。丰田的所有部门，包括所有生产部门都没有被卷入召回危机。就在这次声誉危机之前，公司的发展速度是丰田历史上前所未有的。这样一家培养出各级卓越领导者的优秀公司有很多值得我们学习的地方。无论丰田的领导者是否践行了真北原则，我们都可以从丰田制定并发展起来的这一原则中学到很多东西。对于那些真正要走精益道路的人，相信我们可以奉上一些真知灼见，让你知道应该采用怎样的领导风格以及如何才能培养出真正的精益领导者。

丰田全球商业领导地位的根源

> 高管层就是制定商业决策时的标杆，有
> 人追随，标杆才有用武之地。

——丰田前社长

丰田英二

　　丰田汽车起家于日本水稻之乡爱知县，历经近80年的发展，公司已经从最初默默无闻的小企业成长为当今世界领先的汽车制造商。无论以哪种标准来衡量，丰田的故事都是不同凡响的。然而，考虑到过去30年间全球制造行业，尤其是汽车行业的动荡不安，再加上日本的经济大衰退带来的严峻挑战、丰田的产品召回危机以及日本东部的大地震，它的故事就尤为引人注目。

　　最简单的数据或许最具说服力：从1950年开始，丰田每年都盈利，直到2008年，在全球经济衰退和石油价格飙升的双重冲击下，公司的盈利纪录才被打破。一年之后，产品召回危机刚过，丰田就又开始盈利了。全球汽车行业的龙头企业都会大规模招新，然后又大量裁员，周期性盈利和亏损已是业界常态，所以像丰田这样实现持续盈利，可以说是闻所未闻。如果你再仔细往下看，这些数据会让你更加印象深刻。例如，2007年，丰田的单车利润比排名第二的本田高出80%，而单车亏损的通用和福特则根本无法与丰田相提并论。2008年，凯美瑞成为丰田全美最畅销的车型，这是它12年来第11次赢得销售桂冠；雷克萨斯自1989年首次进入美国后，多年以来一直是最畅销的豪华汽车品牌。虽然在美国发生的产品召回事件使丰田遭遇了有史以来最大的声誉危机，但仅仅数月之后，丰田便在美国重新夺回了零售冠军的宝座。

丰田更为看重的是其在质量上的业绩。尽管在2000～2010年这10年将尽时，有评论说丰田汽车质量下滑，但是在2009年《消费者报告》的质量调查中，丰田（具体说是赛恩和雷克萨斯）拔得10项分类指标中6项的头筹，而J. D. Power公司则一直将各项质量指标近乎最佳的丰田各车型列为《新车质量满意度调查》（在购买后的3个月内）前五名。诚然，其他汽车生产商始终在不断缩小与丰田汽车的质量差距，但是经过数十年努力，它们仍然未能赶超丰田。经历了数月召回危机后，丰田再度翻身。到了2010年秋，在《消费者报告》的17项质量指标中，丰田拔得其中10项的头筹。2011年年初，J. D. Power就使用了3年的汽车可靠性（在我们看来，这个指标远比新车质量指标重要得多）进行了排名，丰田旗下的雷克萨斯以7项第一傲居同类产品之首。要知道，林肯曾是3年可靠性指标的冠军。然而，到了2011年6月，新闻头条中赫然写着"福特评分骤降，丰田在新车质量满意度调查中再度上位"[1]。福特的每百台新车故障均值为116次，高于行业平均水平的107次，其排位从前一年的第5名下滑至第23名。与此同时，雷克萨斯跃居此项排名的第1位，而丰田汽车品牌则以每百台新车故障101次的数据升至第7位。经历了2010年召回门事件的丰田创造了此项调研开始以来低于行业平均值的先例。尽管如此，由于行业竞争始终相当激烈，加之丰田在质量方面的巨大优势现在已缩至危险的水平，所以此时不是丰田沉湎于辉煌过去的时候。不过，从长期来看，丰田对质量、单车成本、单车利润、汽车销量、车辆残值、创新和新车型推出等各项可以想到的指标的标准在不断提高。

精益快速修复的失败

从制造、保健到政府部门的各家公司都试图了解丰田的秘诀。"精益生产"这一源自丰田生产体系的流程管理系统，就像20世纪80年代风靡全球的"质量运动"一样，目前已经成为一种全球性风潮。"六西格玛"这一质量管理方法源自摩托罗拉公司的全面质量管理的成功经验，后来因为通用电气（GE）与联合信号公司（Allied Signal）的实践而声名鹊起。如今，受丰田的成功经验启发，"六西格玛"已经成为"精益六西格玛"。

人们渴望获得一些概念和工具来实现精益生产，这一需求推动了数百万本以"丰田"和"精益"为主题的图书（单是杰弗瑞·莱克及其合著者撰写的书就售出了100多万本）的销量。咨询公司和非营利组织纷纷举行研讨会，研究消除浪费的工具，因为这是丰田生产方式或精益哲学的关键原则之一。世界各地的公司纷纷吹嘘它们从精益计划中取得的成果，然而，纵观过去20年来所有已经实施过的精益项目，世界上还没有一家公司（不管什么行业）像丰田一样，在精益这一领域实现了始终如一的卓越运营。这些公司缺少的到底是什么呢？

每家公司都有自己的一套流程，用于提供物料、信息或某项客户服务。如果我们能够将这些流程统一起来，即减少变量因素并缩短生产周期，那么我们就能够逐步实现以适时适量的生产满足客户需求。就让我们来训练一批精益六西格玛专家吧，让他们掌握各种方法来去除那些会拉长生产周期的变量和浪费。如此一来，我们就能获得更大的成功，而且是客户和企业的双赢。还有比这更简单的想法吗？

可惜的是，数十年来的尝试表明这种想法并不奏效，至少对于企业长期的可持续发展来说是这样的。我们用六西格玛精确地衡量流程和结果，开发最佳解决方案。我们将流程精益化转向小规模批量生产，使各个环节变得紧凑并且剔除不利的步骤。在我们狂热地普及关键绩效指标之后，出现了我们意想不到的改进，但是坏消息也紧随其后[2]。随着时间的推移，变量与浪费的死灰复燃似乎会使得这些流程自我排斥并且退化。正如一位丰田精益管理专家所说："这种做法如同除草留根。"那么什么才是根本的解决途径呢？有没有可持续的方法？我们是否需要培养更多的精益六西格玛黑带和绿带？我们是否需要更严苛的高管来定下宏伟目标，然后逼着经理们去贯彻执行，或是其他？以上种种方法均有尝试，但都只是短期奏效，仍然没有达到我们所盼望的可持续业绩。

众多精益管理和六西格玛的践行者都获得这样一种认识，即生产的可持续提高需要结合卓越的领导力和一种持续提高的文化。我们需要从垂直思考到水平思考这种文化上的转变，让员工不是一味埋头于自己的工作来实现岗位上客观的业绩，而是关注消费者、关注在不同岗位之间传递的价值流的提高，就像新乡奖（Shingo Prize）。该奖项十几年来一直都被授予那些坚持丰田生产体系的制造企业，而后领导力与文化评估模块被引入这一奖项，从而得到了一个维持精益生产的混合体。这一混合体来源于对以往奖项获得者的跟进——奖项委员会的原班人马重访得奖工厂时，它们中为数不多的几家展现出了维持精益生产的出色表现。

当然，改变一种文化单凭简单的培训或沟通是不够的。文化的进程是缓慢的，改变文化则更为缓慢。丰田的文化源于其创始人丰田佐吉（Sakichi Toyoda），此人被今人誉为"日本发明之王"和"日本工业革命之父"。他在19世纪80年代发明的自动织布机奠定了丰田文化的基础，多年来，它一直伴随着每一代丰田人的发展和成长。在日本，师徒之间的传承让丰田文化很自然地发展了起来。但是随着丰田的全球化，公司需要适应不同的文化，需要雇用其他企业文化中经历丰富的领导者。当然，有得必有失，但是无论丰田将零售店开在哪里，都绝不放弃对丰田基因的大力投入。美国是丰田在日本以外最大也是盈利最多的市场，其在美国领军地位的开拓过程对研究精益领导力具有特别的指导意义。美国市场在某些方面体现了丰田最大的挑战，因为两国之间的文化差距如此之大，特别是日本和美国在"集体主义"与"个人主义"以及"长期主义"与"眼前利益"之间的对立。[3]但是丰田却成功地在美国的公司，特别是在美国的工厂中培养出丰田领导者，营造出丰田文化。为了更好地理解丰田文化及其发展历程，从丰田的起源讲起将更加具有启发意义。

独一无二的领导力遗产

尽管今天的丰田享誉全球，但是丰田的前身非常不起眼。丰田自动织布机厂起家于19世纪之交的日本，是创始人丰田佐吉为出售动力织布机而创办的。丰田佐吉的母亲和祖母靠费时的手工织布贴补家用，因为丰田佐吉的父亲做木匠活的收入微薄。丰田佐吉为了减轻家人织布的辛劳发明了自己的织布机。

1896年，丰田佐吉制作了一个非常简单的木制织布机，利用脚踏板和重力作用让梭子上的线前后运动，取代了一大部分的手工劳动。后来，他用蒸汽发动技术来操作木制织布机。最终，他的织布机演变发展成了钢制结构，加之新动力的使用，运转速度快得惊人，但是只要任何一支梭子损坏就会出现质量问题。于是，丰田佐吉设计了一个装置，当任何一支梭子损坏时，这个装置可以让织布机自动停止运作，从而避免因此造成的浪费，这无疑又成为一项重大突破。而他在1924年发明的G型自动织布机则具有开创性意义。这台机器包括许多新的特色，比如在机器不停运转的情况下自动补线、自动换梭，被认为是当时世界织布机的最高水平。其实，当时世界织布机工业中的领导者是英国的普拉特兄弟公司，该公司用100万日元买下了G型自动织布机的专利权。这笔钱后来成为丰田汽车公司的启动资金。

在丰田佐吉不断改良织布机的过程中创造了"丰田生产体系"的两条根本性原则：一是有问题时要停下来，二是标记出"标准以外"的情况，避免将失误带到生产的下一个环节。诞生在日本乡村田野的不只是丰田生产体系，还有丰田式领导力。丰田佐吉是塞缪尔·斯迈尔斯（Samuel Smiles）《自己拯救自己》[4]的书迷，这本书记录了包括伟大的发明家在内的大师们如何成就创举的故事，他们的成功不仅是凭借奇思妙想，而且是通过刻苦努力、高度专注、试验与失败、持之以恒以及满手污垢实现的。丰田佐吉认为亲手实践的知识和亲身体验的挑战高于一切。尽管挑战的程度各不相同，但是丰田面临过的最艰巨的挑战莫过于丰田佐吉任职期间，在没有资金的情况将第一台织布机从稿纸变为现实，或是在二战中艰难地存活了下来。

制造了100多台织布机模型和几十部样品之后，丰田佐吉任命自己的儿子丰田喜一郎管理公司的一个新部门，致力于研究刚刚问世的汽车工业技术。20世纪30年代，丰田喜一郎在资源短缺的情况下建立了丰田汽车公司，所以他必须削减一切不必要的投入和活动来维持运营。这一举措最终形成了"准时化生产"这一理念，即"消灭所有作业环节的浪费"。这在实践中就意味着，只有当需求产生时才会有精确数量的零件和物料可用，因为这个新兴的公司经不起任何浪费。丰田喜一郎的远见让丰田汽车公司成了日本商用汽车的主要生产商，并在二战中凭借不断增长的卡车和汽车的需求完成了资本积累。

丰田是如何在十几年间从一个名不见经传的本土制造商一跃成为世界汽车工业的领导者的呢？故事还要从头说起。在纺织行业中，丰田佐吉可不是门外汉，他是一个通过观察家人织布、自己动手操练以及快速领悟而发现提高效率的方法的行家。而丰田喜一郎则通过走访美国和欧洲，调研汽车制造业建立了丰田汽车公司，而后改进所学率先开发出自己的燃油发动机。[5]

简言之，丰田的成功既不是源自对标准化精益方法论的沿用，也无法在其内部所执行的六西格玛的各项原则中找到。丰田成功的根源在于它的领导者。具体说来，我们可以在丰田领导者所采用的方法中找寻到丰田成功的原因。他们将自我提升和培养他人视为唯一可行的途径，他们不仅为解决手头的问题，也为循序渐进地改善日常运营表现寻找正确的解决途径。

精益工厂

几乎没有公司能够认识到丰田式领导力与其出色的业绩之间的关系，它们看到的只是丰田做事的方法途径，于是便武断地得出结论，认为技术体系就是解决方法。但是在不知其根源的情况下复制丰田体系——驱动体系运转的引擎，可以说徒劳无获。尽管采用某个版本的丰田生产体系或精益生产的做法司空见惯，但总不能保证长效。为什么呢？因为工具和闪电式的活动无法在现有的企业文化中通过植入所需的领导力，来训练和保持大规模的流程改变。

这并不是说精益没有作用，相反，成千上万的公司从精益项目中受益。这些益处能够产生重大影响，据记载，比利时最大的一家银行在开展了一个精益项目后，其最大的支行精简了1/3的员工。但是这样的成果充其量只能被称为要点式改进，与更为广泛的商业目标并无干系。标准的要点式方法就是在公司的某一工厂里试验性地执行一次流程。在精益案例中，该工厂可能会看到生产的前置时间从5天缩减为3天，或者生产成本节约了20%。所有人都为这些改进欢呼雀跃，然后进入下一个精益项目。

但是随着时间的推移，这些要点式改进不能简单地被沿用到公司的其他部门。更糟糕的是，它们本身也难以维系。如果没有经理和工人们持之以恒的警觉和奉献、没有领导力，那么，迅速倒退就会屡见不鲜，生产前置时间会从3天变为4天乃至4.5天。这种倒退就好比一个靠严格节食和主动抵制美食几个月而减去20磅[⊖]的人，结果却因为一周度假中的冰镇果汁朗姆酒和甜点又恢复到原先的体重。

和众多节食者一样，大多数开展精益生产的公司自欺欺人地以为改变的付出只需要经过一段时期。一家公司只需要在当前"少吃多运动"即可，却不明白如果公司要想维持精益生产，就和节食者一样，要一直坚持精益。准确地说是要重新设定公司的新陈代谢系统，甚至重组它的基因。而这些不单

⊖ 1磅 = 0.4536千克。

单是一次流程的转变，一种方法的执行，或是一个改善项目的实施。真正系统的改变是作为公司核心的人的改变。更严格地来说，真正的改变需要体现在公司领导者身上。借鉴丰田的领导力模式与工作方式不是激进的节食行为，而是坚定地改变生活方式的过程。

公司培养的领导者以及领导力模式是促进组员成功参与和融入整个公司的根本性力量。丰田生产体系参与的是结果而不是原因。丰田的领导者力求公司在各个方面都实现持续的改善，为此，需要全体成员共同努力，上至高管领导，下至车间工作小组的领导。因此上上下下每个部门的每个管理岗位都需要更为持久的领导力。换言之，这样的领导力不是个别拥有卓越才能或非凡魅力的人所能提供的，当然也无法通过招聘安置岗位实现。正是这样的领导力帮助丰田在风云变幻、竞争激烈的市场中克服了重重阻碍。这就是丰田为其全球扩张培养新生代领导者的方式，也是公司在 2008 年开始的经济危机中生存下来所需的方法。

不仅仅是一次投资回报的练习

阻碍我们建立一个持续改善、可行的企业文化的最大障碍或许就是对于投资回报率的心态。我为什么这么做？因为我的投入将会在两年、一年，甚至是一个季度内收回。给我看看同类企业实施精益的案例，找出它们的投资回报率。改善活动的投资回报率是多少？引进一种精益培训模式需要经过多长时间才能产生投资回报？

请不要误会，我们并不是批评成本节约与控制。事实上，自大野耐一创建丰田生产体系以来，控制成本一直都是一个重要的着眼点。2011 年日本东部大地震之后，丰田没有可用于销售的生产零部件，同时日元对美元汇率创历史新低，这时丰田开始了另一个重要的成本控制项目。这一次，丰田公司预测，如果它能在两年之内将其在日本的成本减少 20%，那么在 1 美元兑 80 日元的汇率下，公司仍然可以盈利。

当短期成本控制变成大家唯一关注的焦点时，问题就会随之而生，那些没有立竿见影和可预测的投资回报率的未来投入都会遭到人们的唾弃，如培训、建立坚实的精益体系、培养杰出领导者以及基于经过深思熟虑的长期策略而建立的长期研发。系统的理念意味着各个部分的关联性，每个部分都是使整个系统光芒四射、不可或缺的组成。如果你想要得到每一个独立活动的投资回报率，那么从识别所有潜在质量问题到建立一个生产单元、实行拉动式生产、开发标准化生产以及深入培训参与该生产单元的每位员工，你都将只会关注有投资回报率的部分，而整个流程就会因此自行土崩瓦解。着眼于每个步骤的投资回报率就好比个人只图眼前享乐而忽略了对自己长远的投资，如通过努力学习，你获得学业上的成功，以便日后走上工作岗位获得职业上的成功。

我们会在第 6 章中看到，加里及其在达纳的团队是如何大幅度削减成本的，以及达纳成为一流企业在企业文化方面又是如何进行投资的。短期内削减成本是可行的，但是仅仅像点菜一样浏览数据表单、马上找出需要削减的项目，是无法最终建立精益体系和持续改善的文化的。

不同的世界观

表面上看来，好的领导力似乎就是好的领导能力。然而深究起来，丰田所注重的人的培养和持续改善与大多数西方企业传统的经营原则有着天壤之别。西方管理范式源于科学实证和弗雷德里克·温斯洛·泰勒（Frederick Winslow Taylor）的科学管理。在泰勒看来，企业就像机器，如果你配备合适的增压器，调试良好，正确配比汽油，就能让它高速地运转起来。

如果在你的世界观里，企业好比机器，那么你就有可能按照员工所履行的职责来看待员工。在实践中，这种世界观就会变成一种等级结构，其中训练有素的专家来决定企业的运营以及每项流程的设计；经理在目标和标准的指导下，确保这些流程的严格遵守；而工人则执行作业，没有任何建议改善的机会。在这样的环境中，工人被视为没有思想的机器人，经理则是不折不扣贯彻规范的官僚。专家，也只有专家才会受到鼓励去思考问题。

这样的世界观无处不在。它已经彻底成为商业世界中的法则，以至于身在其中的人们看不见它，就像水中的鱼儿看不见水一样。这种观念现在仅仅称得上管理，而且当我们受邀出席会议和研讨会并且发言时，这种观念都会反映在与会者最常提出的关于丰田的 5 个问题上。这些问题立刻告诉我们，提问者正试图将丰田放入传统的管理模式。在传统模式中，流程的管理控制与实施是分别由不同的人来执行的。

对于任何想学习丰田的人来说，以传统的方式来审视这家公司是错误的。简言之，丰田不是一家传统公司。相较于大多数其他公司而言（甚至是与日本公司比较），丰田不走寻常路。若要更好地理解我们的含义，请看以下关于丰田的最普通的 5 个问题、它们所基于的假设以及丰田对此所持的看法。

问题一：精益标准与激励机制

丰田用什么标准来衡量员工是否遵照正确的流程并取得正确的结果？

传统看法：管理者激励员工的唯一方法就是对他们的管理。标准以及与之相应的激励机制使你得以控制员工，因此任何公司只要如法炮制同样的丰田标准和激励机制就能取得相同的成果。

丰田观点：其实，丰田避免将特定的激励与具体的标准联系在一起，因为担心员工会狭隘地着眼于被衡量的工作而忽略其他。丰田既关心结果是否达成，也关注蕴藏于工作组计划中为达成目标而进行的思考。丰田还认为，基于标准的激励机制驱动的是个人主义行为而非团队行为。

事实上，社会科学是丰田哲学的后盾。心理学试验表明，支付人们已经有意愿去做的事情会扼杀他们原有的动机（不论他们是出于兴趣还是想要让自己擅长此事）。[6] 一旦这种原有的动机消失，公司若想不断看到好的行为，就不得不继续提供奖励。

这并不是说丰田从来不使用标准，也没有激励机制。相反，丰田二者皆有。但是丰田所用的标准更多地应当被视为帮助员工对照目标衡量自己的工具，而不是帮助管理者控制员工的工具。这些标准必须被从事作业的员工理解和拥有，而这些员工所得到的支持必须来自一位不仅仅要实现财务指标，而且要为尽善尽美（在丰田被称作"真北"）采取进一步举措的领导者。相应的激励大多会和整个工厂与公司的表现联系在一起，仅有很小一部分会基于个人设定的目标。

问题二：美国汽车公司模仿丰田的失败

如果通用汽车、福特和克莱斯勒都受邀来到丰田的工厂并亲自观看丰田到底是如何运作的，那么为什么它们不能成功模仿丰田的方法并取得同样的成果呢？

传统看法：丰田的成功是基于一系列能够一一转移到其他环境中的可重复的活动。

丰田观点：美国的汽车工业，至少在过去，分化经营的特点非常明显，每个部门都自主运营以实现其自身"工厂"目标的最大化并保持以往的收益。丰田视公司为一个完整的系统，或是拥有两种模式的有机体：要么通过日常改善而成长，要么自行消亡，没有介于两者之间的中间状态。例如，丰田看到了美国公司中员工与管理层关系的断裂（至少是加里的切身体会）。在如此分化的环境中实行丰田的各种方法，收效是有限的。实践证明如此：通用汽车与丰田在加利福尼亚州建立了各自持股50%的合资公司，名为新联合汽车制造公司。丰田负责工厂的运营，因此通用汽车有了多年近距离学习丰田之道的机会。通用汽车的来访者甚至还将整个新联合汽车制造公司的角落都拍摄下来，以便可以如法炮制，但是我们都知道他们是以什么告终的。

管理层所依赖的泰勒管理哲学反而成为员工与管理层关系断裂的根源。通过强制推行规范和管理系统，管理层试图将员工的产出最大化，而工会则力争通过严格的规定和政策来限制管理层的权力。倘若劳资关系不是面向共同目标并建立在信任与合作的基础上的，模仿丰田的意图将会无疾而终。

问题三：处处应用精益方法

我生产的是查特酒，黄中带绿，气态基质，使用电子显微镜完成监控（举例说明）。你们有适合我们这样的公司的精益标准或流程吗？

传统看法：精益的实施需要找到一种最好的复制模式。如果我们能够找到和自己类似、已经进行过精益改善并取得成果的公司，那么只要我们前去参观并加以借鉴，就能取得同样的成绩。

丰田观点：每家公司都必须根据自身生产流程、地点、人员以及其他个性因素的变量来发现并解决自己的难题。这一点既适用于丰田内部的各个工厂之间，也适用于丰田和其他公司之间。丰田不仅认为其他公司不应该照搬照抄丰田的生产流程，而且觉得就连自己的工厂之间也不应该相互模仿。了解其他工作环境中的实践有助于想法的启发，但是只有通过实践真正解决过一次的问题、经工作组配合特定的环境调试或改进过，才能产生相同的效果。

问题四：丰田人力资源管理实践

您能给我们说说丰田的人力资源政策（绩效评估体系、公司层级数量、会议室的规模、薪酬政策），好让我们也借鉴一下吗？

传统看法：到目前为止，对于这个话题的看法应该非常清楚，传统企业认为人力资源的管理可以不随环境的变化而变化，是可以被复制的。

丰田观点：同一家公司内尚且没有一种行之有效的人员分配和激励方式，更不用说彼此截然不同的公司了。丰田的方法是通过在工人中建立起公平、互信的人力资源体系和政策，营造出让所有组员能够发现并汇报问题且积极参与解决的工作环境。[7]

问题五：日本问题

丰田之道是否专属于日本文化，以至于它的经验教训无法真正应用于日本之外或丰田之外？

　　传统看法：5 个问题中的这一个至少还承认了人类系统中像文化这样不可或缺的角色。该问题之所以重要，是因为它认识到了每种环境的不同之处，但是它大大弱化了丰田与其日本属性之间的本质差别。这一假设认为，丰田实践得出的最佳工作方式只适用于日本环境，丰田公司仿佛是一家只能生长于日本土壤的某种奇特的公司。

　　丰田观点：丰田认同文化对一家公司的影响，但是它对文化的影响有着更丰富、深刻的认识。丰田认为，即使在日本不同的工厂之间都无法以完全相同的方式运作。每一个当地的社会系统都有其独有的特色，鼓励组员调整适应任何一项流程来适应当地环境取决于当地体系中的领导者和整个公司的分系统。丰田反对牺牲某项基本原则，如对人的尊重、持续改善的需求以及直接考察工作环境的重要性。因此在这些原则之外，必须要有与之相应的灵活的人事政策以及总能参透其目的、行使管理职能的领导者。

　　通过这些问题、它们背后的假设以及丰田内部真正起作用的管理哲学，我们应该清楚地认识到，丰田的创始人以及现任领导者没有简单地将他们的公司或是其他任何公司视为机器。我们都知道，丰田起家于贫穷的农村，在一个财富得失依赖于工人、气候、投入以及社会政治经济情况等变数的环境中，将公司视为机器肯定与我们已知的经验相互矛盾。而丰田的创始人认为公司的复杂性和能动性与运营公司的人一样不可预知。

　　随这种看法而来的是一个合乎逻辑的模式。如果世界是不可预知的，那么就需要公司去适应——永远都要去适应。具备适应性就意味着公司所有阶层和部门都要具备适应能力，从生产到销售、技术，直至最单纯、最基本的作业流程，那么谁又能够比日常流程的操作工更懂得如何做出调整呢？当然不是某些设计了流程但从未使用过的专家，自然也不是按照专家脚本行事的管理者。适应能力要求公司各级、各部门所有员工都对部门流程有深刻的认识，并且能够领会到变化并做出适当反应。要做到这一点，必须永不停歇地对所有人进行培训，赋予他们思考的权利。

领导者的角色

至此，很多读者可能会问，在组员的职责范围内，什么样的培训和授权与领导力相关？丰田的答案是"全部"。精益方式始终把重点放在消灭浪费上，这种方式所带来的一个结果就是，丰田在对待哪些业务能够（或者不能）直接为最终客户增加价值的问题上有着非常明确的态度。在生产线上制造汽车的工人每天都为客户创造巨大的直接价值；而厂长除了间接价值，并没有创造直接价值。也许，丰田领导者的任务类似于运动教练，他将团队置于一个去争取的位置，也就是增加客户价值。领导者不参与比赛，而是指导、支持队员，让团队专注于真北，即终极目标。

但是请不要误会，丰田公司既不是绝对平等的扁平型组织，也不是处于无政府状态的组织。厂长仍然是领导者。丰田明白，只有出色的领导者才能领导队员和团队共同努力，有效地实现更大的目标。正因如此，本书的前三章将会着眼于丰田积极发展和培养那些领导者的方式——主要是鼓励和促成他们的自我提升，并且将他们推上被培养的位置。但是除此之外，在工人创造多数价值的体系中，丰田领导者的工作就是要促成那些增值工作。

因此，如果说丰田成功有什么秘诀的话，那就是对公司内部所有员工深入、持久、高昂的投入，并且深信员工是公司最珍贵的资源。这种环境下的领导者要积极应对提高自身领导力技能的需求，培养下属，促进他们的成长和进步，扫除障碍并且设置考验与目标，使公司内部各级团队都能够致力于丰田的持续改善，实现长远目标。

楷模丰田

当丰田在美国开办第一家工厂时，它们在寻找有能力学习并内化公司理念、具备丰田领导者品质的美国员工时经历了艰难的过程。在日本，丰田对领导者进行内部培养，在员工职业生涯的早期发现他们的领导潜能，并对他们进行有助于成长、发展新技能的考验，然后在公司内部予以提拔。丰田能够通过在各种环境下对他们进行的密切观察来了解他们的优势与不足，对他们进行指导，从中选拔出潜能最突出的人担任更高级的职位。丰田以前从不需要在公司外部寻找领导者，因为效力于公司数十年的行家里手本身就具备相应的技能和思维模式。

丰田北美公司为管理职位所聘用的美国员工需要具备正直、充满活力与热情这些特定的条件。除了这些基本要求以外，北美公司的领导者还要具备开明的思想。比如说，丰田特别需要那些能够提出本质问题的人，如何管理、如何区分轻重缓急以及客户的重要性。这些人绝对愿意接受学习。1983年，丰田在加里身上看到了这些品质。从日本派出的指导和培养美国员工的丰田协调员相信他们能够教会加里丰田之道。

想要了解本书传递的核心信息，读者同样需要保持开明的思想并提出自己的问题。丰田的很多做法在传统的西方管理模式下没有太大意义。最近，杰弗瑞向一位同事集中描述了丰田的某些习惯做法，但是这位同事不以为然，仿佛这是些稀松平常的事，杰弗瑞对此着实有些吃惊。杰弗瑞疑惑地问这位同事是否在大型公司工作过，如果他没有类似的经历，或许就能说明他为何会有如此的反应了。"说实话，我在好几家大型公司工作过。"这位同事回答说，"并不是我不吃惊，而是我不相信你说的话。我想象不出会有哪家大型公司真的会这么做。"丰田的领导力和运营方式常常招致怀疑，而对那些愤世嫉俗的人来说不啻虚构的神话。

这位同事的确不是第一个指出丰田方式、方法是橱窗秀的人。尽管身为笔者的我们耗费数十年密切关注丰田（加里在丰田工作了20年，而工程学教授杰弗瑞·莱克则将丰田作为研究对象著书无数），但我俩也有过怀疑。不过，那几十年也让我们有机会观察丰田及其领导者，从生产线到董事会，看他们持之以恒地恪守着丰田的价值观，尤其是他们承认丰田尚未取得成功、必须一直努力改善。正是这种怀疑为我们找到了此书的表达方式——主要通过讲述故事来表达。本书不仅要告诉读者丰田如何塑造领导者，那些领导者又是如何反作用于丰田，推动丰田朝着正确的方向不断追求，力争尽善尽美，本书还要向读者展示这种做法的可能性，并且加深读者对本书的信任度。我们在书中讲述的故事彼此都是独立的，但它们又并非没有关联，这些故事都反映的是丰田日常的工作方式。

当然，并不是说运用较为传统方式的公司就无法培养出丰田那样的领导者。在日本，丰田是从乡间发展起来的，它的工人也确实是在那样的环境中成长起来的，但在北美或是其他已经建立了丰田工厂的国家没有这样的环境。丰田和通用汽车在加利福尼亚州建立第一家合资企业时，接受了一批20世纪七八十年代陷入汽车工业对抗的员工。丰田必须努力转变传统劳资关系、原有的领导力以及传统的领导力思维方式，就像大多数想要效仿丰田成功模式的本书读者那样。丰田取得了成功，我们相信其他公司也能做到。然而它们在一开始必须像丰田一样，致力于对领导者的培养，而不仅仅是流程改善，同时还需要耐心。它们必须要有长远的眼光。丰田是通过近一个世纪对领导力文化的坚持而取得现有成功的。当丰田决定开始培养某位潜在领导者时，它就开始了一场长达数十年之久的投入，而不是将这位潜在领导者送到一项为期6周的课程中，或是委培他攻读两年制的在职MBA学位。丰田培养美国公司领导者的过程始于1957年丰田汽车销售公司的建立（该公司负责丰田汽车在美国的进口和销售），在丰田看来这一过程至今尚未完成。

丰田美国公司的故事对卓越运营有所启发并且能为之提供指引，终极目标究竟在何处，当然取决于各家公司。没有哪家公司会把成为丰田的翻版当作目标，因为它们都有其内在的优势和文化特质。但是丰田之道以及丰田的人才培养，是任何追求卓越的企业都值得借鉴的重要一课。

丰田的考验：不足一直存在

到目前为止，你可能觉得我们似乎把丰田描绘成了完美的公司，但是在丰田看来事实并非如此，理解这一点至关重要。丰田式领导力的一个部分就是瞄准真北（所有事情的理想状态，从无浪费的生产流程到公司的长远目标）、找出理想与现实的差距的能力，并且能够认识到这是一种永远无法企及的理想状态。因为流程中的浪费绝不可能全部消灭，尽善尽美的质量也绝不可能达到，但是丰田的业绩能够一直提高。加里记得刚刚加入丰田时发生的一件事，他和新进员工一起被带到了丰田日本旗舰工厂的一条生产线上，在这里他们被要求参加丰田最好的一间工厂的一次流程改善。这次经历告诉他，即便是一间能为公司制定标准的工厂也不够优秀，也需要继续改进。

丰田的高级管理人员常说的一些话在其他公司的人听起来就像是承认自己彻底失败了。比如，2009年年初（召回危机发生之前），刚刚被任命为社长的丰田章男宣布公司的着眼点重新放在"基本要务"上，因为他注意到，快速发展致使公司忽视了高质量的生产。仅凭这一点，你可能会认为他的这番话意味着丰田受到质量问题的严重冲击并且质量排名急剧下降。但事实上，加里在美国开展了一场重大的质量创新，减少了超过60%因为瑕疵而造成的保险索赔。

2008年年初，即当我开始撰写此书时，丰田正值其发展最快的时期，而且预计收益将会再创新高。但截止到年底，一直在努力摆脱全球经济衰退影响的丰田面临了50年来第一次经营亏损。紧随其后的就是召回危机，这对于在业界拥有傲人的质量光环的丰田来说是一次重创。丰田如何应对巨额损失及其后对其核心价值的公开指责？

答案是丰田还是一如既往地回应此类事件——忠于公司的价值。这就意味着丰田要继续保持对员工的尊重，着眼改善以便尽可能以最小损失渡过难关并且再次以强大的姿态出现。

丰田之所以能有如此反应，是因为历练出强大领导力的丰田深信变化是永恒的，只有经过深入培养的人才能够适应变化。引领公司走出经济衰退的领导者不是突然从公司外冒出来的，而是一直存在于公司内部，他们经历了年复一年的成长和磨砺。在这场危机中，丰田展现出它对人才的一贯尊重，因此临时解聘的组员都是自愿离职的。公司上下一直不断地在进行沟通。公司所有员工都使尽浑身解数投入到成本削减、质量改进以及生产能力的提高中。丰田为我们呈上了如何应对兴衰成败的宝贵一课。

新联合汽车制造公司是此次经济危机的受害者之一，它是丰田与通用汽车各持 50% 股份的合资公司，也是丰田与通用最重要的学习模型之一。2009年春，通用汽车宣布破产，经过重组后它们决定放弃新联合汽车制造公司。丰田愿意将一款塔克马卡车作为通用汽车的产品进行投产，试图说服通用汽车，继续合作。提议遭到拒绝后，丰田开始寻找其他合作伙伴，甚至提出承诺为该公司生产丰田畅销的混合动力汽车，但是它物色到的所有公司都不同意这一提议。此时的丰田即使没有新联合汽车制造公司，在北美也有足够的生产能力，它会一次性买下通用汽车 50% 的股权吗？董事会经过一番艰苦的讨论，最后一致决定丰田退出合资公司并关闭新联合汽车制造公司。一方面，丰田的决定关闭的不是一间工厂，而是在通用汽车拒绝后退出了合资公司；另一方面，丰田舍弃了很多员工，所有人都损失惨重。这幕悲剧提醒我们丰田远没有到达完美的程度，也远不能免于环境的沉重打击。

本书概述

我们的目的是帮助那些重视卓越运营的公司了解培养精益领导者是一个深入、持久的过程。为此，我们将主要讲述丰田培养美国领导者的故事。在第 1 章中，我们会总览丰田在各项运营中都会遵循的以及衍生其领导力培养模式的丰田价值。本章会列举一位传统的日本丰田领导者如何经历这一培养模式，以及这一模式如何定义丰田所寻找的美国领导者。

第 2 章将会沿着作为丰田领导者的加里以及丰田美国公司的发展轨迹讲述。1984 年，丰田在北美建立起第一间大规模组装工厂——新联合汽车制造公司。该公司的前身是一间前通用汽车的工厂，丰田面临的挑战是，将一个劳资对立的工作环境转变为以劳资互信为基础的北美最好的汽车工厂。曾就职于福特的加里被聘为新联合汽车制造公司的工厂经理，从此加里在丰田领导者的指导帮助下开始了"自我提升"。

从第 3 章开始，我们会转到丰田汽车制造（肯塔基）公司（TMMK，简称"肯塔基公司"），那里是加里成为执行副总裁以及后来的第一位美国总裁的地方。很多人在参观工厂时会看见惊人的效率和微笑的工人，但是环境不够健康。事实上，丰田生产体系的技能水平历来低于该厂的水平，在此又说明了丰田远没有达到尽善尽美。我们将会讲述加里及其所培养的其他美国员工领导下的这家工厂是如何恢复到令丰田骄傲的水平的。

第 4 章阐述了领导者的自我提升以及他们对他人的培养如何为北美工厂带来持续改进，也就是丰田公司著名的"改善"（kai zen）。丰田相信，如果将改进只交给少数流程改良专家的话，就无法实现持续改善。只有当整个公司的员工都不断地对照目标检查他们的流程并采取正确的措施解决问题，持续改善才可能实现。持续改善应开始于工作组级别，因为这里是完成增值工作的地方。在丰田，持续改善即发生在工作组级别，由组长和小组长推动日常改善。

通过方针管理（第 5 章的主题），每个流程的每个单元内的日常改善构成了整个公司要实现的目标。方针管理是丰田管理公司走向、调整目标以及控制目标偏离的流程。目标分解始于公司高层的企业愿景，这一愿景在公司内经过层层下达之后，每个人都会有自己的目标和责任并且知道如何以自己的行动支持企业愿景的实现。

我们将在第 6 章中和加里一起走进达纳，这是在加里 2007 年从丰田退休后将其聘用为首席执行官的一家汽车零件供应商。达纳就是前几章中所描述的将丰田实践有效应用于丰田之外的活生生的例子。加里接手达纳时，该公司面临着艰巨的挑战。公司刚刚从破产中走出来，还要在经济衰退的重创下寻找立足之地。加里必须利用他在丰田所学的一切，同时借助前丰田同事和积极进取的非丰田同事的帮助，对达纳进行重大重组，使得公司能够在危机中得以生存，尽其所能在拯救达纳的同时帮助它变得更为强大。这是加里平生的一大挑战，但是它说明了丰田式领导力能够让危机中的传统美国公司获益。

最后一章探索了其他公司如何学习丰田，如何认真培养出能够支持和持续改善流程并为客户传递最佳价值的精益领导者。我们将会列举一些丰田公司以外的领导者，他们业绩卓越，提出了在固有文化与丰田截然不同的公司内实行丰田模式的现实可能性。

我们还在每一章的最后为希望向丰田学习的公司给出了直接的建议。对于致力于长远、可持续竞争优势的公司来说，丰田的方法颇为中肯。丰田的独到之处在于它把深入培养员工与着重于持续改善结合起来。丰田之所以实现了其独到之处，是因为它在注重学习与适应改变的文化中对领导者进行逐个培养。经过学习，员工价值得到提升，而这种价值使他们成为一家坚持为顾客生产其需要的好产品的公司的长期伙伴。欲知丰田模式详情，请看下文分解。

丰田领导方式：终身的旅程

> 现地现物（亲赴现场查看）是指你所关注的是自己的工作，而不是别人的问题，要下功夫使工作再上一个新的台阶。职位并不重要，最受尊重的终将是掌握实际情况的人。
>
> ——丰田汽车公司社长
>
> 丰田章男，2009 年

对于任何关于领导力的书来说，最难做的莫过于给领导力下定义。从上面的名言中，我们可能描述不出什么是领导力，但是一看就能懂。基于这种看法，在本书的开头我们不会给领导力做语义界定，而是要给你讲两个关于领导力的故事来说明在丰田什么是领导力，什么不是领导力。

什么是丰田式领导力

1970 年，在丰田富有传奇色彩的研发经理加藤正幸（Masayuki Kato）的授意下，海外销售部门一位名叫横井明（Akira Yokio）的年轻部门经理受命接管丰田在印度尼西亚（以下简称"印尼"）新成立的公司。前任驻印尼经理生病了，横井明出人意料地被推举上任代他履行职责。印尼刚刚经历一场内战，经济遭到严重破坏。丰田公司承诺帮助该国重建并实现工业化。横井明从加藤正幸那里接到的命令中并不包括具体的销售和盈利目标，而只表明要"永远做对印尼最有利的事情"。

正如横井明后来在回忆录中所说的，"为了掌握实际情况"，[1] 他跑遍了这个国家，他在印尼的职业生涯就此拉开序幕。他看到了几乎瘫痪的公路和被毁掉的桥梁，渡河多数靠渡船。这一切让他很灰心。横井明用了 14 个小时才走完了 150 英里的行程。沿途没有商店营业，没有地方吃饭，行人衣衫褴褛。在这种情况下，公司竟然期望他卖汽车。

印尼的工业政策使横井明面临的挑战更加艰巨。印尼政府希望整个生产过程都在本国完成，而不是对日本发过来的零部件进行最后组装。横井明和他的团队建立起一家工厂，引进了 4 种车型：建筑中使用的大型卡车和兰德酷路泽，农村地区用的海狮面包车和（相对）富裕的城市用的花冠。

一切进展顺利，直到 1974 年的 1 月 15 日雅加达发生暴乱。参加暴乱的多数是穷人。暴乱者用对待其他外国公司的方法对待丰田：把它当成了发泄愤怒的对象。丰田在雅加达的总部被人放火焚烧。横井明对此进行了深入思考，得出结论，即问题不在于印尼人民的本质不好，也不在于政府没能控制暴乱，而是丰田没有做到与印尼绝大多数人息息相关。"丰田必须促使穷人理解我们的所作所为。"横井明这样写道。要想改变人们的观念，除了做到让占人口大多数的穷人能够理解之外，还要让他们从丰田得到实际利益。横井明越来越坚信，丰田一定要为穷人生产一款产品。当然，这一计划面临巨大的挑战，挑战的根本不在于如何设计一款车让丰田销售获利，而是要以足够低的价格去吸引那些用我们现在的话来说就是金字塔底层的人。[2]

以穷人为销售对象就意味着要生产成本极低的汽车，在印尼现行的工业政策条件下，这简直就是不可能的事情。那个时候，印尼和大多数发展中国家一样，对进口工业品征收极高的关税，错误地认为这样可以有助于发展本国经济。花冠的零部件被征收 125% 的关税。丰田公司可以在印尼生产汽车，可是关税却使横井明无法以合理的价格得到日本的零部件供应。横井明清楚地意识到，丰田迫切需要雅加达当权者的支持。幸运的是，他在泰国和马来西亚工作的时候，就已经意识到了与当权者建立直接联系的重要性。所以从一开始他就努力与负责汽车政策的工业部部长建立关系。这位部长有意帮忙，不过提出，如果丰田生产一辆车的资源有 70% 来自本地，即本地资源成本占到花冠价格的 1/3 的话，他就可以批准免去进口关税。

面对令人望而却步的条件，横井明回到日本将这种想法告知大家，结果遭遇巨大阻力，主要是因为预期销售量太小。一位支持横井明的丰田公司领导者建议他探索一种跨平台模式，使汽车、面包车和轻型货车都可以生产，从而以合理的成本增加销售量。这种方法极有可能使该产品最终盈利。横井明以此为出发点，同时寻找其他降低成本的途径。比如，他研究了模具制造，了解到箱型车的成本比流线型车的成本要低很多，于是他坚持采用箱型设计。不仅如此，他最终采用大胆的想法，把后门的玻璃去掉，代之以透明的乙烯基塑料。几经周折，最终，他的计算结果表明该项目是可行的。

接下来，横井明必须在日本丰田公司内部进行游说。很多管理人员都认为这种车不符合标准，因此反对投产。丰田的工程部门因为害怕这种车毁掉丰田品牌而拒绝提供引擎和变速器。横井明转而向自己的主管上司加藤正幸寻求支持，结果成功了。加藤正幸通过打电话和在东京面谈，一直密切关注横井明在印尼的进展。加藤正幸促成日本方面达成了供应印尼所需零部件的协议，印尼瑞狮于 1977 年上市。刚开始时瑞狮销售量很小，而且不盈利，一年之后，就成了印尼最畅销的汽车，为丰田成为该市场的主导外国品牌铺平了道路。该车被戏称为"人民之车"，25 年里售出 100 万辆。

与横井明在印尼推销丰田车的同一时间里，福特汽车一位名叫加里的生产经理也面临着质量问题。这是 20 世纪 70 年代美国汽车行业中普遍存在的问题。加里在质量控制部门升职很快，受命解决即将上市的双门林肯车的质量问题。

　　举一个例子，这种车的后备厢和后座之间的内置控制板通过搭扣与外部的钢板连接。这种搭扣总是脱位，从而造成内置控制板经常松动。在汽车下了生产线之后，要解决这个问题，就得搬开后排座位，挪开控制板装饰盖，重新把搭扣固定住（在车完全组装好之后校正工作很费劲）。总的来说，解决内置控制板问题要花费大约一个半小时。每天都有数百辆汽车运下生产线，其中很多车的内置控制板都有问题，耗费的时间和精力绝非无足轻重。

　　可能今天很难想象20世纪六七十年代美国汽车行业处于什么状况：质量糟糕、劳资双方互不信任。直到20世纪80年代，在通用汽车的资方眼里，工人都是很懒的，而且凡事都会偷工减料。经理像老鹰一样盯着一线员工，往往摆出一副凶恶的样子，对产品线工人不断施加压力。结果却常常事与愿违：工人缺乏动力，不愿为老板或者公司卖命。即便他们从个人利益出发想要高质量地完成工作，这种紧张的氛围也会将这种热情扼杀在摇篮里。工会制度建立在不信任的基础上，使得管理工人的工作令人望而生畏，惩罚威胁也是无凭无据的。在任何情况下，无论出现多少错误，产品质量多么低下，资方都不会关闭生产线，因为唯一重要的衡量标准是生产的汽车数量。

　　加里对林肯车的内置控制板问题进行追根溯源，找到了汽车内饰车间。他检查了搭扣安置的所有细节，确保工人都经过正规训练，操作使用的是正确的工具。之后他宣布，该部门再出现质量问题就将该产品线关闭。然而这一警钟并未引起多少人真正注意。

　　一周之后，该产品线的搭扣又多次出现问题，加里说到做到，关闭了该产品线。产品线经理听说后来到加里的办公室，咆哮道："你为什么把产品线关闭？"加里对他说明了情况，并坚持只有将问题解决之后才能重新开启产品线。产品线经理对此做出的反应是一脚把加里的垃圾篓踢出窗外，气冲冲地走了。解决问题用了45分钟，然后产品线恢复了生产。最终，在与产品线的对决中，加里胜利了，而且几乎所有源于此环节的大修都被排除掉了。

结果，质量监控部门在这个工厂赢得了更大的权力。

这两个故事都说明了什么才是领导力。横井明直面艰巨的挑战，通过创新设计，构筑人脉，四处游说，凭借坚持到底的决心，最终获得成功。在第二个例子中，加里仗义执言，战胜了巨大的体制压力。实际上，用精益术语来说就是，他"拉了信号灯绳"，关闭了生产线。很多有过同种遭遇、致力于在自己的公司里推行精益和质量理念的读者都会立刻与加里产生共鸣。在丰田内部，这两个故事引发了截然不同的看法。这也许会让人觉得很奇怪，横井明的故事被看成丰田式领导力的鲜活事例，而加里的故事被看成一场灾难，实际上就是领导层的失败。

传统领导力和丰田式领导力的对比

现在，丰田的领导者不会把故事中的灾难归咎于加里。其实，加里在福特以及早年在通用的经历使他成为新联合汽车制造公司的一员。不过，加里在故事中表现出来的领导力恰恰说明，许多西方公司所认为的传统领导力和丰田公司眼中的领导力是截然不同的。

在表1-1中，我们以培养丰田领导者的4个阶段（本章后文将详细说明）为基础，把上面所说的不同之处进行总结。丰田的领导者必须把自己发展到某个特定阶段，才能承担起用丰田方式培养他人的责任，引导公司实现富有挑战性的目标。简而言之，传统的方式采用的是一锤定音的模式，选择或者雇用确实有资历的领导者，指望他们做出正确的决定，采取果断的行为化险为夷，实现发展。丰田的方式是创造一种富有挑战性、有利于发展的环境从内部培养领导者，这些人遵循丰田的价值观，在各个层面都不断发展。

美国人倾向于把领导力看成个人行为。我们用"领导者"这个词语来指那些鹤立鸡群的人，因为这些人个性鲜明、魅力超凡，有时还很狂妄自大。在众人眼中，商界具有传奇色彩的领导者通常是逆流而上的英雄人物，他们有着独到的眼光，发表着激励人心的演说，拥有众多的追随者。

表 1-1　传统领导力和丰田式领导力对比

领导力元素	领导力部署	传统领导力	丰田式领导力
		阶段一：自我发展（通过不断的强化式训练掌握真北价值观）	
才能	领导能力和潜能	一呼百应，富有号召力的个性（魅力）	天生的领导看到自我和他人发展的可能性，与丰田价值观天然融为一体
过程	学习与成长	在"精英俱乐部"圈子里向导师学习或者复制成功模式	深入现场，深刻把握实际情况，在导师的指导下攻克趣来趣具有挑战性的目标
		阶段二：训练和培养他人（帮助他人自我发展）	
才能	培养下一代领导人	注重结果，精力集中于具体结果，用奖赏和惩罚激励下属，帮助他们实现这些结果	注重过程：学会看到他人的长处与短处，学会如何创造发展环境，学会在引导的过程中干涉最少而产生的效果最好。而正确实现预期结果，自然而然会实现预期目标
过程	训练培养其他人	当权者选择类似的继任者，培养"最喜爱的对象"或者从外部雇用"英雄"	通过自我发展学习同期承担起帮助他人发展的责任
		阶段三：支持日常改善（标准、目标、可视化管理、日常改善）	
才能	目标的实现	量化经营业绩（按单位或者过程），由主要人物负起责任	通过标准、目标和可视化管理学会如何促进领导在几个层次学习发展
过程	促进过程改善，实现目标	通过奖励和惩罚制度让人们对衡量标准起责任	领导者亲临一线判定与真北的距离，直接体验可视化管理，培养能承担起责任的人
		阶段四：创造愿景，组合目标（以真北为核心进行垂直和水平组合）	
才能	发展愿景和计划	创造并推销神奇愿景和计划	参与协作过程，统一看法，对目标和实现目标的方式进行组合
过程	对目标和计划进行设置与组合，确保顺利实现	激励实现带有衡量标准的目标，以及对标准实行严格的从细节到整体的管理责任制度，并依此确定相应的好环业绩	通过目标可视化管理启动和维持续发展；聚焦于同问解决和实现人才培养

多年来，我们在对丰田进行研究后我们发现，在尝试采用丰田的做法或者相似的方法建立精益和高质量的工作模式时，多数公司都会遭遇到挫折甚至彻底的失败。在反思中我们认识到，这种对单个领导者的错误看法负有不小的责任。在这些公司中，最常见的是资深的管理者宣布采用精益体制，引入专家顾问团帮助公司重新设计几个流程，以及训练一些内部的精益或者六西格玛专家，期望产生预期效果。当专家顾问撤走之后，很多雇员可能还在纳闷："这位神秘的精益六西格玛专家到底是谁呢？"

在丰田，领导力具有完全不同的含义。领导力是个人行为，但同时也是在一个体制内的个人行为。丰田的领导者从加里在福特的故事中看到了领导力的失败：既有基层领导者的责任，又有上级领导者的问题。丰田期望领导力在解决问题时所发挥的作用是，基层领导者负责解决其所属车间工人的问题，而上级领导者不仅要保证质量优先，更重要的是，他们还要引导所有的工作小组发现导致出现质量问题的根本原因并加以处理，而不是由管理者一个人来逞英雄。

加里在丰田花了好几年时间才克服了"独行侠"式的领导模式。在丰田，其运行体制要求从基层车间到董事会的每一位管理者都要负起责任，推动公司走向完美。在丰田，那些热衷于个人行为和成就的领导者不仅不会获得成功，而且由于这种方式有碍于领导职位深化，还会破坏公司的整个运行体制。这并不等于说，在共同的行动中个人必须归于无形，如印尼的瑞狮汽车在很大程度上就是横井明个人领导的结果。在丰田，没有人会认为领导者是可以随意更换的。在丰田，领导是个人行为，但同时也是公司行为，从基层车间的小组长一直到公司社长莫过于此，都要发展自身，提高个人技能，同时还要在达成共识的基础上促进周围人的发展。换句话说，只有在具有强大的个人领导力，且公司上上下下有着共同追求的时候，公司领导力才会发挥作用。

丰田式领导力的持续发展

在撰写本书的过程中，大萧条开始了，全球汽车行业经历了有史以来堪称最艰难痛苦的经济周期。经济萧条依然在持续，丰田又经历了北美召回危机，其来之不易的声誉面临最严峻的挑战。对由电脑控制的失控汽车的指控是没有根据的，这一点越来越清楚了。紧接着，日本遭遇了有史以来破坏性最大的地震，地震造成零部件严重短缺。在这一动荡时刻，丰田面临的挑战肯定会引起大量媒体关注。一方面，有很多公司在想方设法缩减成本，增加生产能力，提高质量，而丰田在这些方面是公认的行家里手；另一方面，在经济萧条最严重的一年里（2008～2009年），50多年来丰田公司首次宣布年度亏损，接下来的一年又不得不因为召回危机引发消费者忧虑而频繁道歉。很多人都想知道，在新的时代丰田式领导力是否还会保持卓越。

这一系列危机爆发以来，从这几年里我们所看到和经历的以及我们在丰田所感受到的一切，使我们坚信对这个问题的回答是一个响亮的"是"：在根据新的实际情况做出调整之后，丰田将会继续保持卓越，并超越同行。我们如此自信的原因在于，丰田式领导力并非专指社长丰田章男的领导（尽管在与他的个人交往中我们两位作者都很尊重他），而是指公司在各个管理层的领导体制。在日本以及美国，这种领导体制历经几十年努力才辛苦建立起来，付出了在他人看来非常高昂的代价。在目前艰难的经济环境下以及在可预见的未来，发展这种深度的领导力已经成为必不可少的投入。回顾以往，很多公司都希望自己已经培养起这样的领导力。

我们这么说有两方面的意义。一方面，丰田对于领导力和如何发展领导力的看法并不能解燃眉之急。丰田培养领导者要花费很多年，耗时长，而且煞费苦心。因为丰田相信，在领导力的角逐中，慢而稳才是唯一胜出的方式（当然，丰田有很多的经验来证明这一点）。另一方面，尽管其他公司不能从丰田得到解燃眉之急的方法，却也可以学到在短期内就能收效的重要经验。而且如果认真遵循，在较长时期内也会收到意想不到的效果。例如，丰田培养领导者的模式使得该公司不但对经济危机做出了快速反应，而且还在培训员工方面长期投入，而后者在很多公司看来都是不可思议的事情。接着，丰田又在极其短暂的时间内从召回危机以及后来的地震灾害中恢复了元气。[3]

丰田式领导力和领导力的发展

那么，什么是丰田式领导力和领导力的发展呢？要理解丰田之道，首先要理解丰田的核心价值观。因此谈到领导力，首先就要从理解和实践这些核心价值观开始。这并不等于说不能践行核心价值观的人员就不能升任丰田的领导者。在升迁的过程中，我们既要看如何实现结果（换句话说，就是与核心价值观相一致的方式），也要看实现了什么样的结果。

横井明在印尼的经历中有一点可能没有说清楚，那就是这项任务既是他自我发展的过程，又是解决印尼问题的过程。横井明进而成为海外销售部的最高行政官，在丰田全球扩展中承担着重要职责。每当遇到与印尼类似的挑战的时候，他都会被赋予更大的责任去迎接更大的挑战。通过一系列有计划和完全开放式的领导挑战，他成长起来，帮助丰田发展成一家全球性公司。他和加里完全不同。加里是在福特汽车与一个支离破碎的体制做斗争，而横井明是在一个富于鼓励氛围的体制内成长起来的，公司体制使他实现了看似不可能的目标。每发展一步，他不仅实现了当下的目标，还对左右自己每一个举动的丰田式价值观的理解更加深刻。

核心价值观

5个核心价值观最初成文并在内部发表是在2001年，当时的文件名称为"丰田之道2001"。丰田早已将这些观念视为基本价值观，却直至2001年才成文，这似乎是很奇怪的事。实际情况是这样的：日本丰田从来都不需要把这些价值观一一写出来。这些价值观在很多方面都源于日本的文化和宗教。纵观丰田在日本的历史，每个领导者在公司一级一级得到升迁的时候，都受到了精心教导，使得这些价值观得到了完全的理解和传承。直到丰田开始在全世界开展业务进入其他文化时，管理层才开始考虑是什么使公司与众不同。在与美国领导者合力共同创建现代化全球企业的过程中，丰田得以对丰田式领导力的方方面面进行确定，并诉诸文字。

认为丰田会不加区分地把日本丰田的价值观强加给美国和其他国家的员工，这种看法是不正确的。在丰田建立公司的所有地方，价值观是一成不变的，但是践行这些价值观的方式会因地制宜。比方说，各地都会致力于团队协作，但具体怎么协作要依据当地的文化和风俗。例如，美国丰田的个人激励措施要比日本丰田多，而且在美国更加注重对实现个人和团队目标进行鼓励和认可。同样重要的是，丰田从全世界学到了最好的经验，并融入已有文化，在全公司进行推广，甚至会回馈到日本总部。其中一个例子就是丰田在日本招募更多的女性参与管理，这一举措就基于在美国所学到的经验，即尊重所有人，性别平等。

这 5 个界定丰田之道的价值观是：挑战精神、不断改善、现地现物、团队协作和尊重他人。[4]

挑战精神

丰田创始人丰田佐吉富有挑战精神。他首次发明了省力的织布机帮助周围完全靠手工织布的女性。他的儿子丰田喜一郎从父亲那里学会了接受挑战，决心为社会做有益的事情，创办了丰田汽车公司。和这两位创办公司的丰田家族成员一样，每一位丰田领导者都不仅要在当前职务中追求卓越，而且还要用能量和激情迎接挑战，实现大胆的设想。正如"丰田之道 2001"中所说的："我们用创造性的精神和勇气迎接挑战，实现梦想，绝不会失去我们的动力与能量。"可以说富有挑战精神是激励丰田领导者和其下属追求完美的核心价值。正如我们所看到的，正是应对一系列更大的挑战以及对每一步所做出的反思，使得丰田领导者实现了自我发展。

不断改善

现在为人们所熟知的"改善"这一概念，其实是一种不断改善技能的指令。改善的根基在于没有什么是完美的和任何事情都有改进空间这一思想。

对丰田来说，这一概念至关重要，因为每一位领导者都受到教导：要记住过程永远都不会完美，公司永远不会实现完美的"精益解决"。无论公司进行了多少次改进，生产线的每一个环节都充满了浪费，即使今天是完美的，但是明天条件又会发生变化，又会产生更多的情况。同样，公司的任何方面，从产品设计到销售，到配件储存和运输，再到公司中相互关联的各个团队的业绩，无不可以得到改进。召回危机显示的并不是严重的客观性的质量或者安全问题，但是经过反思，却发现它确实暴露出公司在对消费者所关注的事情做出及时有效的反应这方面存在缺陷。

这种价值观和思考方式常常会引起公众媒体对丰田的误解。你经常会看到丰田领导者在新闻报道中提到需要"回到起点"或者迫切需要提高质量，等等。这些话往往被理解成承认失败，承认选错了发展道路。要是一家传统的公司这么说的话，这种理解倒不能算错。但是在拥有不断改善心态的丰田，这些说法的意思既可以是成功打赢了一场质量战，把错误降低了50%，也可以是发现了一个重大的质量问题。在本书中你会切实看到，成功创意之后紧随而来的是对不足之处的深刻反思，以促进项目的进一步改善。

现地现物

尽管很多公司都推崇掌握第一手资料，这似乎只是一个实践问题，但实际上是一种价值观。现地现物价值观不仅仅在于深入把握，而更多的是一种领导者如何做决定的理念。丰田期望所有的领导者对管辖范围内的任何事情都有第一手的感性把握；否则，就不能做到在事实的基础上发现问题的根本原因并确定解决办法。通过第一时间搜集第一手资料，决策制定者可以更快地把握实际情况，避免同事之间对没有真正有效针对问题的解决方案进行无谓的争论。从本章丰田章男的引语中你可以看到，该价值观的意义表达得更为深刻：现地现物反映的是对维护企业核心价值观所做出努力的深层尊重。那些理解这种价值观并为之做出贡献的人是受人尊重且不断发展的人。

团队协作

多数伟大的领导者都会说团队协作对成功至关重要，可是说起来容易做起来难。在多数组织中，不管是在公司还是在体育队，透过表象深入一点，你就会发现人们经常是嘴上不离团队协作，而实际最感兴趣的往往是个人成就。在丰田，个人成功只能在团队中实现，团队从个人的发展中获益。这种观念不断得到加强，并在整个指挥链中得以践行。这种理念深深植根于提拔过程（非常关注团队行为）和业绩激励措施中（个人激励措施只占很小的一部分，而基于公司或者部门业绩对团队的激励则占主要部分）。

尊重他人

尊重他人在很多方面都是核心价值观中最根本的，同时也是公司最根本的目的。对他人的尊重始于一种真诚的愿望，即通过提供最好的产品和服务对社会做出贡献。拓展开来就是对社会、消费者、员工和商业合作伙伴的尊重。对他人的尊重是横井明在印尼的最根本的指导原则。他从加藤正幸那里得到的命令中并不包含具体的销售和盈利目标，而只提到要"永远做对印尼最有利的事情"。经济萧条时期对团队成员的尊重是显而易见的。丰田没有解雇任何一名正式员工（相对于临时工），而是进行巨额投资促进他们发展，即使在召回危机中生产放缓，甚至由于日本地震无法得到主要零部件供应的时候，这种投资也从未终止过。当日本高层管理人员来到开工不足但业绩还可以的美国工厂的时候，他们问的第一个问题不是关于利润的，而是公司员工的士气如何。是对他人的尊重驱使丰田汽车的生产和销售实现了本地化，并对业务所在国的经济和社会发展做出了巨大的贡献；同样是对他人的尊重使得大量投资用在了环境友好型技术开发上，这一点集中体现在普锐斯上。

丰田式领导力发展模式

以上价值观是丰田式领导力的根基，但是仅靠这些是培养不出领导者的。

丰田有一套系统的方法对领导者进行甄别和培养，并贯穿他们职业生涯的整个过程。但是这种方法从未正式成文（这一点与核心价值观不同）。根据我们在丰田的经历，我们创制出了一种多级领导力模式。该模式准确概括了丰田的领导方式，即在丰田成为领导者意味着什么以及如何着手培养领导者（见图1-1）。

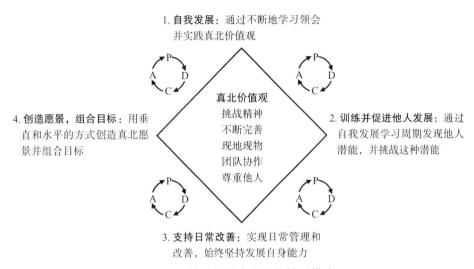

图 1-1 精益领导力发展的钻石模式

精益领导力发展模式在实际运用中并非如图所示呈直线发展，多数时候都是循环发展，在一个人的职业生涯中不断重复。从自我发展到最终协同整个公司为实现目标而奋斗，这是很合乎逻辑的发展过程。这种模式既适用于单个的领导者，还适用于整个公司（如丰田北美公司）。所以，该模式的前两个阶段，即自我发展和训练并促进他人发展阶段，主要聚焦于个人或者小组层级。丰田领导者要同时做到这两方面（提高自我能力的同时训练自己管理的人员），不过在训练并促进他人发展之前必须对自我发展进行衡量。这一过程的循环特质说明，在早期职业生涯中带领团队为实现更高目标而努力的领导者，现在即使在公司里承担起了更高级角色，也依然要注重自我发展。每一个领导者在其职业生涯中都会多次重复这一过程。只有当公司所有层级的领导者都多次经历这些阶段之后，我们才能说这个公司达到了特定阶段。个人层级的自我发展和他人发展必须达到一定的程度，我们才能期望公司成为一个拥有共同文化的有机整体，达到发展的成熟阶段。比方说，有的工厂在坚持日常改善方面可能会有非常优秀的领导者，却缺乏把自我完全融入目标定位和实现手段的领导者。

在这里我们将对该模式的各个阶段进行简要描述，在后续各章节中再对这些阶段进行详细说明。

自我发展

在丰田，领导力发展的第一个阶段是自我发展。丰田相信，有潜力的领导者与其他人的区别就在于自我发展，积极寻求方法提高自己和自身技能。不过，领导者或者说潜在领导者要实现自我发展就必须拥有得到他人支持这样的发展机会。全靠自己，领导者无法实现自我发展。这就意味着要为自我发展寻找必要的挑战，意味着要为自己的发展留出空间，意味着在必要时能得到指导。

训练并促进他人发展

领导力发展的第二个阶段是承担起促进他人发展的责任。人们经常说学习的最好方法是传授。丰田奉行这种理念，要求所有领导者都要积极参与训练和培养自己团队中的所有人而不仅仅是精英或者自己喜欢的人。在丰田，人们常说，衡量领导者成功与否的最佳标尺，是他们训练出来的人所取得的成就。

支持日常改善

前两个阶段主要关乎个人领导力。第三个阶段开始关注公司领导力，即让一群人都全力以赴并关注丰田所推崇的真北。真北是以丰田之道的价值观为基础，该理念为公司的未来发展方向提供了一个稳定的不容置疑的愿景。这种愿景不会随着每年具体目标的改变而发生变化。在这一阶段，领导者要确保自己的团队有能力维持现状进行日常改善（处理日常的改变、暂时现象以及与现实世界的冲突，从而使每一个过程都按照现行标准运行），而且在发展上也能做到日常改善（使每一个过程从现有的标准发展到一个更好更高的运行水平）。[5]这一阶段的关键之处不在于领导者要自上而下地强制推行日常改善，而在于通过鼓励和训练，确保从下往上实现日常改善。联想起加里在林肯车上市过程中的经历，区别之处就在于，加里在福特汽车强行关闭了生产线，迫使他人做不愿做的事情，而在丰田却是创造一种环境，让每一个工作小组都参与实现自我发展的这一工作目标。

创造愿景，组合目标

第四个阶段是对所有日常改善的点滴努力（你也许会认为是很不起眼的工作）进行组合，确保实现更大的目标。换句话来说，第四个阶段就是自下而上和自上而下交汇的阶段。

对很多尝试采用丰田式领导的人来说，依然很难理解丰田内部日常改善所带来的蓬勃活力。每一天的每一刻，公司所有的生产车间都开足马力运行，在调整中不断接近真北，或者说日臻完美。尽管日常改善是丰田在质量和生产能力上远远胜过竞争对手的关键所在，但是如果离开指导和疏导，日常改善就会导致混乱：两个交叉部门追求的可能是把它们引向不同方向的日常改善。更糟糕的情况是公司的资源可能被过度集中在错误的目标上。在这个发展阶段，领导者和公司都积极参与到方针管理（即为长期发展而设置的共同目标，并为实现这些目标对资源和人力进行最佳分配）中去。

正如我们看到的，很多公司采用目标管理，有一连串的具体目标，这很常见。而方针管理远不止这些。所有的公司都有计划，有目标，但是要把这些目标细化，对每天的工作都进行协调，使得每一个工作小组都明确自己在全局目标中的份额，对怎样完成自己的任务有着清晰的计划，却很少有领导者能做到。实际上在很多公司，只要实现了结果，管理者对达成这些目标的方法根本没必要知道，或者说他们根本就不想知道。举例来说，很多公司对于大批量裁员还是认同的，尽管这一做法从长期来看会削弱公司的能力。一种是预先设置目标和指标让人们努力实现，另一种是积极地把这些目标转换成具体的改善指标以及确保成功的技能。这两个做法是有差别的，后者的难度很大，要求领导者和公司都已经掌握了前 3 个阶段。正如在第 5 章我们将看到的，丰田从在北美建立第一家工厂起就已经开始部分地践行方针管理，但是在 20 年里，一直没有达到成熟阶段，从而没能推行到北美所有的基层工厂车间。

结果：适应环境变化

只有在领导者发展到了一个高水平之后，他们才有能力适应环境所带来的频繁的重大改变。实际上，几十年以来，在丰田日本领导者的保护之下，丰田的美国领导者一直没有直面过北美汽车环境所经历的剧烈变化。他们可以随时依赖来自日本的管理协调员的领导以及日本总部做出的决策。为了在业务上保护他们，日本甚至生产了美国的产品。直到 2008 年，在美国生产的多数汽车同时也在日本生产，而且美国市场需求的急剧变化也由日本工厂来做应对，因为日本工厂在同一生产线上可以生产多种型号（多达 6 种），并且迅速改变汽车型号的组合，调整生产线的速度，从而确保美国工厂能够保持相对平衡的产品结构和生产速度。

从某种意义上说，大萧条是一种转机，因为它促使丰田的美国员工进入了一个重要阶段，他们能够灵活适应环境的巨大改变，从而达到了高层次的自力更生。[6]丰田北美公司经历了 20 年的最初发展阶段而成熟起来，有能力承担起责任，引导公司度过大萧条的动荡时期，在处理市场瞬息万变的起伏（这注定是 21 世纪市场的特点）中树立起自己的形象。能顺利应对环境变化的个人和公司需要领导者投入的时间和精力也更少，从而使大量有能力的领导者腾出手来，去更多地关注需要多加指导的员工和团队。

加里从丰田退休之后继续领导一家传统的美国汽车公司，即美国达纳汽车公司。经过一番痛苦的转变，加里终于帮助这家公司从濒临破产中存活下来。在接受丰田提供的深度训练成为精益领导之前，达纳的所有领导者都必须做出彻底转变。在这种情况下，加里和他从外面带进来的同事依然可以充分利用他们以往精益领导的经验，引导这种改变，为达纳实现卓越的经营业绩奠定了基础。第6章将详细讲述这一故事，并多方透视陷入危机的西方公司所面临的一种更为典型的境况。

其他公司可以学习丰田式领导力模式吗

把丰田式领导力模式和其他公司推崇的领导力模式进行对比，就可以看到明显的不同。多数公司都期望自己最为优秀的领导者进行立竿见影的重大变革，即使这些领导并不成熟，还没有经历我们发展模式（见图1-1）中的4个阶段。完成任务者就算站稳了脚跟，而没有完成任务者就要被换掉——通常是从外部引进新鲜血液。实际上，美国公司总有一种期望，即在公司面临重大危机的时候能有外来者扭转乾坤。丰田的成功在于拥有可以成功应对商业环境中所有重大挑战的机制，而且通常是由在本公司内部有着多年经历的领导者的领导下进行的。请谨记，在丰田将近100年的历史中还从来没有哪一位社长不是终其一生为公司服务的。

丰田在其发展历程中，大多数时候都会通过对员工的培养来发展领导者，从初入行的新手到领导者，这种培养计划始终贯穿他们的整个职业生涯。和所有其他的企业文化一样，丰田文化有一个自然发展的过程：最初都会受到早期领导者及其后继者的影响。因为丰田第二代领导者直接从创始人那里学习他们的原则，因此对这些原则了如指掌。而且，因为所有的工程和制造部门都集中在日本，所以丰田不需要把自己的领导发展模式形式化，同样没有必要进行调整以适应文化差异。

熟悉道教、佛教等亚洲的宗教思想和儒家文化的人会感受到丰田之道和它们的相似性。这些亚洲哲学的核心思想包括：服务社会，培养对人的尊重，不断追求完美，对取得的成就和发展的成果进行深刻反思，勇于发现不足并促进问题解决或者改善，对自我发展和他人发展负起责任。不过，日本同样受到西方的深刻影响。如果说日本是凭着模仿而发展起来的国家，那么丰田也是靠模仿起家的。在丰田整个的发展过程中，领导者一直都在留意新的思想发展，但他们绝不会简单照搬。丰田出现的问题会促使人们寻求解决方案，任何新思想都要经过细心的引入和改善，直到完全融入丰田生产体系和丰田方式。亨利·福特的著作、爱德华·戴明博士的教导以及美国行业内部军事化训练项目都对丰田发展产生过重要影响。丰田从这些新思想中选取了最适合的融入其中，比方说从戴明博士那里引入了管理循环法，从行业内部训练系统中借鉴了工作指导培训，从亨利·福特那里学到了物流和消除浪费理念。所有这些都被融入同一个体系和文化中。这种体系与文化深深植根于领导力中，所以根本就没有必要落实成文字。

话虽这么说，但是在全球化过程中，丰田同样需要从外部引入领导者，在保持公司成功运作的同时，促使他们迅速成长。美国丰田便是如此。促使引入全球化策略的关键事件发生在1984年，那时丰田与通用汽车以一半对一半的合作模式在加利福尼亚创办了合资公司——新联合汽车制造公司。

创办新联合汽车制造公司对丰田来说意义重大。它是丰田第一次尝试把丰田生产体系[7]在美国的这家装配工厂里推行；它是丰田第一次尝试在美国管理者中推行自己的企业文化、领导方式和方法。加里是新联合汽车制造公司的首任总经理，他本以为在通用汽车和福特当领导者时学到了很多东西，结果到了丰田才发现都得重新认识。学习、调整、发展，加里经历了美国丰田领导者的发展过程，而杰弗瑞·莱克则对这一过程进行了广泛研究。在过去25年里，丰田在努力奋斗的过程中所展示出来的远见卓识使得我们构建出了丰田式领导力的模式。

丰田在北美及世界其他地区和文化中成功培养领导者的经验给其他公司带来了希望，他们也可以做到。我们并不指望每一个公司都教导自己的领导者依日本文化理念行事。就连加里也承认，丰田通过质询和间接的指导对领导者进行培养，其过程需要极大的耐心，根本不是他喜欢的方式。他的方式是在日本方式中融入更多的美国式管理。不过，加里把丰田之道的核心价值观完全内化了，尤其是对人的深层次尊重以及具有难以置信力量的日常改善这两个方面。只要高级主管致力于卓越，对有能力践行这一价值观的领导者进行长期投资是每一个公司都能做到的事情。

接下来的 4 章将对丰田式领导力模式中的每一个阶段进行阐述。从 1984 年在美国建立新联合汽车制造公司至今，我们将引用大量的事例来说明丰田是怎样发展领导力的。然后我们会抛开丰田，分析加里和他的同事如何利用丰田式领导力，用积极的态度让美国达纳汽车公司重整旗鼓，并创造出卓越业绩。接着，我们将分析其他有着截然不同的历史和文化的公司可以从丰田培养领导者的模式中学到什么。

最根本的经验不是复制丰田的文化，也不是照搬领导力发展的具体方法，因为这样做便违背了丰田之道。丰田不是靠复制他人来发展自己文化的，同样也不可能像推行软件一样去实施一种全新的文化。具有更广泛意义也更重要的经验在于，我们既要认识到一种牢不可破、凝聚力很强的领导哲学的价值，有意而深入地在培养文化和领导者方面花大力气；又要讲究方法，使领导者关注自我发展并促进他人发展，在整个发展过程中不断提高。我们看到有太多组织在这些方面都很欠缺，因此我们希望能激发大家以一种新的方式来思考领导力的发展。

自我提升：岗位发掘制和教练式培养

唯天下至诚，为能尽其性；能尽其性，
则能尽人之性。[一]

——子思　《中庸》

　　领导者是天生的还是后天养成的？围绕领导力而展开的"天赋论"和
"培养论"的争论如果不算久远，也至少持续了一个世纪。对于领导力是与
生俱来的还是后天习得的这个问题，毫无疑问，丰田的答案是肯定的。是
的，领导者是天生的，换言之，有些人根本没有领导者才能或气质，并且这
一事实是任何形式或强度的训练都无法改变的。然而领导者也需要学习。将
那些具有领导者潜质的人聚集在一起，告诉他们"这就是领导者的样子，请
你们从现在开始这样做"，这种做法是徒劳的。成为丰田领导者的不二法
门就是坚持学习丰田式领导力。就连那些最资深的丰田领导者也都在坚持

[一] 大意为只有至诚的人才能尽情发挥他的本性；只有尽情发挥了他的本性，才能尽情发挥众人的
　　本性。——译者注

学习和再学习如何成为丰田领导者，正如丰田致力于产品提高。渡边捷昭（Katsuaki Watanabe）任丰田社长时，这样训导年轻的丰田领导者："即使到了今天，我已经在这家公司供职了43年之久，但是我仍然觉得我并没有完全理解'丰田之道'。"

孔子认为自我提升就是全情投入和无私奉献，在他的经典著作中有这样一段思辨道德的话：[1]

诚之者，择善而固执之者也：博学之，审问之，慎思之，明辨之，笃行之。有弗学，学之弗能，弗措也；有弗问，问之弗知，弗措也；有弗思，思之弗得，弗措也；有弗辨，辨之弗明，弗措也；有弗行，行之弗笃，弗措也。人一能之，己百之；人十能之，己千之。果能此道矣，虽愚必明，虽柔必强。[⊖]

孔子认为德行始于"自我提升"，而自我提升是对成为完全意义上的人的不懈追求。[2]由此可见，孔子认为人性必须通过个人不懈的努力来达成。人在出生时是动物性的，只有通过一生的努力才能一点一点成长为真正的人。而这一包含了纵横两个层面的过程构成了一个统一而连贯的探索之道。纵向层面是指一个人的内在修为，它通过集中学习和刻意练习构建出伦理道德的根基。而对和谐共融、相互尊重的人际关系的需求则构成横向层面，这种关系从家庭开始，扩大到社区、国家、国家之间，乃至终极的宇宙。教育实现了这一过程，较为成熟的前辈出于道德责任教导那些愿意学习的年轻人。这些"老师"也会一直有负责指导他们的老师，而学生则必须始终对自己的学习负责。我们并不是在这里声称自己是研究儒家学说或其他宗教文化对日本影响的专家，但是我们确实看到了儒家文化和丰田之道惊人的相似之处，譬如：

⊖ 大意为：努力做到真诚，就要选择美好的目标执着追求：广泛学习，详细询问，周密思考，明确辨别，切实实行。要么不学，但是只要学了没有学会就绝不罢休；要么不问，但是只要问了没有懂得就绝不罢休；要么不想，但是只要想了没有想通就绝不罢休；要么不分辨，但是只要分辨了没有明确就绝不罢休；要么不实行，但是只要实行了没有成效就绝不罢休。别人用一分努力就能做到的，我用一百分的努力去做；别人用十分的努力做到的，我用一千分的努力去做。如果真能够做到这样，虽然愚笨也一定可以聪明起来，虽然柔弱也一定可以刚强起来。——译者注

- 只有终生追求自我提升的人才能服务于社会。

- 在追求完美中认识人无完人。

- 不偏不倚地理解自我提升和学无止境。

- 实践是基于对现实透彻的理解。

- 每一天都要用自我批评的态度来反思自己的缺点和需要改进的地方。

- 尊敬那些为自我提升倾心投入且能够为人师表的长者。

- "责任"一词，既包含了对他人培养之责，也蕴含了让自己提升之任。

马尔科姆·格拉德威尔（Malcolm Gladwell）的畅销书《异类》（Outliers）[3]也在试图揭开天才成功的神话，他们是如何凭借自身天赋成长为自己所在领域的顶尖人物并且名利双收的。例如，他在书中列举了斯坦福大学教授刘易斯·特曼（Lewis Terman）的一项研究。刘易斯教授让加利福尼亚的中学老师挑出各自班中最好和最聪明的学生，随后对 25 万提名学生相继进行智商测试，从中选出了 1470 名智商为 140 ～ 200 的孩子。因为智商如此之高，所以刘易斯教授期待着这组学生今后的人生会有出色的表现，对他们进行了多年的追踪。然而遗憾的是，当教授发现这组学生所取得成就与一组人数相当的随机样本并无差别时，他无奈地推翻了自己的假设。格拉德威尔则有不同的说法：天赋是一部分，但是天赋必须与可以潜心练习（至少 10 000 小时）的环境、刻苦努力以及合适的机遇相配合。他列举出一个又一个名人事例（甲壳虫乐队、比尔·盖茨、史蒂夫·乔布斯），这些人刚好遇到了偶然的机会，这让他们能够比同龄人付出更多的时间来磨炼自己的技艺，然后在适当的时间、适当的地点爆发出这些技能。以盖茨和乔布斯为例，他俩刚好在到了工作的年龄时赶上个人电脑的出现，而且刚好具备出色的计算机技能。格拉德威尔赞同天赋异禀，但是认为要想依靠这种才能成功，需要结合能够激发刻苦努力的环境，并且辅以求知过程中强大的专注力和支持。他还强调，在人们为提升自我而靠近各种机会以及为大获成功而冒必要之险时，文化发挥了重要作用，为人们开辟了道路。

丰田也有着相同的原则，领导力提升的第一步，就是识别出那些有潜质成为丰田领导者的人。对自我提升的渴望甚至狂热是丰田用以辨识领导力潜质的特征。从每天工作几小时的基层员工到组织的最高管理者，专注于自我提升始终是领导力的标记。只有那些表现出拥有自我提升的动力和能力的人，才能够晋升到更高的领导层。对于那些表现出内在驱动力的个人，丰田提供各种额外的机会来提升他的才能。但是丰田靠的不是在适当的时间、适当的地点遇到适当的人选的运气，而是精心营造各种氛围来考验员工，并对他们进行教练式指导，以定期培养出出色的员工和领导者。

由于丰田的自我提升强调直接的、严格把控对员工的训练和发展，与美国典型的自我提升截然不同，因此对于丰田容许自我提升的范围要不断强调。丰田的自我提升也不同于"自生自灭"式的训练方法，后者是将有潜质的员工丢在深水池中，那些能够将头露出水面的人就能获得提升。以我们和众多公司相处多年的经验，在这场"自生自灭"的训练中，你唯一能够明白的就是谁最希望把他的同伴和下属淹死。就在一些公司鼓吹自己拥有这样的竞争文化时，过去这20年的实践也反复显现出这种企业文化的危险性，它虽然能够帮助贤能之人走向公司的顶层，但也能够为反社会者开辟捷径。

为了让自我提升的体系正常运转，丰田既要给现有领导者以及潜在领导者足够的空间进行自我提升，也要对他们保持密切的关注，从而准确地发现他们并给予教练式指导，以确保他们的自我提升与丰田的价值观保持一致。

自我提升始于学习

那么，丰田如何营造自我提升和密切监督的环境，以便辨别出那些遵循丰田价值观并将成长为丰田领导者的员工呢？丰田运用能力倾向测试对新进员工进行首轮筛选，[4]但是丰田认为程式化的测试不能断定一个人是否具有领导者的潜质。起源于农耕文化的丰田，只需要通过观察一个人如何面对困境的挑战，就能判断出此人是否勤奋。因此，只要通过观察员工在困境中如何带领团队，就能够顺理成章地判断出他们的领导力。当然，只有学会做领导者才能担此重任，所以潜在领导者需要老师的培养。

周而复始的学习过程

丰田对领导力的辨别从最初级的工人接受老师训导起就已经开始了（老师既是专家也是老师）。就美国的标准而言，丰田在员工培养上的投入是惊人的。所有员工都有权利接受一位老师的指导。老师的任务就是发出考验、创造机会、提供指导，让学生有机会在做中学。但是学生需要自己迎接挑战。在大多数情况下，老师是学生的直接监管者，他们的级别比学生高两级。

要理解丰田之道的教与学，你不用去想象在会议室或 MBA 课堂上思考领导力模型的那种学习，因为它更像是运动或器乐的学习。没有人会指望看一段伊扎克·帕尔曼（Itzhak Perlman）或马友友的视频就能够成为小提琴家或大提琴家。一方面，你需要从头开始，首先遵循老师精心挑选的操练环节，然后自己主动反复练习直至找到自己独立完成整个环节的方式。老师不会随处跟着你，盯着你练习。另一方面，主管老师在竭尽所能地培养能够出徒的学生时，要对该学生的成败负责，这样，学生才不会完全凭自己的主张行事。

责任是丰田的字典中重要的一个字眼，对于学生如此，对于老师亦然。学生需要对自己成功的渴望负责。他要保证以正确的方式产生结果，真诚反思老师的反馈，自己独自承担失败，努力实现自我提升。相应地，老师需要对学生的成长负责，因为最终如果学生失败了，老师也就失败了。老师和学生之间是合作学习的关系，共同承担责任。

公司常常希望员工上过一堂简短的培训课程后就能成为领导者。但是只有当接受培训的员工能够很好地内化老师所传授的理念，他们的行动才能真实地反映他们的理解程度。但遗憾的是，通常人们所接受的概念和其行为之间没有直接联系。就如世上所有智慧的见解都无法自动让一个人成为伟大的网球运动员、出色的音乐家或优秀的厨师一样。人们需要重复一系列基本技能，即时下流行的说法"深度练习"。人们常说练习一万个小时就能够帮助我们正确地思考。[5]

器乐练习中最精辟的箴言之一来自纽约汇集天才音乐儿童的夏令营。夏令营的主办方草山音乐学院有 3 条简洁有力的规则，我们认为适用于任何技能的学习：

- 练习得慢一些，慢一些，再慢一些。检验方法：如果被路人听出了是哪首曲子，就说明练习不当。技巧的重复不在于你能演奏多快，而在于正确的演绎——斯巴达克网球俱乐部的运动员也遵循这一原则。
- 将技能先划分再重组。草山学员将他们的乐谱剪成细条，一条一条地学习后再恢复成完整的曲目。这种重构行为之所以有效，是因为它严格地反映并强化了必需的技能重复，而这些技能最终能与我们的大脑机能紧密地联系起来。
- 找出失误。草山学员会练习他们称之为"辨别力"的技能，即找到错误并用错误来指导自己找到正确的音符，这是深度练习的基础。

当然，将音乐练习的原则应用于领导力的培训需要对领导力所需的技能有充分的认识。以下列出一系列丰田公司最看重的领导力技能：

- 积极开放地去观察公司的运营。
- 主动聆听他人真言。
- 系统思维。
- 了解每个人的优缺点。
- 阐明问题并发现问题的根源。
- 善于计划。
- 创造性地找出根除问题的对策。
- 负责地将计划落实为行动。
- 花时间和精力用于深度反思，以便进一步发现提高的机会。
- 有能力在以上这些方面指导他人。

你可以从中选择任何一种技能，将其划分，慢慢练习，吸取失误的教训，通过不断的练习纠正失误，继续坚持直到你获得一定程度的能力。鉴于任何技能都有其复杂性，因此在有经验的老师的帮助下，经年累月地完善这些技能远比花一两周时间参加某个领导力讲座要行之有效。《丰田人才精益模式》（*Toyota Talent*）一书详细地说明了丰田是如何用岗位指导培训来指导重复性相对较强的手动作业，而培训的过程与"草山"的规则惊人的吻合。[6] 诚然，领导行为太过复杂，因而领导力无法被划分为一个个两秒钟的步骤来进行重复性的练习。但是毋庸置疑，长期学习、实践、反馈、再实践并且周而复始地重复这一过程，这个理念适用于任何领导力技能的培养。

学习的"守—破—离"循环

丰田学习之道的基本原则可以追溯到禅宗教义，[7] 并非丰田独有。研究学者兼作家迈克·鲁斯找到了丰田教学方法与日本概念"形"（kata）的相通之处。[8] "形"是众多日本艺术的教义基础，如空手道、歌舞伎或是茶道，它是人们学习完成高度烦琐和程式化工作的方法。起步阶段的学生通过重复相互独立的技巧来打下基础，相互独立的技巧逐渐连贯起来就形成完整的技能。起初，学生要严格模仿老师，没有质疑也不能改变。当一切变成他们习以为常的第二本能时，学生才能够开始寻找自己的变通——自己的理解，改进所学。

形的核心是在日语中被称为"守—破—离"层层循环学习。这3个字代表了学生在学习过程中的3个阶段以及老师参与的3种程度："守"意为保留，"破"意为脱离，而"离"意为创造的自由。

在"守"阶段，学生在老师的监督下，通过重复作业达到精准的规范，掌握技能之根本。在这一阶段，老师对学生进行严密的监察，为了避免学生和工作成果的失败。在"破"阶段，学生能够享有一定的自由进行实践而不受监督，但是老师会定期对他进行检查，学生可以创造性地运用各项法则，但是依然需要严格遵守规范。而在"离"阶段，根深蒂固的规范和动作使得学生无须多想就能做出反应。动作自然而发，继而学生就能拓展自己的理解、改进所学。这个循环贯穿于一个人的一生，它是一个学习的过程，因为学生会不断地突破"守—破—离"，既有数量上的增加也有程度上的加深，还会阶段性地回到基础环节。

在"守—破—离"的循环中，学生能够完美模仿老师并不代表大功告成，理解这一点很重要，因为这只达到了"破"的阶段。很多对日本文化或丰田一知半解的人就会误以为"守—破—离"培养出来的是不动脑筋、机械行事的人。而在丰田的学习循环中，达到"离"的阶段才是衡量成功的标准。在这一阶段，学生脱离了对老师的盲目照搬，充分掌握了整个流程，能够适当的变通来改进自己所学。再回到我们先前小提琴家的比方，古典音乐家和乐迷都能分辨出演奏虽流畅但机械的演奏者和融入自己独特理解的演奏者之间的本质差异。这就是交响乐团中第四小提琴手和著名独奏者的区别。

实践中的"守—破—离"

"守—破—离"是丰田组装线上的新手从第一天上班起所有学习的基础。这些新手需要学习将零部件以标准化的方式组装成整车，每一次都丝毫不差。一名丰田组装线工人所接受到的岗位指导是将一个简短的作业环节（通常完成时间为 1 ～ 3 分钟）划分为多个只需几秒钟完成的最基本单位。

在"守"阶段，工人（学生）接受的是"看—试—说—做"的训练。看老师完成步骤，然后自己尝试。接着老师重复这一步骤，同时会大声说出这个步骤的名称和要点，并要求学生照做。随后，老师会再次演示这个步骤，说出名称并陈述要点，但是这一次会加入要点之所以重要的原因，同样要求学生照做。如此反复之后，该工人就学会了这个步骤，然后进入下一个步骤。[9]

学生掌握了每一个步骤之后，就开始将所有步骤串联起来，并最终学会整个作业环节。在"破"的过程中，老师依然会在学生身边进行检查。他会一直对学生完成作业的时间和质量负责。学生则要丝毫不差地完成操作直至达到"离"的水平，即他不用思考就能执行作业。在这个阶段，当所有作业动作的完成都变成一种习惯，学生就能够将注意力集中于整个生产过程，并且对流程的改进负责，还能指导其他人。精确细致、完全统一、丝毫不差地执行生产线作业在丰田被称为"标准化生产"。标准化生产是丰田生产体系的根本要求，这使得发现具有提高意愿的员工成为可能。但是标准化生产不是一成不变的，当处于"离"阶段的员工对作业环节进行改进时，新的改善就会融入原先的标准化生产。

丰田认为每一个作业环节都足够重要，都需要一丝不苟的指导。这是所有员工成为岗位好手所必须做的功课。一次耗时一分钟的安全带安装关系到驾驶员的生命安全，精确无误既是质量把关的目的，也是高产高效的要求。但是遵循标准化模式的不仅仅是生产线上的作业。

以宫寺和彦（Kazuhiko Miyadera）为例，他是丰田负责欧洲研发的前任执行副社长。宫寺和彦告诉杰弗瑞，自己学习强度最大的阶段是作为日本青年专家在一个仪表板设计老师（其实是画师）手下工作的那一年。当这个老师拿到设计时，仪表的外观已经大体成形，他的工作就是绘制包含细节的等比例图。在许多西方国家公司中，为仪表一类装置绘图的人都是小时工（这里的图是指草图、平面图、仪表部件分布设计细节图等，是相对于外观之下的机械图或电路图而言的），而且需要在专业工程师的监督下工作。但是拥有工程学位的宫寺和彦依然要在没有科班背景的老师手下做一年外人眼中的卑微工作。但是在丰田文化中，师从公司顶级的设计师之一是一项殊荣。那一年，宫寺和彦就像学徒一样，在老师的监督下绘制仪表板上一个很小的部分中的各种折磨人的细节，而他的老师则绘制其余的全部。

宫寺和彦每天都拿着铅笔走向制图板。老师偶尔会对他绘制的图批评一二，但是如何改正则让这个未来的副社长自己去思考。也就是说，设计老师只点出宫寺和彦的不足却从来不告诉他如何补足。久而久之，宫寺和彦对于仪表板外形和功能的理解上升到了行家级别。他认识到，设计师做的是基础性的工程师工作。从丰田的学习文化来看，如果宫寺和彦要领导工程师，他就需要掌握工程的基本技能。他从工程师最基础的工作学起，遵循的就是"守—破—离"过程。事实上，宫寺和彦告诉杰弗瑞，他在那一年所学到的工程方面的真才实学比其他任何时候都要多得多。

丰田之外的"守—破—离"

一些丰田观察家提出这样的问题：基于日本文化的丰田实践是否对其他公司也行之有效。丰田在美国的成功设计和投产有力地证明了这一模式的普适性。当然，也有反对者说尽管这一模式在美国得到实践，但成功的关键是因为整体的企业文化依然是日本文化。无疑，丰田的文化是独一无二的，并且是其成功的基础，但是"守—破—离"之法确实深深地植入了西方文化中，就像在其母国日本一样，而且成为 20 世纪早期以前西方世界主导性的学习方法。"守—破—离"和苏格拉底的方法论异曲同工，与西方的学徒制也着实相同。在工业革命发展大规模生产之前，大多数技能是由老师言传身教传给学生的，这沿袭了中世纪的行会惯例，这种学习模式现今依然在管道工程等类似的行业中沿用，在体育界中就更为明显了。回到基础或者专注于基本功这样的对话频频出自高水平教练或是运动员之口。即使是巅峰时期的老虎伍兹也会回到基础挥杆，重温练习以精进自己的高尔夫水平。有时倒退是为了前进。这就是"守—破—离"之道，循环往复，永不停息。

"守—破—离"的学习方法已经独立于丰田之外，在一群研究教学方法的学者中重新流行起来（他们称之为"干中学"）。近来，学者发现"干中学"是成年人习得新技能最自然的途径（请看下文与"守—破—离"相似的"德雷福斯模型"[10]）。遗憾的是，青睐于授课式教学的西方教育摒弃了"干中学"，前者将"教学"定义为向学生展示或传授该想什么、做什么，然后为他们提供捷径，从而加速他们的提高。这种授课式教学在西方教育体系中随处可见，从中学到大学，再到公司的短期出差学习。

在探讨"守—破—离"如何为自我提升和领导者的识别奠定基础之前，我们还要强调丰田循环学习模式的最后一个方面。老师在丰田的角色与现代西方培训中的培训师或领导力专家完全不同。以授课为基础的教学方法传授的是讲师或培训师已经知道的明确的假设和答案，老师的价值就是告诉学生掌握一种技能的捷径。这个定义所传递的本质信息就是如果学生关注了老师如何做，那么他们有可能跳过自己实践所学这一漫长而枯燥的过程。相反，老师的价值在于确保学生不走捷径，因为捷径能够带来短期收益，但是它们无法让学生真正理解并掌握一门技能，并最终导致系统性失败。在"守—破—离"的循环中没有捷径可走，你必须在进入下一步骤之前证明了自己已经真正掌握了这一步骤。

德雷福斯模型与"守—破—离"比较

德雷福斯兄弟[11]发现，技能的学习需要明确的界定，比如棋艺，人们通过5个阶段逐步晋级提升，即初学者、高级初学者、胜任者、精通者和专家。在学习的过程中，学习者从严格遵照老师传授的一系列规范到自由运用这些规范并加以创新逐步过渡。

（1）**初学者**。初学者必须丝毫不差地遵循老师的规范。老师会把任务划分为基本模块，一次教授一个。

（2）**高级初学者**。达到这一级别的人开始将各模块串联成连贯的步骤从而形成一种套路，但是每个模块依然是割裂状态，学生尚且不能将套路随机应变。

（3）**胜任者**。达到这一级别的人能自如地运用各种套路，而且能够开始关注长远目标并且随机应变。

（4）**精通者**。称得上"精通者"的人对环境有整体的认识，能够运用适当的套路解决手头的问题，以基本原则为应用导向。

（5）**专家**。达到专家级别的人不需要参考应用原则就能够本能地为环境匹配相应的套路。他对工具和原则、如何运用以及每个步骤的原委有很深的理解。

德雷福斯模型的前两个阶段类似于"守"的阶段，第三个阶段类似于"破"，而第四、五阶段则与"离"相对应。二者的不同之处在于"守—破—离"（丰田之道）的哲学中没有专家这个概念。不论一个人的技巧多么精湛，都依然有很多要学习的东西。

"守—破—离"和领导力

显而易见的是，"守—破—离"易于应用在流水线生产之类的手动作业中，你可能会问了，"守—破—离"是如何应用于生产场所以外的呢？当然，成为领导者的学习可不是给花冠装保险杠——领导力不能被划分为一个个一分钟的步骤（无论这个学习过程中有多少"一分钟经理人"○）。但是在丰田，"守—破—离"是培养和发展包括领导者在内的所有员工的基本前提。我们看到了宫寺和彦如何在这个过程中学习汽车工程。按照惯例，第一年新进的工程师会从事几个月的生产工作，然后花费将近一年时间学习 CAD 设计，贯穿于其中的始终都是"守—破—离"的过程。

一位典型的丰田制造部门领导者会从一个流水线工人做起，通过"守—破—离"学会小组中的每一项作业，直至他达到能够传授这些作业的水平。当他在每一项作业中都能达到"离"的水平时，他就会被指派为小组中某些作业环节的工长，在组长休假期间担任代组长。最终，他会获得在主管监督下全职领导小组的权力，成为组长。工长升为组长，组长升为经理助理，"守—破—离"就会不断循环。就连工厂的总经理也是从制造汽车开始的职业生涯。一个成功的领导者，当他出任一个前景更为广阔、更具挑战的职位时，他就会回到第一个原则，开始新一轮的"守—破—离"：首先学习完成该领域各项工作的标准，其次朝着游刃有余地完成工作的目标实践，最后带来该领域中的重大创新，同时始终不断地培养自己的下属。这一模式自大野耐一创立于丰田早期，一直沿用至今。

大野耐一是丰田老师的原型。20 世纪五六十年代，在当时的社长丰田英二（Eiji Toyoda）的资助下，大野耐一在试验和失败中创立了丰田生产体系。同时，大野耐一还负责丰田下一届领导者的培养工作。他是一位严厉而又慈爱的老师，他的很多弟子都成了公司高管，如前董事长张富士夫（Fujio Cho）。大野耐一为学生演示时不会偏重特定的术语和理论。相反，他想要塑

○《一分钟经理人》是一本成功的商业管理著作，此处是一语双关。——译者注

造学生思考问题和做出回应的方式。为了实现这一目标，他没有大量采用西方人所熟悉的授课方式。大野耐一认为，最重要的成长来自每日在现场的体验，即岗位上。

大野耐一最著名的教学方法之一就是"大野圈"。当和某徒弟一起工作时，大野耐一会在工厂的地上画一个圈，让学生站在圈内。之后大野耐一就会走开，有时长达数小时。大野耐一会间歇回来检查并提出一些问题，例如："你看到了什么？有何原因？你从中学到了什么？"大野耐一从来不会对学生的回答做出过多反馈，只是提出问题，对答案不满时他就会发出否定的嘟囔声。学生承受着巨大的压力，但是这种压力源于他努力令严师满意的过程中。这一天结束后，大野耐一会感到欣慰，于是就会说"回家吧"。但是最倒霉的学生则会在第二天上班时接受加倍训练。大野耐一这种独特的教授方式还只是特定领导力技能训练的第一阶段，即在没有思维定式的条件下，对现场环境进行深入观察分析的能力。这是丰田的核心价值之一，也是丰田式领导力的一个关键内容。

一则"守—破—离"故事：现场培养年轻领导者

不能以身作则的丰田领导者就不能为人师表。掌握解决问题的方法是丰田最基本的技能之一，也是大野先生坚持让自己所有学生掌握的能力。真人真事能够帮助我们更加透彻地了解这一点。故事中的老师饭高力夫（Rikio Iitaka）是一名退伍军人，也是大野耐一的弟子。其中的徒弟是丰田员工尤里·罗德里格斯（Yuri Rodrigues），因其领导力潜质被加里慧眼识出。被丰田雇用时，尤里是一名两栖用车员工，一直效力于一家为巴西生产引擎的宝马-克莱斯勒合资企业。拥有名校工业工程学位的他，在这家合资企业中出类拔萃，平步青云。他所在的工厂也被母公司视为精益生产的典范，而尤里则被视为精益生产的明日之星。事实上，他的下一次晋升机会就是去克莱斯勒全职担任总经理助理。加里为他提供了肯塔基公司的职位，但声明尤里将要出任的职位要比克莱斯勒提供的低好几个级别，他需要证明自己对丰田生产体系的理解才能获得晋升。令人惊讶的是，尤里认识到自己并不是克莱斯勒以为的专家，如果他为丰田效力反而能够获得更高的提升。

由于签证问题，当年加里为尤里安排了丰田巴西工厂的工作，但是他的工资从肯塔基公司的预算中拨出——其实相当于一年的带薪学习。尽管尤里没有任何组装车间的经验，他仍被任命为巴西工厂的组装主管助理，负责内饰、底盘以及最终组装线。尤里和新老师饭高力夫初次打交道时，饭高力夫就用了著名的"大野圈"，让尤里原地待着不动（在地上的一个圈中），思考完善生产线上的底盘部门的办法。布置完之后这位老师就走开了。一开始，尤里非常抵触，毕竟他是科班出身的工业工程师，没有必要接受如此基础的任务。20分钟后，他的老师饭高力夫回来了，看了他写在纸上的5点想法。身为协调员的饭高力夫看着尤里直摇头地说："糟糕，糟糕，太糟糕了！在10分钟之内写出25条来。"意识到这件事情的难度之后，尤里开始反思自己究竟有没有自己以为的那么不可一世。

尤里接下来的挑战是解决一项质量问题。厂院中停的汽车约有55%都是需要检测的问题汽车。尤里根据自己的专业知识判断出这些问题是由于内饰部门在上螺栓时没有统一转矩。这个部门使用的是相对原始的气动扳手，在拧紧螺栓时需要加入个人判断。这一点超出了他的意料，因为他所在的前一家工厂的工人们使用的是较为精密的气动扳手，当冲击力达到精准要求时，扳手就会自动停止工作。

尤里向上级领导者提议采购新的气动扳手，希望老师能为他果断解决问题的能力感到自豪。然而，老师在他的提案陈述过程中打断他并问道："好，看得出来你发现了问题，但你是不是要我为工厂里所有的工人都购置一把400美元的新扳手呢？如果这就是你所谓的解决方法，我会照办。但是我建议你回去好好观察其他组员，真正找到问题的症结所在。"

这番话使得尤里回到制图板前，结果是一场在提出方案与被否决之间反复的漫漫艰辛路。例如，尤里发现有些铆钉枪过于老化，抓不住转矩，于是就问老师能不能把它们换掉。但老师的回答是：不可以，再想想！

最后，尤里回想起早期接受问题解决培训时的 5 个为什么，即通过 5 个为什么找到问题根源的方法。于是他总结出两个原因。原因一是内饰组的工人没有经过良好的训练。当一个工人用原始的铆钉枪将螺栓射出去时，螺栓到达一个正确的转矩时，他理应听到异样的声响。但是组里的工人不知道这点。尤里对整条流水线上的工人做了一对一的调查，约有 40% 的工人不知道如何感觉和听辨是否达到了正确的转矩。原因二是铆钉枪保养不善。铆钉枪会损坏，但是没有人在它们损坏之前对其进行保养或替换——没有预防性保养。尤里还检查了其他工具的保养情况，发现整条生产线上的预防性保养都很薄弱。

于是尤里开创了一个培训项目，将标准化作业改为听到异样声响这个关键点上，然后联合维修部开展了预防性保养计划。5 个月之后，厂院中的问题汽车消失了，而转矩不到位的问题也几乎降为零。内饰线上的每台车的质量缺陷率从 0.3 降到了 0.1，而工具保养的成本也从每个部件 9 美元降低到了 1.5 美元。最终尤里不需要购入昂贵的气动扳手，而整个保养计划对整个组装车间也产生了深远的影响。经过一次关键的"守一破一离"学习的尤里将会通过更多的学习成为一名成功的丰田经理人。

"守一破一离"如何容许并帮助发现自我提升

我们认为"守一破一离"的学习过程是个人拥有自我提升空间的基础，同时，它也让现有领导者能够准确地评估任何一个人对自我提升的投入程度，也就是说，它可以帮助领导者正确辨别出能够走向领导岗位的个人。"守一破一离"具体有以下 5 个方面：

- 标准化作业（表现）。
- 老师深入地观察指导。
- 学生在努力过程中不会得到现成的答案。
- 获得实践和反馈的岗位培养。

•逐步增加挑战以增长学生才干。

接下来我们将逐条分析。

标准化作业是学习的基础

加里和杰弗瑞都清晰地记得自己第一次看到高效运转的丰田工厂时的情景。对于加里来说，那是他刚刚受聘于新联合汽车制造公司时的事。那时他出任这家丰田和通用汽车的合资公司总经理，被派往了后来成为美国新员工培训基地的日本高冈工厂。杰弗瑞则是在20世纪80年代早期到访日本时参观了丰田的引擎和组装车间以及供应商工厂。对于习惯了美国汽车工厂的人来说，那场面简直太震撼了。机器不停地运转，工人在一旁守候，等待维修专家得空过来帮他们检查。工人在拿取部件和工具时不会前后随意走动，如同调试得出奇地良好的机器，甚至像训练有素的舞蹈团一样步调一致。

加里的感受尤为深刻，在日本参加丰田对新联合汽车制造公司为时几周的培训简直让他大跌眼镜。他在相对随意的美国汽车公司工作了多年，看到一组中所有工人每一次都按照标准的流程操作时，他感到非常震惊。例如，没有人遗漏看板（用于追踪各部分流程，以便实现准时化生产），没有人忘记在正确的时间将看板卡放入滑槽，也没有人从看板箱中提前拿出看板放到下一个部分。工人经过仔细设计的工序几乎看不到一个多余的动作。在日本，人们常以传统茶道比喻标准化流程，奉茶者的动作经过精心设计，为客人营造出最佳审美体验。而事实上，多年后，加里再次访问日本的时候，丰田章男请加里观摩了一场茶道，并很随意地问及加里看到了什么，由此可见，丰田章男喜欢用这种方式教育他人标准化作业力量的强大。

但是标准化体系并非一成不变。相反，和奉茶者一样，小组成员完成工作的精确度是他们专注于如何趋于完美的产物。标准化的方式提高了产量和质量，也为每一位组员改进标准化的方式奠定了基础。

我们发现，很多美国人认为标准化作业有点耸人听闻，也许会让他们想起查理·卓别林喜剧版的同质化工业生产（《摩登时代》，1936年）或是近年来的《复制娇妻》[⊖]。即使是赞同将标准化应用于生产线的人，也不能接受将这一理念应用于整个公司。有此怀疑可以理解，但是究其根源其实是对标准化作业一个根本部分的理解缺失，即与标准化作业所带来的自由相比，其造成的损失，不说有过之无不及，起码也是相等的。

对标准化作业的绝对投入是丰田发展的必须。丰田之所以创造了准时化生产方式，是因为承担不起库存对资金的占用。准时化生产让丰田有限的生产资金用于生产而没有滞留在仓库中或是流水线上。当然，准时化生产也存在风险，一旦出现问题，整个体系就没有喘息的机会。如果某一零件用尽，整个生产线就会停滞。因此，丰田迫切需要的不仅仅是减少错误，而是消灭错误。标准化作业首先是一个消灭错误的工具。

但是很多人都对标准化作业如何消灭错误产生了误解。如果你以为标准化作业就是按照某一脚本重复性地执行，那么标准化作业所能做的就只是控制错误。人会失误，加之环境不可控，无论再怎么精心编排的脚本，还是会出现一大堆问题。

为了了解标准化作业如何应用于丰田，首先你需要明白人注意力集中的有限性。如果没有标准化作业，工人的全部注意力就不得不分散到岗位中的细枝末节上："工具在哪？零件在哪？这个紧固件要拧多紧？"有了标准化作业，工人从"守"到"破"再到"离"后，这些细枝末节就会变得习以为常，他们就不再将注意力分散到这些上面。在丰田，不再将注意力放在工作的细节上使得工人可以看得更全面，从而找到完善流程、消灭错误而不仅是控制错误的方法。我们发现，丰田一直反复强调的标准化作业并非一成不变，而是批判性的。在丰田最好的工厂中，每一项工作的执行过程，工人都在不断地反思和改进。

标准化作业对于识别致力于自我提升的人也有着重要作用。它为准确地衡量进步程度提供了基准。许多公司对流程或目标的定义很模糊，所以你很

⊖ 《复制娇妻》(*The Stepford Wives*) 是一部 2004 年上映的美国电影。故事说的是，美国有一个叫斯戴佛的城市，住在那里的丈夫们都秘密地将自己的妻子用高科技变成了机器人。——译者注

难判断某一改变的提议究竟是改进，还是只是完成工作的另一种方法。我们常常会在很多试图模仿丰田的公司中发现这个问题，在作为标准化作业改进工具的员工建议制度中表现得尤为明显。其实，在加里调离新联合汽车制造公司，出任丰田在美国第一家全资公司肯塔基公司的总裁时就曾面临过这样的问题。

脱离了标准化作业，建议制度就很容易被滥用。正确地理解建议制度，不仅能够完善一次流程，还能为员工的自我提升创造机会。员工可以主动发现问题和解决途径，并且用与众不同的方式疏通这个问题。但是要辨别一条建议是否能够产生可衡量、有意义的改进非常困难，这也是建议制度频繁瘫痪的原因之一。

加里第一次到肯塔基公司时，这个工厂已经快速发展多年，以至于他们重视的标准化作业和以此为基准的评价建议制度已经不合时宜。很快，那些被采纳的普通建议很快破坏了这个制度的价值。因此，领导者很难通过这一制度分辨哪些人在利用这个机会寻求自我提升，哪些人在用一些无足轻重的建议滥竽充数换取小小的激励奖金。[12]加里在肯塔基公司的第一项任务就是矫正建议制度，让其再度成为晋升和辨别自我提升的工具。实现这一目标需要严格坚持建议审查政策，只通过真正有益的献策使得建议制度停止了数月才重新回归正轨。

因此，"守—破—离"的基础是标准化作业（"守"的核心），有了它才能够容许和发现自我提升。在"守—破—离"的学习过程，发现自我提升者是老师领导力的一大关键。

老师的深入观察

在第1章中，我们回顾了贯穿丰田的全部价值观。其中一条就是现地现物。在老师的深入观察这一语境下，现地现物的意思是，在真实的环境中直接观察真实的员工，了解其优缺点以备可能的晋升。

为了努力提高效率，许多现代公司都设立了独立的部门处理从基本的岗位技能到领导力培养的各种培训。其宗旨就是让最佳员工恪守岗位，而让岗位员工去培训其他人则被认为是一种浪费。这种做法乍一看可能合乎情理，细想一下却是基于一种高度不稳定的逻辑。尽管培训师总是被尊为专家，但是坦白说没有人会轻易相信一个不是每日从事某项工作的人能够成为该领域的专家。

在"守—破—离"体系下，老师是极为必要的。教导学生并观察学生学习进度的人必须是他所教授领域的行家。

无疑，"守—破—离"的一大好处是行家充当老师，培训的质量提高了。但是从自我提升的角度来说，行家充当老师的优势是有能力判断自我提升者的人刚好就是实际评定他们的人。有谁能比标准化作业的专家更能够发现某个员工所提之标准化作业的建议是否真的有意义呢？行业专家为自我提升者发现机会、提供建设性帮助的可能要比其他人高出很多。

我们来看一个例子。现场现物是丰田的一个核心价值，所以我们可能会认为丰田管理人员在现场的任何深度参与都是积极的。但是实际上实践这一价值也分正确的方式和错误的方式。管理人员会对接触员工、打成一片感觉良好，但事实上人人都知道他们是谁、拥有什么权力。作为增添价值、身为老师的有效领导者，他们如何展现自己、如何说话以及如何行使权力都至关重要。离开实践，一个领导者解决问题的能力很容易停留在他当时的水平，而不会有自我提升的超越。也许对于一名成长中的丰田领导者来说，学习的最难之处在于如何恰当运用自己的技能，避免出现虽能带来短期利益却与培养他人的长远目标相左的情况。

加里早年在新联合汽车制造公司的一次失误就是一则很典型的好心办坏事的例子。新联合汽车制造公司的油漆车间和车身修理间都沿用自通用汽车，所以设备落后。就算有最好的油漆，每一台车还是需要处理表面涂层上些微的瑕疵和问题。在新联合汽车制造公司，所有瑕疵的检查和修复都在流水线上完成；油漆组要掌握好生产节拍。因为设备的缘故，有时候维修量超过了常规组所能配合的生产节拍。在这样的日子里，加里就会决定要像个丰田领导者一样采取行动，亲自走上生产线维修车辆，双手满是油污。

每一辆车的问题都由检验员鉴定，他们填写好标签后由维修人员跟进。维修人员则负责直接处理问题，或是当无法修缮时换上车身板件。加里突然介入维修，帮助搬运车身板件或是抛光瑕疵。他维修得不错，只是偶尔需要叫检验员来解释一些潦草的笔迹才能知道怎么处理。他自我感觉非常好，心想自己做了一个丰田领导者应该做的事情——他认为，自己表现出对生产质量和现场现物的贡献。

当他在生产线上工作了一个小时之后，该油漆间的日籍协调员（实际上是加里的同级）碰巧路过，他马上让加里从生产线上下来和他谈一谈。这名协调员给加里讲了一个寓言故事：有一天，一个皇家果园的园长途径果园，他看上去正在摘果子吃。因为果子归国家所有，这种行为在当时被严令禁止，吃果子就等同于偷盗国家财产。果农们停止了工作。但实际上园长并没有摘果子，只是很天真地指着树上一只稀有的鸟。

接着，协调员对加里腾出时间和他交谈表示感谢而后离开。加里迷惑不解。很明显，这名项目协调员想要跟他分享重要的东西——他没有明确指出，而是用一则寓言启发加里，让加里有机会自我反思。

加里明白了其中深意：园中果农不明白园长在做什么，所以误会轻易地产生了。糟糕的是，园长将所有果农的注意力吸引到了自己身上，分散了他们工作时的注意力。加里加入油漆间的维修工作，虽是好意但分散了工人们处理问题的注意力。每个人的关注点都在加里身上，而不是问题的对策或根源上。加里的职责不是修理汽车，而是培养团队成员、组长和经理人去解决问题。太过亲力亲为反而使他背弃自己对职员应有的责任。相反，那名项目协调员承担了对加里的责任，他将加里从手头的事情中召回，在没有影响他自我提升的同时用寓言而不是指令让加里自己得到结论。25 年后加里依然能清楚地记得这种更为微妙的方式所带来的学习体验。

在第 3 章中，我们将会继续讨论老师在培养学生过程中的角色以及丰田为了确保老师表现而做出的惊人投入。

老师无答案，学生须深思

"反省"（hansei）这一概念在丰田是自我提升的关键。[13] 反省是观照自己的意识行为，找出哪些做得好，哪些做得不好，并且立志下次做得更好。所有的丰田领导者都需要在学习的过程中证明自己的反省。我们曾经提到过老师的角色不同于传统西方老师或讲师。在西方的教学培训模式中，每一门课程都有学生将要学习的要点总结。学生要做的就是记住这些要点。在"守—破—离"的循环学习中，当然也有老师分享答案的时候，这种情况会出现（取决于老师的风格），但只限于老师在"守"的阶段指导学生遵守标准要点。一旦学生通过了"守"的阶段，老师的角色就会从解答者转变为提问者（再次说明，类似于苏格拉底的教学方法）。学生要做的不是记住要点，而是忙于思考，根据他在"守"阶段所学的核心知识思考眼前的问题以及如何在未来的情况中运用这些知识。

当加里的老师打断了他在油漆检查流程中的工作并给他讲了那个树上的鸟的故事的时候，他是在让加里对当时的情况进行思考。他本可以直接把加里拉到一边，指出当时的所作所为为什么不是明智之举。如果他这么做了，加里就不会在一开始百思不得其解，但是他也不会自己琢磨出老师想要传达什么。加里自己的深刻反思成为他自我发现的重要时刻。

在丰田的个人执行和集体作业中都遍布着反省的身影。很多公司在遇到项目难题时都会召开问题研讨会。但是丰田要求每一位领导者在面对每一个项目时都要进行反省。例如，每推出一种新车型后就会开始一次反省，让负责的团队思考如何提高性能。丰田亚洲龙（Avalon）在 2004 年推出一款新车型，巨大的市场成功使其获得了广泛的认可。亚洲龙的一位项目经理这样描述道："我们进入市场的时机刚好，也符合预算。亚洲龙的销量非常好。但是我们随即展开了一场为期两天的反省来探讨怎样做得更好。这种做法有点反常，好像我们没有成功反而失败了一样。但是通过反省，我们发现了很多可以进一步改进的地方。"亚洲龙团队成员随后总结了自己的收获，并且和其他车型的项目经理们分享最为重要几点经验，使他们从亚洲龙团队的思考和收获中受益。

就自我提升而言，只有当老师不告知未来领导者答案时，反省才能奏效。老师教学的方法会随着环境的变化而改变：老师给学生的反馈可以是直接的，发问学生如何获得结论或下达继续寻找问题根源的指令，也可以是间接的，娓娓道来一则故事。

在多年学习丰田生产体系的过程中，加里当然积累了关于以上两种方式的很多例子。他在新联合汽车制造公司出任总经理早期遇到过一起车身修理间机器故障，这一次就展现出反省的威力。加里在福特公司每每遇到棘手的机器故障时，所有的高级管理者都会前来查看技术维修人员的工作。刚刚参与到丰田工作方式中的加里被现场现物或者说是亲赴现场、亲眼看的价值所感染。因此，当这一天车身修理间出现机器故障的时候，加里离开自己的座席跑到现场查看问题。在他到达时，一群经理已经在那儿了，其中就有被派来美国担任该车身修理间协调员的日本焊接专家冈本清三 [Seizo Okamoto，后来任丰田汽车制造（印第安纳）公司（简称印第安纳公司，缩写 TMMI）总裁]。加里马上开始询问现场情况，展现出自己解决问题的最佳能力。冈本清三示意加里来到一旁，对他说："加里，我不能去修这台机器，你也不能。"然后他指着站在旁边的打算亲自解决问题的经理人们说："这是另一种形式的浪费。想想你们该如何避免浪费、如何增加价值。"

作为车身修理间的老师，冈本清三充当了直接负责岗位的经理人的导师，加里则没有，经过反思，加里明白了车身修理间的主管需要自己解决问题，如有必要则找人来帮忙。高级管理人员的介入应该是查看整个工厂，在问题可能会持续一到两个小时甚至更长时间内，查问如何将影响控制到最小。他们应该关心的是：是否需要让前面的一些流程停工，让一部分人自愿回家？能否保证主管们训练有素，可以在生产线关闭的时候高效地管理工人的时间？

反省本身或是它给加里带来的启发并不神奇。但是这种不提供答案、让学习者自己反省来得到答案的方法既行之有效（即这一经验会真真正正地被学到，成为学习者未来"工具包"的一部分），也成为自我提升和发现自我提升得以实现的重要环节。如果冈本清三给加里的提示变成了讲座"巡查车间时该怎么做"中的解释，加里就无法真正理解它在实际行动中的意义，也不会获得如此深刻的感受。自我提升对于学习者的思维和行为模式有着巨大的影响。

获得实践和反馈的岗位培养

截止到目前，我们所分享的逸闻趣事都表明丰田的培训或团队拓展在教室里开展的相对较少。除了需要在"守"阶段传授一定数量的基本知识以外，最佳的学习环境就在岗位上，对于自我提升来说尤为如此。

岗位培养确实对发现自我提升者起到重要作用。准确地评估在课堂环境下的学习及其成果是非常困难的。无数教育专家终其一生都在修正各种测试，力图让它们能够有效地反映出学生的学习情况；而这年复一年持续数十年不断的调整本身就表明了他们的失败。岗位培养更适用于检验学生学到了什么、能否学以致用，因为学生就在应用所学。对领导力的真正检验发生在现实的环境之中。面临考验时，领导者会挺身而出吗？他的行动如人所愿吗？他以正确的方式达到目的了吗？一旦目标达成，领导者会采取措施防止问题再次发生，并让别人从中汲取教训吗？领导者有没有反省自己的表现，并在下一考验出现时进一步改进？所有这些都无法在课堂环境中加以评判，也不可能在工作中蒙混过关。

加里第一次接触丰田的培训和岗位培养，是在他被任命为新联合汽车制造公司总经理后前往丰田在高冈的工厂时。加里是新联合汽车制造公司被派往日本接受训练的几百名新员工中的第一批。丰田高度系统化的培训管制不足为奇：几乎每一天、每一分钟都有培训计划，但是大部分培训都不在课堂上。培训包括了投入大量时间的动手操作和改善练习。加里在每一个主要车间（如冲压、焊接、油漆以及组装）都投入了时间。部门主管花时间了解他们将要管辖的各车间，而组员花时间学习那些他们最终要操作的线上作业。就算加里是堂堂总经理，他也要亲自参加生产作业来体会整个流程。

除了亲自参加生产作业以外，这些美国员工还被要求学习岗位工作并发现改善的机会——消灭浪费。他们已经在课堂上学习过标准化作业以及丰田生产体系中的其他要素。

出人意料的是，这些美国员工每人分配到一块可以精确到毫秒的码表（他们原先所熟悉的码表只精确到秒）。随后他们认识了标准工作表，上面列出了每一项作业的要素，每一要素又被分成各项任务，有具有附加值的项目，有客户实际支付的项目，还有类似走动造成浪费的项目。接受完填表指导后，他们带着码表被送往车间。他们被要求分辨出所有的作业要素，每个要素计时10次，并将这些作业要素的执行划分为增值型或浪费型。美国经理人团队稍后提出了改善的想法。寻找改善机会是重要的培训，但是让所有美国同事惊讶的是日本团队成员的想法当场被运用的数量竟会如此之多。美国人感受到的是有别于美国培训的"做中学"。

在另一项培训练习中，美国受训者结束了早上的课堂讲解后在车间中的某一段生产线进行定点观察45分钟。每个人都站在一个白色粉笔画成的"大野圈"中不可走动，和前面提过的一样：这些美国员工需要深入观察，之后，他们的老师会询问他们都看到些什么。他们被要求杜绝肤浅的观察，而且要特别参照当天早上在课堂上讨论过的丰田生产体系的理论，用他们看到的实例来说明其中的一条理论并解释哪一环节违反了这一理论。之后，日本老师还会问他们改进的看法。

由于这种学习方式和领导力培养与美国大相径庭，我们有必要辟清有关岗位培养的错误概念和理解。听到这些故事时，美国人常常会以为老师无所不知，而这些练习是设计的或是模拟的。他们认为老师已经知道整个流程该如何改进，只是在测试培训者是否能够得出正确答案。事实上，恰恰相反。受训者观察的是真实的生产流程，老师没有正确答案，他们没有任何答案。如果说他们知道能够改善流程的某种方法的话，那么这种方法早就已经用过了。那么这就又成为评估领导者技能和自我提升的关键。

当新联合汽车制造公司的新进经理人和员工被送往日本受训时，他们在系统的岗位培养下学到了很多，但是他们在随机的日常交流中学到了更多。他们为通用汽车工作时，这个丰田前任合伙人对日本式的工作生活产生了负面看法，即工人们在岗位上工作至死，完全是因为循环工作过劳而死。当他们在日本工厂工作一段时间并了解日本人之后，他们的态度很快发生了转变，同时也提出这样的疑问：长期和管理层斗争的美国工人有多大可能会和他们在日本体会到的劳资合作关系斗争？让许多新联合汽车制造公司"毕业生"津津乐道的是日本工厂征求他们的看法。新联合汽车制造公司第一任工会主席乔尔·史密斯（Joel Smith）回忆了这样一段故事：

在通用汽车与丰田合作前，有一名工人的工作就是负责给车窗嵌入玻璃，这一工序很复杂。后来，他经过研究，发明了一系列工具，装在口袋里随需随取。一个小起子和小撬棍就能搞定所有事情。当他去日本后，他接到了和车窗组一起工作一天的任务，于是他拿出自己的小工具，全场震惊：组内所有日本人都聚了过来，抢着说让我看看！按照丰田生产体系的方法，在这一天结束之前，他们为每一个和车窗工作相关的工人都配备了这些工具，并写进标准工作单中。这样的故事还有很多很多。我的员工认识到，大家对彼此技术和天赋的欣赏，以及相互之间的重视，着实让他们情绪高昂，他们将这种态度带回了新联合汽车制造公司。

逐步增加挑战以增长学生才干

"守—破—离"的学习过程能够保证自我提升和发现自我提升者的最后一个关键方面就是逐步增加挑战。挑战强度的增加既发生在每一段"守—破—离"的学习之中，也会出现在领导者或潜在领导者顺利"毕业"后进入的下一个阶段中。就我们在丰田的经验来看，将学生置于加快和塑造成长的挑战环境中可以培养学生的领导力潜质。

图 2-1 总结出伴有"守—破—离"循环的各个学习过程。我们将它们描述为计划—实施—检验—行动（PDCA）学习圈。当一位领导者接受了一项任务，他就必须弄清楚现状的细节以及当前与理想状态的差距。这就使领导者能够了解问题并制定具有挑战性的改进目标，而这就是计划。实施则是为

达成考验目标而带领他人一起工作。检验环节会在老师的辅助和反馈下完成，是对所达成结果及其过程的反思，其中后者更为重要。最终，学生就可以准备进入下一项挑战任务——行动的环节了。

对于一名成功的丰田领导者，一段完整的学习过程（举例说明，从晋升为经理助理到被考虑提拔为经理这个阶段）至少需要 3 年时间，有可能更长。当该领导者完成了一次改变，对他的评定将会基于他表现的水准和达成结果的方式。

那些成功完成了"守—破—离"并追随了丰田价值的员工就会被选定进入下一项考验。完成考验会带来挑战任务的增加和晋升级别的上升。那些表现出更加精湛的技能和领导力水平的人将会比那些只会按要求完成工作的人晋升到更高的职位。晋升后的领导者将会对更多的人和职能承担责任，具备更长远的规划视野。

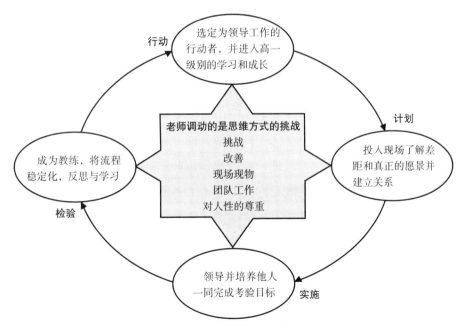

图 2-1 领导力自我提升的学习循环图（PDCA）

注：丰田的领导者在其职业生涯中不断重复各种自我提升的学习循环，在老师的指导下迎接不断增加的挑战。

在日本，丰田在甄选和培养领导者方面有一个基于内部晋升原则的久经考验的方法。在 2008 ～ 2009 年的萧条所造成的雇用冷却之前，丰田一直保持着每年 1500 ～ 2000 人的招聘规模。这些员工基本上都会留在公司直到 60 岁退休（只有高级管理人员会待得更久些）。新进员工在公司的最初 3 年会接受来自直接主管、同事、客户、人力资源专家以及公司中高层经理人对他们的严密观察，他们会从新员工中找出最具领导力潜质的人。

人力资源专家和直接主管会花大量时间在现场了解潜在领导者的工作、展开讨论、将他们设置在挑战性的岗位上观其反应，同时剖析他们的长处和不足。有时，一个员工会接到平行岗位调整，以便其他领导者观察他在缺乏资深经验和专业技能的情况下如何适应新的工作环境。向上调动则意味着要学习掌控不同部门，这种更宽泛的能力有别于经理人最初经历的岗位学习，也不同于他们横向管理的生产链。经理人的评判不仅仅以结果为标准，更重要的是看他们的领导力执行过程。随着经理人职业生涯的发展，他们最终会登上符合自己独特的优缺点的一定级别的岗位。

在图 2-2 中，领导者甲在自己能够承担领导和培养他人的这一重大责任之前需要完成很多工作。此人的薪酬随着资历的增加而增长，并且因其踏实的贡献而受人尊敬。但是经过 3 个环节的自我提升学习之后，他仍然没有具备培养他人的能力。也许这位员工具有很高的专业技能但是交往能力比较薄弱。因此，他可能分到了一个属于自己技术范畴的小组成为老师，负责带领整个组完成方针管理目标。相反，领导者乙的成长轨迹则快得多，她不断地承担更多的责任和严峻的挑战。她被赋予更宽泛的责任，既要纵向领导向她汇报的员工，也要完成方针管理目标，包括横向协调其他部门。当公司内部有重大变化需要时，也许是达成一个 3 ～ 5 年计划，领导者乙就会被任命为总经理或副总裁来领导公司的大部分工作。

我们已经注意到，这些挑战环境并不是刻板的，而是来自工厂里的真实环境，就连老师自己也不能马上给出答案。重要的是，以上事例中的学生所应对的考验关乎的是工作方法而非结果。

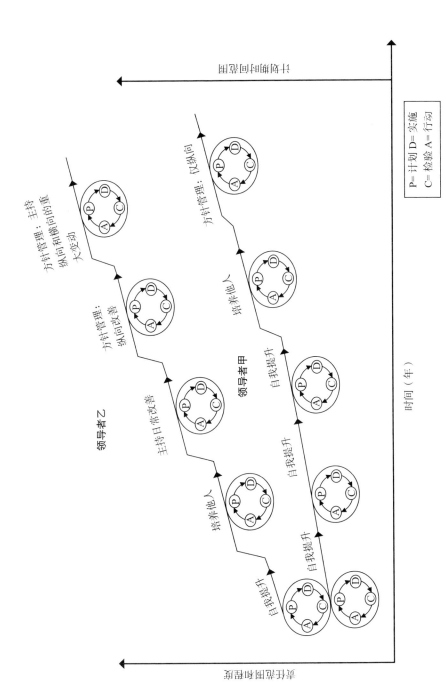

图 2-2　职业生涯领导力发展过程快慢比较

从这个角度来看，丰田没有捷径。所有在任的丰田领导者都会腾出时间亲自观察候选人，因为经验告诉他们，无论一个人多么勤奋，他都没有办法做到百分之百地判断出自己的领导力潜质。有些人被认为拥有极高的领导力潜质，但可能不会认识到这方面才能，而有些人则可能是大器晚成。因此，丰田希望看到经历了时间考验的行动者。进而，丰田不仅对量化的结果感兴趣，也对达成这些结果的方式感兴趣，特别是这些结果达成的方式是否与丰田的价值相一致，这个话题我们将在下一章中展开。

挑战能否成功终究取决于候选人自己。举个例子，大野耐一打算将一名学生送到一家零件供应商处并给他布置一个艰巨的任务，比如将一个 10 个作业环节的生产线减少 6 个环节。该学生只有完成任务、减少 6 个作业环节、训练其他 4 个组员按时按质地完成所有要求的工作之后，才能离开供应商的工厂。大野只会短暂地现身几次，但是该学生知道他的老师正在观察他，而且会定期听取他的进度报告。没有完成挑战的员工不会被解雇，但是和其他达成目标的员工相比他的职业发展就减缓了。

丰田领导者的整个职业生涯都需要自我提升是关键之所在。随着责任的增加，领导者面临的考验也会随之增加，他必须不断地自我提升以应对每一次考验并用丰田之道达成结果。晋升为更高级别的领导者，其晋升条件从来都不是简单地以供职时间的长短等来进行评判的。勤勤恳恳的忠诚员工虽缺乏领导力能力但最终会获得晋升，可是他可能几乎得不到跟随自己的下属。有目共睹的成功和争取成功过程中自我提升所付出的努力，是胜任丰田内部各级别领导岗位的基础。

实际上，丰田的每一位高级领导者都遵循着这一晋升轨迹，经过整个职业生涯在公司中逐步晋升。虽有特例，[14] 但是丰田董事会成员（公司最高管理层）为公司奉献的时间都无一例外地超过了 30 年。这与美国公司习惯从公司之外引进首席执行官或是其他领导岗位的人选形成了鲜明的对比。作为一家日本公司，启用外人胜任公司要职在丰田原本是不可思议的事情，然而这一思路伴随着丰田的全球化而改观。

丰田进军北美，唯贤启用外人

选聘新联合汽车制造公司领导者时的重点就是寻找可以证明自己具备内在的自我提升和学习能力的人。加里不知道的是，新联合汽车制造公司就他的品性和好学程度对他的同事进行了秘密采访。

正如我们在第 1 章中所谈到的，加里在福特和通用汽车练就的领导力令人羡慕，但是在丰田看来仍有瑕疵。可以说他用错误的方式达到了好的结果。但是根据参与招聘过程的人力资源部门的说法，丰田最感兴趣的是加里对自我提升的热情。

在新联合汽车制造公司，负责整个工厂运营的首位总经理是最重要的招聘职位。丰田密集地面试了一批有资质的竞争者，逐步将候选人筛选至 6 人、4 人、2 人，最后选定了加里。加里为什么能够在这场前所未有的选拔中脱颖而出呢？因为他在通用汽车和福特工作期间的很多方面表现符合一名丰田领导者特质。

丰田雇用康拉德·普鲁萨克（Conrad Prusac）为人事主管，负责新联合汽车制造公司总经理的招聘。他回忆道，当时参与新联合汽车制造公司项目的丰田领导者都向他表示，丰田领导者心目中理想的候选人需要了解汽车制造的流程，但是这些候选人必须放下成见，以积极的态度学习丰田汽车制造的方法。这样，这些候选人才能帮助丰田把丰田汽车制造的方法教给美国的工人，为丰田弥补文化的差异。

乔尔是新联合汽车制造公司引进的第一批人才之一——事实上，应该说是召回，因为他曾是已关闭的通用汽车工厂的工会主席。工会主席参与工厂总经理选拔的调研过程这件事本身对于乔尔来说就是一次文化碰撞。在调查加里的过程中，乔尔利用自己在福特汽车的工会领导网络调查出加里具备哪种领导力能力。乔尔希望加里是他们在意向书中所预见的企业文化塑造者的领导者类型，而他得到所有的反馈都表明加里是正确的选择：

加里在意向书中详细阐明了大家今后如何共事，这点使他非常符合丰田人的要求。这是他喜欢的处事方式。我和一些福特汽车的朋友聊起他，得到了正面反馈，非常肯定的反馈。

尽管加里有丰富的经历，在福特汽车晋升很快，新联合汽车制造公司也不是仅仅将他作为领导者雇用，并将他安排在相应的岗位上。正如我们已经说过的，加里和其他领导者在高冈工厂经历过全面训练。不仅如此，丰田还给加里分配了一个管理协调员。在丰田，管理协调员不是个人助理，而是老师，是已经获得认可、能够培养领导者的成功的领导者。管理协调员的工作远远不是袖手旁观或是临时岗位，所以加里的管理协调员（同时也是新联合汽车制造公司其他每一位管理者的管理协调员）从日本去了美国（这也是现地现物的又一例证——如果不在现场，不能第一时间看到自己所指导的领导者的表现，管理协调员的工作则是无效的）。事实上，在加里效力丰田的这20年间，他和众多管理协调员一起共事过，先是在新联合汽车制造公司，而后是在丰田。有人会认为这是一种不信任的表现，但是在丰田，管理协调员扮演的角色就是老师以及和丰田日本本部进行沟通的人员。

在新联合汽车制造公司担任总经理16年之后，加里应邀加入肯塔基公司并很快成为总裁。他随即面临一项考验，就像他在新联合汽车制造公司上任时一样。这座工厂已经运营良好近10年光景，生产能力比刚开张时增加了1倍。突飞猛进的发展速度和日益增长的知名度带来了一项管理难题。快速增长的丰田以高质高效著称，引来其他公司对这种能力的觊觎而被挖走了大量的中层管理人员，造成了肯塔基公司管理层的断代。工厂内部没有充足的拥有丰富经验的潜在领导者来填补空缺。经过一段时期广泛的现地现物，加里诧异地发现，丰田内部经理人占据了工厂内的一定数量的关键岗位，而这些人在不具备任职资格时获得了提拔。加里清楚这有损丰田体系，不能再进一步姑息。于是加里和他的肯塔基公司团队不得不从丰田之外找寻能够快速成长为领导者的人才。

这一次又是寻找具有潜质的领导者，但是这一次加里多少有了些经历。他在新联合汽车制造公司工作期间曾遇到过很多在新联合汽车制造公司轮岗的通用汽车的经理人，并和他们一起共事。轮岗的用意是让通用汽车的经理人在新联合汽车制造公司待一段时间，亲自观察丰田生产体系运作，然后将所学带回通用汽车的工厂。但在实际操作中，许多通用汽车的经理人并没有将新联合汽车制造公司之行视作重要的反省和自我提升的机会。在某些方面，他们不应为此受到指责，因为通用汽车当时的内部体系让他们很难如己所愿将所学应用到自己的工厂中。然而，有一些通用汽车的经理人在新联合汽车制造公司轮岗期间对于自我提升表现出了异于他人的重视。加里就是利用这种方法和其他渠道在福特和通用汽车中物色潜在领导人选，来弥补管理层的空当。

截至目前，这个故事听起来并没有什么特别——就独特性这点而言，确实没有。丰田外聘方式的与众不同之处在于，所有从外部渠道引进的人才上任的岗位都比他们在原公司的岗位低好几个级别。在典型的美国职场模式中，很多经理人以晋升为目的而选择其他公司。和丰田签约，在很多方面看来，意味着降职。例如，巴里·夏普（Barry Sharpe）来自福特，他在福特即将成为某个工厂的总经理，但是他在肯塔基公司的第一个岗位是油漆间经理，就一个典型的汽车工厂体系而言，他的级别降低了两到三级。2005年，加里计划退休，于是不得不到丰田之外寻找肯塔基公司的总经理接班人。他选择了在新联合汽车制造公司工作过的史蒂夫·圣安杰洛（Steve St. Angelo）。尽管圣安杰洛是通用汽车高管，也曾在加里上任肯塔基公司之后出任新联合汽车制造公司分管生产副总裁两年时间，但是他在接任时仍被要求先担任一年的执行副总经理。加里继续行使总经理职能，但放手圣安杰洛去工厂查看，实地学习作业，掌握工厂实情。在所有这些实例中，所有的新晋员工都要遵循"守—破—离"的过程，通过自我提升的展现来证明自己具备丰田之道所需的领导力潜质。

结语

本章的重点是丰田公司视自我提升为领导者不可或缺的特质。只有那些坚持投身于自我提升的人才能够学到技能，弥补自己能力的不足，成为丰田维持出色运营所需的高效的领导者。就此而言，丰田不认为领导力可以被传授；它只能被那些愿意自我提升的人习得。因此，允许自我提升与发现潜在领导者和现有领导者身上的这一特质显得尤为重要。

丰田对自我提升的允许和发现已经融入其教学方法。"守—破—离"的学习过程将学习的重责交予学生。只有对自我提升充满热情的人才能够在这一体系下脱颖而出，但是也需要老师在旁保护和指引，并从中发现最佳的自我提升者。这一过程没有捷径可走，而且是一个根本不可能游戏或操控的学习体系。

其他公司很少能理解盛行于西方世界的改善活动和丰田运用系统改善活动的方式之间的区别。标准模式的改善活动分为 5 天，从些微指导开始，然后进入现场找出浪费并快速采取行动做出改变，最后汇报前后比较及结果。这已经成为许多组织实现精益管理的主要工具。毋庸置疑，参与者能够从中学到很多，对于一些人来说甚至具有转折性意义。丰田内部也组织改善活动，但是名称为"自主研修"，意思是主动自我学习。自主研修在日本长达几个月，通常是由丰田资深培训师主持、面向某个供应商的活动，供应商需要对工厂中的某一领域做出重大变革来达到培训师设定的目标。这个活动强度高，而且任何缺乏目标的结果都会被视为失败。活动的目标是让领导者站出来迎接挑战，通过高强度的活动来提升自己。在丰田北美公司，这个活动演变成为一周自我研修。时间虽然缩短了，但重点仍是学习和自我提升。自主研修不是达到特定结果的改进工具，但达成目标是学习的本质：一个人需要培养这种达成目标的动机和热情。而人们必须遵循解决问题的完整过程——不走如略过问题定性和根源分析、从发现浪费直接跳到快速简陋的解决方法等类似捷径。

对于那些试图模仿丰田的人，最重要的一课就是了解拥有允许自我提升而不是强制发展的方法的重要性。思维和行动的自我提升是唯一行之有效的途径。

通览整章，我们强调了标准化作业的重要性，特别是它在"守"阶段的意义。标准化作业对于领导者和实际操作的工人同样重要。标准代表了当今众所周知的方式。它们为改善提供了可传授的方法论和衡量基准，为指导领导者培养他人提供了方法。尚未投入标准化作业的公司该怎么办呢？答案是开发。也许你会觉得标准化作业适合重复性手动作业，但它适用于知识型工作吗？在《丰田智慧》中，杰弗瑞·莱克和大卫·梅尔[15]提供了划分工作的方法，任何工作都可划分为程式化、重复性任务和情境式任务。即便是一项创造性的工作，如产品工程师，也有一定程度的固定知识和标准过程。对于一名工程师来说，填写每分钟工作单没有任何意义，但是丰田有效地利用了工程审核单一类的工具来明确适用于任何良好设计的每一部分固定知识和标准步骤。工程师们会学习测试方案、设计达标评估的方法、设计成本估算表以及很多标准工具和过程，这些也是他们接受丰田领导者考核的标准。[16]

精益生产盛行的观点之一就是"领导者的标准化作业"。很多顾问以此作为卖点，而很多公司也在一直开发他们自己的版本。例如，现场巡查的频率和工厂巡查对象名录的标准。这些标准就属于"守—破—离"中"守"的阶段。按照指导丝毫不差地实践基本步骤是开始阶段的必需。我们已经注意到的问题是，有些在工厂中有几次不错的巡视经历的经理人，总是对他人指出自己所发现的浪费并下令改正，他们过早地以为自己已经进入"离"的阶段，掌握了精益管理。这就有点类似学骑车的小孩，初次学车还要靠辅助轮的他就喊着："喂，妈妈，我不需要扶了！"拿掉辅助轮之后他就会无奈地摔倒，还有可能给自己和他人造成严重的伤害。所以早期的现场巡视有必要在一位真正的老师的监督下进行，而且学习中的经理人必须明白这只是刚刚开始——他应有的想法是学习提问而不是喊出问题的答案。就算是现场巡查的基本技巧，经理人也要在强大的老师的指导下，经过好些年的重复练习才能掌握。

几乎没有公司能够耗费数十年之久，来培养如此之多在丰田之道的运营环境下成长起来的领导者。这种做法有其紧迫性，正如我们从新联合汽车制造公司的案例中所看到的。新联合汽车制造公司的做法是仔细挑选符合公司哲学的领导者，让他们在工厂环境下理解丰田生产体系的基本要义、学习实时的环境，给予他们持续的考验并辅以支持，帮助他们反思自己所学的东西。任何一家公司都能做到这一点。但是几乎没有公司拥有像日本协调员那样技术娴熟、知识丰富的领导者资源，这就意味着公司所拥有的精益专家资源非常珍贵。在第6章中，我们将会阐述在退休后的加里领导下的达纳——一家陷入一场危机后不得不快速培养精益领导的美国公司。达纳发现其实公司内部有尚未开发的人才，通过外部人才的引进就能相得益彰。在很多时候都不乏对工作理解深刻的人，但是在多数情况下，他们没有受过指导和培养他人的考验。如果他们能够学着去指导和培养他人而不是一味地自己思考，他们能够很有价值。第3章的话题便是丰田指导和培养他人的方法。

指导和培养他人

我首先要说的是，领导力的功用是培养
更多的领导者，而不是培养更多的追随者。

——消费者权益倡导者

拉尔夫·纳德

丰田管理者开始在北美建立工厂的时候，心里很清楚无论如何绝不能失败。保险起见，他们派出尽可能多的日本人来教美国人以丰田之道进行领导。必要时，公司会毫不犹豫地介入，避免发生重大灾难。当然，派出首批美国领导者团队只是第一步。丰田在全球发展迅速，不可能无限制地从日本派送老师出去。丰田北美公司发展的长期愿景是自力更生。为了实现这一目标，美国领导者必须抓紧学习成为老师。这些领导者下面的各级领导者都必须深刻掌握方式方法，践行丰田价值观，领导公司不断改进，训练员工为实现目标不断改进。

正如在前面的章节中所提到的，作为一种概念，自我发展可能会给人以成败论英雄的感觉：抛出一种挑战，应战成功者得到奖励，失败者走人。最严厉的美国公司用的就是这种模式，但这不符合丰田之道。在丰田，老师对学生的成功负有责任，同时学生也对自己的发展负有责任。丰田之道追求的是两者之间的完美平衡。

在这一章里，我们将探讨自我发展的另一面，深入探究丰田怎样积极地鼓励那些具有自我发展能力的人发挥潜能，实现发展。在丰田，老师和领导者几乎完全同义。领导者们负责创造一种环境，让未来的领导者们充分施展才能。这种环境既要有利于潜在的领导者发展，又要产生足够的挑战。这似乎有点矛盾，可是在丰田内部的确是并行不悖的两个方面。在生产部门，这种挑战的很大一部分都是由丰田生产体系自然产生的。

丰田生产体系创造挑战，迫使员工发展

丰田生产体系本身在很大程度上就是不断地向领导者和员工发起挑战。大野耐一用船在河底有岩石的河流中前行来生动地说明丰田生产体系的根本原则。他把水看成库存。水越多，岩石就埋得越深，乘船的人就越无法看见。可是等水落下去了，岩石就会露出水面。这个时候船就必须停下来，把岩石清除掉，否则船就可能出事。岩石代表各种问题（设备停工、质量问题、沟通问题等）。在传统的批量生产条件下，这些问题被库存遮盖起来，尽管问题重重，船却似乎航行无阻。产品生产出来，库存被推到下一个环节，没有人管生产材料的实际运转情况。

在准时化生产制下，每一个生产过程都有适应消费者需求的稳定速度，叫作"生产节拍"（takt）。真北愿景要求在生产过程中实现零库存（通常需要人为地产生一些库存作为缓冲）。在几乎没有库存的情况下，问题显而易见，触目惊心，必须加以解决，否则生产就得停止——一台机器出了故障，整个生产过程就得停止。下游生产由于没有材料供应而无法继续，上游生产由于没有地方存放生产出来的产品也不得不停止。问题解决了（岩石被弄碎），生产流程得到恢复，库存进一步减少（水面进一步降低），更多问题浮

出水面。这种动态迫使不断进行改进。在非制造过程中，这就相当于小批量的交货永远处于紧迫的交货期限状态（如一次只能出一个病人的测验结果），没有得到上游供货的任何人都无法开展工作。当我们把这种相关链拉紧的时候，问题就会浮出水面，我们就不得不解决问题，要么就是停止生产。

生产节拍

在准时化生产制下，我们将会多次提及一个根本原则，即（生产）节拍。节拍这个词借自德语，原本用来指音乐中的节奏。例如，音乐家用节拍器设置节拍。在准时化生产系统中，生产节拍就是顾客需求的发展速度。例如，如果顾客平均每一分钟买走一辆丰田汽车的话，那么生产节拍就是一分钟。在准时化生产系统中，组装线应该按照每分钟组装一辆汽车的速度设置（很明显，这样就要求很多车同时在生产线上依次进行安装）。而且在理想状态下，所有的生产线，如冲压车间和焊接车间，每一分钟就要生产出一辆车所需的零部件。采用这种生产节拍，在理想状态下，生产线上工作的分配就应该按照每个工人在一分钟内应创造的附加值设置。然后汽车走下生产线，进入下一个以"一分钟"为节拍的工作环节，直到汽车完整地生产出来。当然，浪费永远存在，比方说，伸手去拿零部件或者工具会浪费掉一些时间。丰田生产体系的目标是继续努力直至完全没有浪费。消除浪费是另一种降低水面的方式。在生产节拍明确没有浪费的情况下，员工才有望在绝对同步的情况下完成附加值。如果他们做不到这一点，那么生产就有可能停下来。

这也是为什么很多公司无法完全采用准时化生产制。超额库存给人带来的安全感难以割舍，而且调整库存水平又那么费时费力。那么，为什么丰田要这样做呢？不同就在于有的公司以"做好"为目标，而丰田追求尽善尽美。追求做好的公司有充分的理由允许超额库存存在，留出安全空间。可是对一个追求完美的公司来说，绝对没有理由不让问题尽可能快地现身。如果一个问题被遮掩的时间足够长的话，就不再被认为是一个问题，而成了正常操作程序的一部分，那么完美的目标就会更加遥不可及。没有完美的愿景作为目标，就很容易让水不断地慢慢上涨。你也许会说这是阻力最小的方式。确实如此，放松生产系统，让水面上涨确实是很多问题最简单的解决方式。

大野耐一过去常常说，采用丰田生产体系就是为了让问题显形，给人们提供一种挑战，让人们成长，能更好地解决问题，成为更有能力的人。丰田生产体系被形容成一座房子，是一个有机整体，只有各个部件充分配合才能有效运作（见图3-1）。支撑房子的两根柱子就是准时化（这要归功于丰田喜一郎）和自働化（这要归功于丰田喜一郎的父亲丰田佐吉）。自働化是指机器安装了智能装置，在问题出现时会自动停止，就像丰田佐吉著名的自动织布机，有一根线断掉就会立刻自动停止一样。这种自动停止装置演变成了"安灯系统"，就是指问题出现，设备停止运转或者人为终止生产时发出的求救信号。把准时化和自働化结合起来意味着问题一旦发生是遮盖不住的。

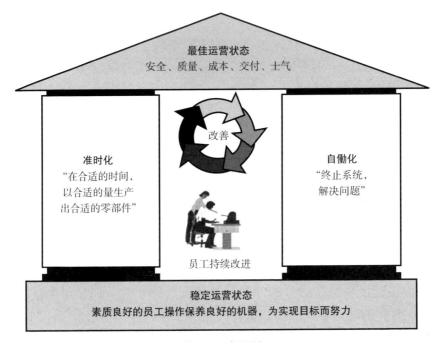

图 3-1　丰田屋

这一切都很好，没有一点问题，但是要把这种极其脆弱的系统转变成高效的运作而不是没有用武之地的练习，需要具备两个条件。第一个是稳定的正常生产条件，这是坚如磐石的根基。这个条件要求员工受过良好训练，工作中致力于追求完美，机器保养良好，很少出故障。没有这个条件，河底的岩石就会使公司大厦倾倒，生产多数时候处于停止状态。第二个就是问题出现时人们所做出的反应。丰田对员工进行纵深训练，不断向他们灌输：遇到问题时，要果断采取行动，控制问题，恢复生产，然后解决根本问题，使问题不再发生。改善的意思就是不断改进，在本来很痛苦的生产中断过程中，培养出超常的人才，形成具有竞争优势的生产过程。

加里在新联合汽车制造公司经历过的一件事充分彰显出"做好"和"追求完美"两者之间的差异。前者是加里在福特和通用汽车时的工作模式，后者是丰田追求的模式。加里在应聘过程中，在受雇进入新联合汽车制造公司之前就发现该公司车身车间和油漆车间的设备太过老旧，很快会瘫掉。在他任该公司总经理的头几天时间里，他就积极向日本管理者建议改进车身车间，允许不同生产过程之间有更多的库存，否则整个组装线早晚都会关闭。这些都充分显示出他提高产品质量和工作效率的决心。

池渊康介（Kosuke Ikebuchi）先生是新联合汽车制造公司的执行副总裁，主管工程和生产。他对加里的回应很简单："多余库存没有必要，把问题解决掉！"池渊康介所说的是丰田生产体系的一个核心原则：如果你想用库存或者应急措施掩盖问题，那么你就是在逃避压力。

在导论中我们提到，很多公司在最初推行精益方式时收效很大，可是随着时间推移，这些收益常常化为乌有。人们天生喜欢阻力小、容易操作的过程，而且很容易安于现状。丰田通过去掉库存使没有达到完美的生产状况处于持续的不稳定状态。毫不妥协致力于准时化生产的决心促使每一个人追求完美，因为任何不完美的地方都会很快暴露出来。

那么，所有这些与培养领导者又有什么关系呢？在前面的章节中，我们讨论了在工作中发展和持续增加挑战的重要性。丰田生产体系由于能够暴露问题，从而在工作发展中创造出连续的机遇和不断的挑战。丰田的老师不需要人为地创造训练环境，比如出了故障，要求学生找出预期的解决方案等。每天的汽车生产过程就能产生出所有需要的发展机遇和挑战。而在更为舒适的环境中，即水更多的条件下，老师可能需要设置一种目标或者训练项目来挑战学生的问题解决能力。这种情况下，学生就没有足够的机会经历"守—破—离"式循环，实现自我发展，或者整个培训过程会比预期的要长。因此丰田生产体系不仅驱使公司日臻完善，还为领导团队的发展创造了机遇，既培养了自我发展能力，也锻炼了促进他人发展的能力。这一切都是完成领导者培训所必需的。

A3 问题解决方法使思考过程有形化

　　加里刚到新联合汽车制造公司没多久，最担忧的事情发生了。由于车身车间没有足够的地方存放库存，让员工达到训练有素、让设备运行稳定成了每天都要面临的挑战。更何况丰田系统本身就已经提供了太多的挑战，当然这也是机遇。由于经常出现故障，从根本上解决问题就成了维持生产正常运营的关键所在。在日本，生产设备的厂家会定期深入车间帮助解决问题，可是加利福尼亚的新联合汽车制造公司只能依靠自己。

　　加里和他的团队奋斗多年一个一个地解决问题，很好地做到了保证生产线正常运营。可是新联合汽车制造公司的运营状况与日本本土的运营水平还存在很大的差距。具有讽刺意味的是，带领车身车间跨入崭新发展水平的并不是一位生产管理人员，而是来自日本金融界的伊藤文隆（Fumitaka Ito）。伊藤文隆先生就任新联合汽车制造公司的总裁后，对车身车间的正常运营时间很不满意。他还注意到，车身车间的工程师们在办公室待的时间太长，这当然意味着问题不会得到解决。在一次会议中，他要求加里启用一种新的做法：设备一旦停运30分钟或者更长时间，工程师就要亲自进行情况汇报，加里也要在场。书面报告集中写在一张纸的一面，这就是著名的"A3 报告"

（在 A3 纸出现之后）。伊藤文隆对怎么写 A3 报告并没有明确指示，只是要求每一次都要写"故障报告"，并要求车身车间的日本工程师向美国工程师演示问题是怎样解决的。

这种报告的目的就是要在一张纸上展示"问题解决过程"：总结问题及其根本原因，以及解决问题的对策。丰田采用的是标准化的问题解决方法，现在称之为"丰田问题解决法"（Toyota business practice，TBP）。单面报告使一系列问题细化，例如，现实状况和理想状况之间的差距、问题的根本原因、可能的解决方案、尝试过的解决方法及其结果以及进一步要采取的措施等。工程师的工作不仅是要检修故障，还要确定故障发生的原因（如维修不到位、使用不当，或者是操作失误等），解决根本原因，使故障不再发生。工程师和加里要在故障出现一周内亲自向伊藤文隆呈递报告。

伊藤文隆通过这种方式把握现实情况，一下子就满足了好几方面的需要。第一，他用一种可持续的方式解决了新联合汽车制造公司的生产问题（而不是先设定生产目标，然后让日本工程师解决问题）。第二，他为美国工程师创造了一种发展机遇，锻炼了他们解决问题的能力。他让美国工程师负责 A3 报告，并把这种做法制度化，从而迫使他们学习解决问题，掌握现地现物的价值观。第三，他给加里一个机会，让加里参与到问题的解决过程中来，并创造出一种机会训练他培养工程师的能力。

丰田问题解决法

丰田所采用的标准化的问题解决方法现在被称作"丰田问题解决法"。在公司的发展过程中，有好几种不同的叫法（如实际问题解决方法等）。该方法是以质量专家爱德华·戴明博士所倡导的"计划—实施—检验—行动"这一循环过程为基础发展起来的 8 个步骤问题解决方法。

总的来说，这一方法首先要对问题进行陈述，包括现实状况和理想状况之间的差距。然后对这种差距进行分解，确定需要立刻解决的首要问题。对于这些问题，要设置具体的改进目标。然后对这些具体问题进行分析，并通过问问题的方式（这是概测法的一个重要原则，即要问 5 个问题）确定根本原因而不是表面原因。然后确定对策（计划），尝试（实施），监测（检验），直到最后进行进一步调整（行动）。到此为止，要么问题已经解决，要么就需要尝试新的解决方法。问题解决者不离开自己的岗位，一直要监测，进一步调试直至机器性能明显稳定下来，在一段时期内，通常是几个月内实现无事故运行。然后这种解决对策就会被标准化，有必要时还会在其他工厂推行。

丰田问题解决法的 8 个步骤是：

（1）依据理想状况确定问题（计划）。

（2）把问题分解成可操作的过程（计划）。

（3）确定问题的根本原因（计划）。

（4）设置改善目标（计划）。

（5）在几个可供选择方案中选择一种合适的解决方法（计划）。

（6）实施解决方案（实施）。

（7）对效果进行检验（检验）。

（8）调整解决方案，使之标准化，并加以推广（行动）。

请注意，在丰田生产体系的实施过程中，前 5 个步骤都处于爱德华·戴明所倡导步骤的"计划"阶段。这反映出公司着力于确保发现真正的问题，只有这样，才能真正使问题得以切实解决。这还反映出丰田重视信息搜集，重视在解决问题时达成共识。目标设定同样重要，因为目标产生挑战。

丰田相信这种问题解决方法对领导者至关重要：每一位领导者，无论担任什么职位、在哪个部门工作，都要成为丰田生产体系专家。例如，掌握这一过程可以让具有金融或者人力资源管理背景的领导者在基层车间做出巨大贡献，反之亦然。真正掌握丰田生产体系，意味着要能向一线的专家问出内行的问题，确保这些专家能真正地解决问题，使公司日臻完美。

在陈述过程中，伊藤文隆会着力问一些问题，对报告进行点评：问题陈述得清晰吗？问够 5 个为什么了吗？解决策略是否与根本原因分析密切相关？伊藤文隆有一种神奇的能力，尽管他并不是工程师，根本不了解技术问题，却能够抓住工程师思考过程中的主要缺陷，然后深究下去，问一些细节问题，这样往往能暴露出陈述过程中被忽视的环节。伊藤文隆遵循着这种标准化的问题解决方法，在报告上用红笔做一些标记，圈圈点点，画上问号，或者是把疑问写上去。填写 A3 报告的目的，当然不是尽善尽美地按格式走，而是要理顺思维，改善解决问题的方法。通过听陈述、看报告，伊藤文隆就能估计出工程师的能力，知道他们是怎么想的、怎样推理的以及他们在多大程度上看重可持续改善。正如每一位在丰田被培养出来的领导者所看到的，报告是培养问题解决能力的强有力武器。[1]

整个过程中，加里几次都在场看着伊藤文隆怎样引导，可是他却没能弄明白自己的责任所在。当伊藤文隆对陈述和报告进行点评的时候，他只是站在旁边，惊讶于伊藤文隆洞察一切的能力，对工程师费尽心思学习这种思考方式的样子忍俊不禁。几次下来，伊藤文隆就问加里在工程师陈述之前他是怎么指导工程师的。伊藤文隆指出，报告中被圈点的地方很多，如果加里对工程师进行了正确的指导，就会少费很多墨水。他指出，加里对工程师的进步负有责任；报告中的问题显示出了加里的领导情况，因此加里对任何问题所负有的责任比工程师还大。很快，加里更直接地参与整个过程。在很短的时间内，加里和工程师的能力都有了很大提高，成长速度也更快了。最终，加里变得很擅长看出工程师陈述和思考中的不足之处，并通过提问揭示出这些漏洞。他开始理解，评论是一种衡量方法，既能衡量出工人的能力，也能衡量出他作为老师和教练的能力。很快，加里写出的 A3 报告也越来越好，设备正常运营时间节节攀升直至赶上日本的水平。

之后，当加里手下的人工作做得好时，伊藤文隆也会对加里大加赞扬，但绝不是因为他认为加里成功地解决了问题。他真正要表扬的是工程师们的能力获得了提升。在发展领导这一宏大的框架内，任何个人的报告都显得不再重要。报告水平的稳步提升显示出工程师在发展，显示出加里承担起了发展的责任，即知道工程师心中所想，知道他们怎样做出判断，怎样防止问题发生，怎样使防患于未然常态化，等等。这才是更重要的。

有时候领导力培训必须按照一定的模式进行

当然，在丰田生产体系之外其他的机遇与挑战也会出现，必须小心应对。不过，即使在这种情况下，领导者培训也得手把手地进行，而不仅仅是在教室里做练习。在第2章里，我们注意到，当加里刚到肯塔基公司的时候，由于既要兼顾发展又要从别的公司物色领导者，领导队伍并没有完全发展起来。作为总裁，加里通过从丰田外部引进几个卓越领导者来部分地缓解了这一矛盾。但是很明显这样还远远不够，现有领导团队的能力同样需要发展。促进团队成员发展是加里义不容辞的责任。

加里感觉到有好几个因素阻碍着每日工作的正常进行。第一，按照肯塔基公司的发展速度，领导团队的建立和掌握丰田生产体系的速度都应该比目前更快。第二，肯塔基公司员工的经历有限意味着资格最老的领导者也需要重新学习技能；他们对自己领导的人还没有能力起到指导作用。加里选择在工厂外部进行培训，因为当着员工的面苦苦挣扎可能会让领导者感到难堪。而且，肯塔基公司正满负荷发展着，如果在厂内进行培训，加里还担心参加培训的领导者们会被日常工作干扰。

加里从大野耐一的书中学到一招，即如果领导者能够通过和本厂供应商合作共事提高能力，将产生巨大的效益。这样做既可以实现在工作中发展，也可以提高肯塔基汽车制造厂供应商的能力。他知道自己需要专业人士帮忙。丰田供应商支持中心（TSSC）[2] 是丰田公司的一个子公司，专门培训丰田生产体系的供货商。于是他就和该中心签约，由该中心负责向工厂提供专家来做工厂领导者的老师，在领导者与供应商合作共事时给予指导。大野耐一的信徒大庭一将亲自指导培训过程。

　　肯塔基公司的经理接受了短暂的在职训练，学习内容包括丰田生产体系、标准化工作、问题解决和日常改进。然后每周大约有 3 个经理一组去供应商那里进行实习，在来自丰田供应商支持中心的专家和肯塔基汽车制造厂有资历培训者的指导下确定浪费，解决问题，改进工作。供应商日常改进分两个阶段进行。第一个阶段主要集中于流程改善，选择一个关键的生产过程，比方说加工过程。经理们被分到各个小组，对流程进行评估，判定不增加价值的一些环节，找到问题的根源所在，在一周内推行日常改进理念。几周之后，他们会再次回到厂里，领导为期一周的系统改善。系统改善处于一个更高的阶段，使用一种叫作"材料与信息流程图"（在丰田之外以价值流程图为人们所熟知）的辅助手段来立体展示材料和信息怎样在整个工厂流动。从材料与信息流程图上，哪些零部件要生产、要移动、什么时间、量是多少，一切都一目了然。

　　每个星期五，加里都会带领一名部门领导者去供应商那里了解经理们都学了什么、做了什么、心里想些什么。为了鼓励经理们发展这种手把手的培训方式，他不允许用电脑写报告。加里用手写报告的方式来说明本周工作的重点：所看到的机遇，关于减少不必要的工作心里有什么想法，实际都做了什么。

　　当经理们回到肯塔基公司的时候，加里就与他们座谈，把自己的期望传达给他们，即希望他们能继续运用在供应商那里掌握的工具和技能在自己的车间带头进行改善。他最低的期望是，每一个部门每一年最少向自己进行 4 次工作汇报。届时将依据经理们在自己车间为实现年度改进目标而采取的前瞻性的做法对他们进行评估。肯塔基公司的 115 个经理和总经理在大约 18 个月内轮番接受了这种发展训练。

　　丰田生产体系给领导者提供很多培养下一代领导者的机会。需要时领导者甚至可以创造机会，就像加里这样。在第 6 章我们将看到更多这方面的内容。但是，无论丰田生产体系本身自然产生的机遇，还是为了弥补日常训练不足人为创造的机遇，都意味着需要很多老师在现场，要么在"守"的阶段当典范，要么在"破"的阶段进行引导和监督，要么在"离"的阶段进行学习。

学会垂直和横向管理：T 型领导者

在丰田公司，"守—破—离"的意义在于深入掌握知识，就像当初的学徒工体制那样。作为专家的"师傅"把技能传授给学徒。在公司内部日常管理中这种方法行之有效。但在发展的某个阶段，经理必须学会在公司内部进行横向领导，解决更复杂的跨部门问题，而这样就意味着要在自己不是资深专家，没有权威的领域做领导工作。

在丰田，领导者的发展是垂直的，先从最基本的做起，掌握一项特长技术。之后具有强大发展潜能的领导者就会跨出本行业，担当起更大的责任。丰田的顶级领导者都必须是"T 型领导者"，这是前社长渡边捷昭所描述的理想的丰田领导者。这种概念很简单：T 型领导者在某一个特定技术领域必须有深厚的知识和阅历（形成 T 字长长的竖杆），然后跨出该领域进入公司其他部门（T 字的横杆）。在丰田，这种方式有时被形容为长枝干之前要深扎根（见图 3-2）。

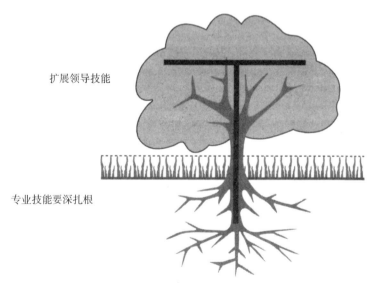

扩展领导技能

专业技能要深扎根

图 3-2 T 型领导者要先在本职部门中深扎根，然后走出本职部门，在公司其他部门发展

为了培养 T 型领导者，丰田强调，具有强大潜能的领导者首先在自己的专业领域担当起一系列的领导职位，然后横向移动至完全不同的部门。丰田

领导者发展的轨迹说明，斜向发展和向上发展的时候一样多，甚至更多。领导者还要负责项目，由其他部门同行参与，而且自己在这个项目上并没有绝对权威。在第 5 章，我们将详细阐明加里是怎样进一步发展自己的能力，并和公司其他人一道降低返修成本的。公司中走得最远的领导者已经超越了自己的专长领域，担当起横向管理的角色，进行跨部门领导。在丰田，由于把找到问题的处理方法当作领导者的核心能力，领导者横向移动工作一直推行得很好。当一名领导者向上晋升的时候，技术细节变得不再重要，而确定浪费，改进运行状况和解决问题的能力日益重要起来。这些技能要求公司各部门的领导者都要掌握。

在促进他人发展的过程中，领导者的角色，尤其是那些处于高层职位的领导者具有双重性：一是要在具有巨大潜能的领导者在技术领域发展专长的时候给予其指导，二是要寻找各种合适的机会，促进具有巨大潜能的领导者发展成为 T 型领导者，给公司的方方面面都带来积极影响。当然，有些领导者待在自己的本职部门工作效率会更高，并且能力不断往纵深发展，这种人对公司同样具有很大的价值。

很多公司在具有潜能的领导者在管理职位上晋升的时候，都会不断地把他们在不同部门之间进行短暂轮换，让他们对公司有广泛的了解。在丰田，领导者要从基层做起掌握一门技能，仅仅用 5 ～ 10 年时间，公司就会让他进行横向移动，进入自己不擅长的领域。这种早期的精深技能使这样的领导者明白，在工作中对生产过程深度把握并成为该领域的专家有多么重要。在晋升的过程中，领导者被置于自己不擅长的领域，从而迫使他们利用掌握的技巧激励员工、构建团队。由于不是内行，除了倾听引导之外他们别无选择。肯塔基公司有两个人经历了 T 型领导者的发展过程。这两个人是谢里尔·琼斯（Cheryl Jones）和唐·杰克逊（Don Jackson）。

谢里尔·琼斯的 T 型发展过程

谢里尔·琼斯是肯塔基公司的最早员工之一。在来丰田之前她并没有技术背景，一直在一家商店做顾客服务经理。实际上，就是她这种与人沟通的能力使她在应聘过程中脱颖而出。谢里尔·琼斯一开始是组装线上的一名小组长，手下有 4 名分组长（她的团队大约有 20 名员工）。谢里尔·琼斯在日本工厂车间接受了常规的训练，在肯塔基继续接受指导。她显示出组建高效运作团队的独特天赋，被选入领导团队做助理经理。领导团队主要由从工作小组中借来的生产一线员工组成，他们脱产大约两年时间，主要负责一项新产品的上市。然后她又横向移动，成了负责工厂扩展第二条组装线管理团队的助理经理。

此时，谢里尔·琼斯在组装线上已经工作将近 15 年。她沿着管理等级向上攀升成了组装部门的总经理。可是当时的副总裁北野（Kitano）要把她调往油漆部门任副总经理的时候，她还是很意外。但是她同意了调动，此前她可从来没有去过油漆部门。

此时油漆部门因为性骚扰指控已经元气大伤，正需要一位有魄力、有团队管理能力的领导者引导部门走出低谷。油漆部门有大量经验丰富的工程师和管理者，他们对油漆技术了如指掌，因此根本不需要技术型领导。调谢里尔·琼斯来就是要承担起构建团队的角色，而且要成为 T 型领导者，她也需要走出组装部门扩展阅历。

在油漆部门最初的 6 个月里，谢里尔·琼斯认为，要想完全把握所管工作，就需要抽出时间接触到包括白班和夜班在内的每一种类型的工作。她并非一帆风顺，团队成员老是担心她是否做得了这些工作。可是谢里尔·琼斯坚持下来了。这种阅历赋予她了解油漆部门的机会，同时也让她有机会了解部门成员技术水平和能力。她发现的一个问题是在他们教自己做各种工作的时候存在一些不足之处。等她心里有了底，便开始对他们进行训练，设置一些挑战促使他们进一步发展。例如，她负责肯塔基公司下属的两个油漆车间，她发现助理经理们满足于领导自己车间里自己的团队。为了推动他们自我发展，她要求每一位助理经理都要领导两个车间进行改进创新活动（如安全改进措施），让他们亲自构建团队，领导并不直接对自己负责的员工。

在油漆部门，谢里尔·琼斯的领导很成功。能说明这一点的是她的手下被提拔的人数比例。在油漆部门受谢里尔领导的分组长、资深工程师、组长以及助理经理，除了一个人外，所有人都得到了晋升。以油漆部门的成功为基础，谢里尔·琼斯被任命为"特殊指导者"，在墨西哥的巴亚负责一种新型小卡车的上市工作。等她再返回肯塔基公司的时候，她再一次得到晋升，成了生产辅助和动力供应部门的副总裁，职责范围包括引擎车间，这对她来说是一个完全不同的技术领域。她还肩负着生产控制、设备工程安装以及丰田生产体系构建等责任。在组装部门的 15 年里，谢里尔·琼斯发展的是 T型的竖杆；现在，有了在油漆部门的经历，有了白手起家创建新工厂的经历以及承担过的各种职责，她在发展 T 型的横杆上也取得了巨大的进步。

唐·杰克逊的 T 型发展过程

唐·杰克逊被肯塔基公司聘用为质量控制工程师，负责供应商环节。从一开始，他的日本协调员着力于在质量控制，也就是他的专长领域把他培养成专家级人物。培养方式比他预想到的要严格得多。在协调员的指导下，唐必须记住自己负责的几百个零部件的编码，还要记住每一个零部件的供应商，以及生产厂家的名称和地址。他还在组装线上待过，了解各个零部件的组装过程，走访安装每一个零部件的基层员工，熟悉每一个零部件的标准操作过程。他在原先的公司里负责质量控制，所经历的一切是我们在多数公司都能见到的。而现在的公司要求他对零部件有深度的了解，对每一个零部件负责，这些都与原先他所经历的完全不同。

当唐沿着管理阶梯向上攀爬，成了质量控制部门总经理的时候，他坚持用同样的方法发展下一代工程领导者。他深信，这种深度了解是肯塔基公司的真正力量所在，因为这种了解可以让工厂管理者明确问题，并快速实施问题解决方案，尽早避免更多问题发生。

在质量控制部门待了大约 10 年之后，可以发挥他专长的一个职位出现了，于是唐被水平调动，去管理车身车间。他面临的主要挑战是要引进车身焊接的全新技术——全球车身生产系统。引进过程要求设备的每一个部位都要更新，但是生产不能停止，而且要满负荷运转。他把车身车间分成小的单元，一部分一部分地更新。第一个更新的部位是最具挑战性的，但是由于新的车身车间只占用了原先场地的一半，空间很快就腾出来，以后的工作就容易多了。唐在控制质量的时候已经是一位杰出的项目经理和问题解决者，他所掌握的技巧在车身车间都是非常有用处的。这次调动还让他面临着一种挑战，即学习管理一个完全不同领域的整套的全新技能。

在车身车间大获成功之后，唐后来继续晋升，直至当上得克萨斯州圣安东尼奥一家新建的丰田卡车制造厂负责质量计划和生产的高级副总裁。在他的领导下，工厂成了北美获得 J. D. Power 产品质量银奖最年轻的厂家。之后，他离开丰田当上了田纳西州大众汽车公司新建工厂的总裁。丰田在他身上投资这么多年，他的离去对丰田来说损失巨大吗？损失当然不小：花费这么多精力培养出一位卓越的领导者，他却去了别的公司，甚至是竞争对手那里去做卓越的贡献了。对此，很多丰田管理者都倍感灰心。不过丰田高层管理者的反应却是很乐观的，概括起来就是："对于人们想做什么我们无法控制，但是我们知道我们必须培养卓越的领导者，而且我们会继续践行我们的原则，更加努力地工作，留住热衷于奉献的忠诚员工。在培养领导者的同时，我们通过多年的服务与奉献也收获了很多。而且我们往世界上输送了一位合格的领导者，是在为社会做贡献。如果我们的竞争对手们更强大了，这也将促使着我们变得更加强大。"

全心致力于领导者的培养

在全世界范围内，丰田的基本组织结构是一致的，不过在不同的地区组织设置的层级有多有少（比如说，助理经理在北美工厂有，而在日本则很少见）。从图 3-3 里可以看出肯塔基公司的组织结构。乍看上去，这种结构可能有很多浪费的地方。想模仿丰田做法的管理者会惊讶地发现，这个追求精益的公司组织结构却不是平面的，很少有管理者直接与劳动相关。我们经常看到有这种想法的人。因为丰田认为平面结构并不能节省下什么，相反却比丰田所采用的等级制机构耗费得更多。在平面结构中，经常看到的是一个经理负责15个、20个，甚至是40个员工，而丰田的比例却是一个领导者负责5个员工（随管理层级和部门不同有所变化）。这样做是为了有足够的老师和训练者引导员工，从而让员工和领导者真正实现发展。

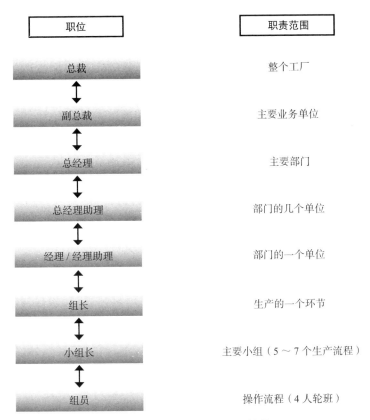

图3-3 肯塔基公司的组织结构

美国公司最常见的就是扩大控制面，这种方式在某些方面比等级制结构更加浪费。在这种体制下，引导员工发展和培训潜在领导者的机遇不可避免地丧失掉了。业绩最好的人可能会因为没有受到关注而离开公司，带走了珍贵的技能和知识。最糟糕的是，由于缺乏密切关注，较为缺乏训练的员工和管理者有可能会寻找简单易行的解决问题方法，错失查找问题根源的机会，从而为将来出现更大的问题埋下隐患。

当新联合汽车制造公司和肯塔基公司刚刚建立的时候，尽管有组织结构做保障，也不可能有卓有成效的发展，因为太多的领导者和经理需要首先发展自己，他们还没有足够的资历去促进他人发展，于是丰田投入大量的资源培养新联合汽车制造公司和肯塔基公司的员工。每当一个新厂建立起来的时候，丰田都会这么做。

正如我们在第 2 章所描述的，加里在新联合汽车制造公司刚上任的时候被派往日本，同去的还有 8 个其他部门的经理。他们在丰田城进行了为期两周的丰田生产体系培训。这在丰田是常见的做法。新联合汽车制造公司新上岗的产品线工人中，总共有 700 多人被分批送往日本，直接向日本同行学习。

加里和美国同行们在日本接受训练之后，丰田又从高岗厂部派出几百个日本工程师和领导者到新联合汽车制造公司，对美国领导者进行现场指导。这种"管理协调员"制度持续了 6 年时间，一对一地训练美国高层管理者，即便经理和经理助理也有一对一的协调员天天进行指导。训练者轮番上场，最长的在日本待了 6 个月，训练一线管理者（又称组长）让他们学会领导，训练组员让他们学会生产汽车。他们还培训有额外职责的员工，这些人有时候生产汽车，其他时间又承担领导者职责。多数公司都在进行某种培训之后就把员工送往工作场地进行实习。可是有多少公司会为每一位领导者提供一对一的每日指导，而且一做就是好几年呢？

同样，在肯塔基公司的头几年里，几百个日本人涌入工厂。每一位基层车间的美国领导者都有一位专门的日本训练者，每一位行政管理者都有一位日本的管理协调员。为建立肯塔基公司，丰田派出的训练者数量是最好的例子，足以说明公司对培养领导者所做出的巨大努力。很多公司说起培训，指的都是为期几天的生产组这一级的培训。而在丰田，培训指的是老师一对一的连续几个月，甚至是几年的培训。正如我们在前面章节中所提到的，加里在新联合汽车制造公司和丰田工作 20 多年，他的管理协调员这么长时间里一直和他形影不离。协调员有自己的责任，而不仅仅是监督加里的训练和发展，但这也确是他工作的重要部分。加里也一样，对比他资历浅、能力不如他的领导者同样负有引导的责任。在丰田，没有接受过指导也没有指导过他人的人，要得到晋升是绝对不可能的。

在美国肯塔基公司的日本训练者一步一步地培训着美国同行，引导他们走过"守—破—离"周期。多数美国领导者回想这一阶段的时候，依然止不住对日本协调员的做法惊讶不已：在危机面前他们沉着冷静，拒绝大包大揽和指导，唯恐美国人学不到全面的东西。受丰田学习系统熏陶的训练者们非常清楚，受训者自己努力解决问题、真正学会该学的本事是至关重要的。这样美国人才得以面对挑战，努力奋斗，在工作中获得发展；训练者的角色并不是在问题出现时大包大揽，而是要提出问题，并通过解决问题提供指导（当然，要避免任何不可挽回的错误，以免影响丰田或者受训者的长期发展）。只有当基层出现严重问题时，日本工程师才会积极地投身进去。丰田的长期目标是要美国人自力更生：肯塔基公司需要由美国人来管理，他们既要自我发展还要培养他人，在没有日本训练者监督的情况下通过日常改善不断发展。但是要达到目标，即把美国人变成自己团队的老师，则需要多年投入到培训和发展中去。[3]

有一位领导者似乎走了捷径，直接就坐上了丰田高层管理者的职位，这个人就是史蒂夫·圣安杰洛，他进入肯塔基公司一年之内就当上了总裁。不过，仔细看看就会发现，是史蒂夫多年来受到的深层训练才使他有了今天。史蒂夫和加里第一次相见是在新联合汽车制造公司。当时史蒂夫是通用汽车的一名升迁很快的管理者，被派往新联合汽车制造公司学习丰田生产体系，为期两年，即 1995 ～ 1996 年，头衔是资深顾问。他非常急于投身工作，于是找到加里问能做些什么管理工作。加里说："你什么都干不了。你可以上课，参加会议，但是什么管理工作都不能干。"

史蒂夫不是一个轻易放弃的人。他向加里争取，说如果不能积极投身于工厂工作自己就什么都学不到。在他的一再坚持下，加里才同意让他接触工作，但条件是必须像其他领导者那样用丰田方式工作。史蒂夫说"可以"。加里接着又提出，史蒂夫必须在产品线上工作。由于史蒂夫在通用汽车做过差不多的产品线生产工人，于是他说，"嗯，可以，我可以做8周"。然后加里又说他必须把第一班和第二班的活都做遍。史蒂夫为了快点离开办公室什么活都愿意干，于是脱口而出，"好的，我干"。此时，加里使出了撒手锏，要求史蒂夫每天都得做不同的工作，然后轮番把工厂里的活做一遍。到了这个时候，史蒂夫才意识到加里就是要阻止自己。但是加里不知道的情况是，史蒂夫早年在通用汽车就是一名替班工人，因此他非常清楚每天干不同的活是什么样子，结果很快就适应了。

史蒂夫接受加里的挑战，每天做不同的工作，两个班次的工作都做。尽管他这样做是为了给加里看，但是他发现所学到的东西远比自己预想的要多。例如，史蒂夫第一次拉安灯系统绳的时候，感觉和加里第一次这样做的时候一样，就像是自己做了错事。可是当他看到所有人都跑过来帮助的时候，才真正意识到了这种系统的强大力量：出了问题，每一个工人都有权力终止生产线。"在那一刻我意识到，你可能会在书上看到安灯系统，在书上看到丰田生产体系，但是只有当你真正拉下安灯系统的绳索，终止生产线，或者参与到质量小组中努力说服他人接受你认为最正确的解决方案的时候，才会真正了解什么是精益生产。而且你还会知道，界定问题的根本原因，达成完全一致的意见，这些都并非如人们所想的那么简单。"

所有的工作史蒂夫做得都很成功。这是加里以及和史蒂夫一起工作的同事们所预想不到的。他最终被提升为组领导，把工厂最差的一个部门变成了最好的。一路直上成了经理之后，他又返回通用汽车把所学到的东西付诸实践。后来由于加里去了肯塔基公司，新联合汽车制造公司向通用汽车要求让史蒂夫重新回来做副总裁，临时负责生产（2001～2003年）。这件事虽出乎意料，却是一份极大的荣誉。

这样还不够。史蒂夫从通用汽车辞职之后首先来到了肯塔基公司。加里很明确地说，自己要和史蒂夫共事，再继续经营工厂一年，而史蒂夫的首要工作依然是学习。史蒂夫在工厂里的第一年主要是接受手把手的扩展训练。这种训练举例来说包括在丰田生产体系基层车间待 20 天，和组长及工人一起接受训练。表 3-1 对史蒂夫所受训练做了一个总结。

表 3-1　推荐的管理者教育，肯塔基公司副总裁史蒂夫·圣安杰洛

课程 / 主题	预定的下一次机会	时间	完成情况
TMMK 职能总览	2005 年 4 ～ 6 月	3 个月	已完成
TMMK 职能总览	2005 年 7 月	2 天	已完成
丰田质量方式	2005 年 5 月 6 日	1 天	已完成
TPS 教室培训	2005 年 8 月 18 日	1 个小时	8 月 18 日完成
TPS 车间培训	8 月 19 日，22 ～ 26 日、31 日；9 月 7 ～ 9 日、26 ～ 30 日	15 天	8 月 19 日～ 9 月 30 日完成
走访供应商	按安排进行	半天	已完成
全球问题解决	2005 年 5 月	1 天	5 月 5 日完成
高管发展项目	2005 年 9 月 11 ～ 16 日，10 月 3 ～ 7 日	2 周	9 月 16 日及 10 月 7 日完成
丰田式学习路线图	8 月（大概）	2 个小时	8 月 11 日完成
健康检查	根据个人情况按安排进行	1 个小时	已完成
人力资源政策（系统）	2005 年 10 月 18 日	1 个小时	已完成
连续计划过程	根据个人情况按安排进行	1 个小时	8 月 2 日完成
劳动历史 / 现状评估	根据个人情况按安排进行	2 个小时	已完成
车间管理发展系统	根据个人情况按安排进行	1 个小时	6 月 17 日完成
组长训练	2005 年 6 月（大概）	2 个小时	6 月 8 日完成
深入生产一线	根据个人情况按安排进行	塑料车间 车身车间 组装车间 1 和 2 喷漆车间 1 和 2 冲压车间 电力车间 质量控制 维修保养	多数已完成
流程诊断	根据个人情况按安排进行	（2）4 个小时	9 月 2 日完成
北美丰田厂家走访	根据个人情况按安排进行	10 天	已完成
丰田销售顾客服务星期六小组	2005 年 11 月	3 天	11 月 11 日完成
丰田技术中心检查	根据个人情况按安排进行	1 天	已完成

（续）

课程 / 主题	预定的下一次机会	时间	完成情况
跨部门走访	根据个人情况按安排进行	半天	已完成
深入一线	2005 年 8 月 8 ～ 9 日	1 天	8 月 8 ～ 9 日完成
螺栓计数器以及转矩改进可追溯性			

培养丰田之道的领导者

如果我们退后一步，看看丰田是怎样培养领导者的，我们就会发现，那些培养自己员工的领导者都肩负着一系列的期望。领导者 / 老师的主要工作是教学生对自我发展负起责任，对结果负起责任。而这些结果要靠培养能力超强的个人，并让他们团结协作来共同达成。

学会担当培养他人的责任

在丰田，领导力的培养可谓人人有责。正如我们在前面章节中所提到的，丰田非常重视挑选主动性强，愿意寻求自我发展的人。不过，这样并没有免除老师的责任。如果员工没有发展，责任则主要在于老师或者领导者，因为他们没有鼓励和激励自己的员工，使他们有能力实现自我发展。丰田之所以强调老师或者领导者要对下属的发展负有主要责任，一个主要原因与本章开头我们提到的丰田追求完美的理念不无关联。为了实现这一目标，丰田各个层级都需要有能力、有资历的领导者和问题解决者。因此，人才培养大意不得，马虎不了。领导者或者经理是最了解情况的，他们对需要培养的人们负有直接责任，这种责任只能落在他们而不是别人的身上。

领导者通过"服务"于团队成员来增加价值

丰田非常看重顾客以及为顾客提供服务、能够增加价值的团队成员，以致公司的整个等级制度似乎都颠倒了：能够增加价值的团队成员位于等级制的顶端，他们是最重要的，而地位较低的领导者必须展示自己怎样帮助团队成员更好地完成工作，以此来显示价值所在。在西方人看来，这似乎很怪异。丰田方式并非日本文化所独有，这个问题我们已经讨论很多次了，其核心原则和方法几乎在世界每一种文化中都能找到，其中一个例子就是服务型领导（servant leadership）理念，这明显是犹太教和基督教传统的领导模式。服务型领导理念的重点在于领导者对自己的下属负有责任，正如丰田模式所践行的那样。实际上，在美国，服务型领导理念已经融入肯塔基公司的领导力发展过程中。这种情况的产生又一次说明了领导者对自己所领导的员工的培养与发展负有责任。

在第2章，我们提到巴里·夏普，他从福特汽车来到了肯塔基公司。按照丰田的做法，他进入公司后的职位比他在福特汽车时要低好几个层级。在巴里调整自己准备融入丰田的时候，他所面临的一个挑战就来自文化，这一点非常明显。在福特汽车当经理的时候没有人觉得他有什么问题。他把在福特汽车的理念带到了肯塔基公司。这种理念就是，经理是领导者，员工们要服从经理的领导。而丰田在肯塔基公司所营造的是一种合作的学习氛围，因此巴里的做法没有让人感到受尊重，而是让人觉得非常强硬。加里密切关注着巴里，因为是他把巴里从外面带进来的。关于巴里，他听到了一些负面反馈，为了帮助巴里度过这一关，他研究了一套方案：全方位接受反馈，并聘请一位专业的领导力培训者。与此同时，人力资源部经理私下里塞给巴里一本书，叫作 *The Power of Servant Leadership*。[4]

服务型领导者对人们的领导体现在提供公司发展方向的清晰愿景，把精力集中在移除阻碍成功的障碍上，给下属提供大量自我发展机遇。巴里还看了几本同类主题的书，开始接受服务型领导的理念，并以此作为自我发展的向导。他开始收到更多积极的反馈，但这样也无法使他满足。他认识到这种方法的力量，它不仅对自己有利，而且对自己团队中的所有人都有利，因为这些人同时也是领导者。首先，他设置了服务型领导者短期培训课程，亲自培训自己手下的几百名员工（以教促学进一步增强了他践行这些理念的能力）。他依据每一期的反馈对课程进行修改。其次，他还和下属们一起在工作中践行这些理念，在自己接受指导的同时又去指导他人。巴里的深刻感受被传播开来，最后，他创建的服务型领导者培训课程在肯塔基公司推行开来，成为领导力发展的一套方法中的标准部分。

通过可视化管理明确期望和责任

在本书中，我们一直在强调丰田采用的支持自我发展的方法很微妙，它把领导者置于挑战位置，只问问题，却不给出答案和指导。不过这种方法只有在受训者对于什么是成功有着清楚认识时才会起作用。这是丰田培养他人的又一关键条件：领导者和老师必须对被自己领导的人有明确的期望，对他们的进步能够做出明确判断，以便于受训者衡量自己的进步，对自己的发展负起责任。

丰田很重视可视化管理，这一点怎么强调都不为过。在公司里尤其是在车间，重要的衡量标准都被展示出来，使每一位与完成任务相关的人都能看到。A3 报告通常被展示在可视板上。这种报告已经标准化，遵循一定的模式，让人一目了然。在解决问题的过程中要靠图表帮助人厘清思维，确保没有环节遗漏。如果没有这些图表，结果很难想象。

丰田生产体系中有很多方法都被误以为只是改进流程的方法。其实更多的时候，这些方法旨在展示一种可视化标准，使任何误差都一目了然。在丰田，人们常说没有标准就没有问题。问题是标准和现实之间的差距。标明只能放一个盛有零部件的容器的空间就设置了一种标准：这里只能放一个容器。地面上的标志说明员工工作完成一半的时候应该站在什么位置。过早或过晚站到这个标志上都说明他没按标准操作，这种情况就需要加以解决。对主要衡量标准数据进行可视化展示往往可以展示目标，表明实际状况是在标准之内还是已经超出了标准。

在丰田致力于可视化管理的一个重要原因是：明确期望，确定参与各方的责任，使各方有能力掌握自己的进步，衡量自我发展。领导者 / 督导者的作用是确保可视化管理系统聚焦于该解决的问题（这些问题通常在公司级和部门级计划过程中确定，这方面内容我们将在第 5 章了解）并且确保问题一目了然。在前言中，我们说到丰田采用衡量标准并非为了控制行为（这种做法在很多公司都很常见），而主要是为了给员工一种透明的易于掌握的方法来衡量自己的进步。

丰田在肯塔基公司最好的学生是马蒂·布莱恩特（Marty Bryant）。在第 6 章我们将讲到马蒂离开肯塔基公司成了一名丰田供应商，后来又受聘于加里帮助领导达纳追求卓越发展。马蒂离开丰田的时候经历了一场文化冲击。在丰田，每个人的责任都是非常明确的。公司会召开很多次每日例会，每次通常持续 30 分钟。受邀参加会议的人都准时到场，然后汇报自上次例会以来取得的进步以及遇到的问题。信息被展示在墙上，目前情况与相关目标全都一目了然。在展示的信息里，还用一些标示说明哪一项是绿色的（有利于完成任务），哪一项是黄色（一定程度偏离目标，不过计划依然起作用）或者是红色的（偏离目标，需要严肃对待，采取行动）。凡是那些非绿色的项目，负责人来参加会议时就要对问题的解决方案进行一系列的准备。而在马蒂的新公司里，人们参加会议迟到是很常见的，谁应该对什么负责也根本不清楚。

马蒂还惊讶地发现，墙上没有一点关于生产进度的信息。新公司的经理把能想象到的资料都存在了电脑系统里，似乎还很引以为豪。而且向马蒂汇报工作的经理还大力游说，要求继续用电脑展示信息，而不要在墙上挂图表，认为太费事。马蒂允许他们继续老做法，甚至还投资安装了一个展示屏来显示数据。但在一件事上他坚决不妥协：对于电脑上的每一份图表，负责人都要弄清楚最关键的一点，也就是图表所传递的核心信息。然后，他们必须把每一份图表的要点写在一个白板上，并标明它是绿色的、黄色的还是红色的。他们每天都要这样做，一天都不例外。

马蒂经常过来查看。他要求员工进行判断，把好的或者坏的结果都标在白板上。他这是在强迫员工明确目标，因为目标完成情况大家都看得见。因为电脑屏幕展示信息太过方便，所以人们慢慢地开始对它熟视无睹。通过动手编写每一项标准的完成情况，这些经理每一天都得花上一点时间分析与标准相关的各种情况，并确定该怎么做。在一个月内，所有的主要指标都得到了明显的改进。

结语

对很多人来说，新联合汽车制造公司和肯塔基公司的发展经历中最引人注意的是工厂里竟然存在那么多问题。工厂每天都接待公众乘电车观光。即使在最不景气的时候，工厂的整洁干净和井然有序也给观光者留下了深刻印象。这一切都是真的。在很多方面，就是在最糟糕的时候，肯塔基公司也是北美最杰出的制造公司。可是对丰田来说这一切还远远不够。在丰田的工厂里，人们每天都能感受到那种疯狂的紧张感：安灯亮起来，人们飞奔过来进行修理；产品控制不断对安排做出调整；下午员工还要等着消息，看看到底要加多长时间的班才能弥补未能完成的汽车数量。这不正像公司在救火吗？著名的丰田生产体系难道不该消灭这些问题吗？

回答是否定的。大野耐一发现丰田生产体系的一个长处就是让问题浮出水面。当然，如果人们没有行动起来解决问题的话，这种系统的价值也就不复存在了。他花费大量的精力培养领导者，让他们直面挑战，然后通过解决问题对他们进行引导。表现最好的领导者得到提升，承担起更大的责任，面临着更大的挑战。

我们认为，从丰田学到的最重要的经验就是要高度重视员工的发展。丰田非常有耐心，愿意花金钱和时间把这件事做好。通过纵深指导和广泛实践来培养资深管理者所花费的时间不是几年而是几十年。如果公司出现了问题，最该受到责备的不是做这种工作的工人，而是领导者。

我们列举的多数例子都是日本人培养美国人。在新联合汽车制造公司以及肯塔基公司最初的日子里，日本人一对一的指导方式都是非常有效的。张富士夫是肯塔基公司的第一位总裁。在20世纪90年代随着丰田业务的拓展，北美公司的日本指导者和协调员比原先减少了，训练和发展的强度也有所降低，越来越多的新晋员工对丰田之道缺乏深层的了解。张富士夫发现了这个日益严峻的问题。

这种情况促使了一份内部培训文件的诞生。在张富士夫返回日本成为丰田汽车公司的社长之后，就开始实施"丰田之道2001"。这种公司核心价值观推出不久，培训和发展员工的正式训练方法便如燎原之火蔓延开来。培训内容包括用于解决问题的丰田问题解决法（TBP）；把问题解决和关键绩效指标及目标连接起来的车间管理发展系统（FMDS）；以丰田问题解决法为基础，传授如何培养问题解决能力的岗位培养（OJD）。这些培训项目有着相似的模式，即在少量的教室培训之后，便在指导之下进行大量的实际操作。所有这些项目都从高级副总裁开始一级一级往下推行，坚持数年，每一级领导者经过培训都成为下一代领导者的老师和指导员。

传授发展之道

岗位培养（OJD）训练项目的全球试点定在了北美。该项目由团队成员发展中心的总经理拉塔德拉·牛顿（Latondra Newton）领导。他的团队于2007年发展起来的这一训练项目有一先决条件，即要求首先进行"丰田问题解决法"的训练，包括运用丰田问题解决法完成一个主要项目。

岗位培养旨在让领导者继续推行丰田问题解决法技能，使其进一步得到发展。从公司成立以来，岗位培养一直都是培养员工的方法。这是丰田历史上首次将该方法正式成文并加以推广。岗位培养的步骤建立在PDCA 4个步骤之上。训练尤其强调仔细分配任务，确保任务需要花费一番工夫才可以实现，给员工以足够的空间探索甚至挣扎，然后加以引导。

北美公司被选为试点单位是因为公司的规模大，集中了大量富有阅历的成熟员工，具有发展岗位培养的需求。训练本身是实践型的，教室内学习时间很少。

第一步是运用网络模仿工具，即电影脚本形式。不同的选择就会产生不同的结果。电影脚本是一种视频脚本，表现的都是丰田真实存在的问题，角色由丰田员工担任。

第二步是教室训练，学生都要扮演角色，然后反思，得到反馈。教室训练中有一种情感智能模仿，强调理解受训者的背景和视角。

最后一步是要求每一位受训者从小组中抽选一个人，通过解决一个实际问题对这个人进行训练。受训者从训练者以及牛顿团队成员（在整个公司进行轮流指导，目前被分配在该部门）那里得到反馈和指导。最终是否通过要看学生的反思、他们训练的人的反应，以及训练他们的人的反应。

该训练在 2008 年启动。由于涉及很多层面和职能部门，因而进展缓慢，直到 2011 年还没有完成。

正式的岗位培养方法很快传播到其他区域，包括日本。不过该方法在每一个地区都有改进。在我们撰写本书的时候，对这个项目的效果还没有正式的评估。不过它在北美公司的所有训练项目中口碑是最好的。

很多追求精益项目的公司在实施过程中都经历过短暂的成功，但是往往很快就化为泡影。那么，我们怎样才能持续实现精益发展呢？唯一的答案是要在培养领导者方面进一步做出努力。第一个需要培养的人当然就是你本人。

引进精益顾问的领导者常常错误地认为可以通过引进的人才实现精益管理。他们并不了解要想成功必须实现自我发展。我们到过很多公司，它们成功地让自己公司的高层领导者抽出一周的大部分时间来做日常改善的训练。可是这一周过后，他们就回到了办公室。而这一周里在丰田问题解决法中所学到的一切成了他们之后几年津津乐道的谈资。如果很多这样的管理者都参加为期 20 天的丰田问题解决法训练，就像当年史蒂夫·圣安杰洛所做的那样，情况又会如何呢？要是他们都花上好几周的时间亲手去做替补工作又将会如何呢？连这些都没有做到的领导者，你现在却指望他们去领导自己并不熟悉的部门，实现精益转变，这谈何容易？

从内部培养人才更容易达到理想目标，而要让外部引进的领导者融入公司文化不是一蹴而就的事情。不过，丰田已经证明，如果多花一点时间，这也是可以做到的，只不过我们花费的时间往往太少。通常情况下，要花费6个月到一年的时间，投入很多精力才能使卓越的领导者融入公司文化。

从丰田学到的最根本的经验是要重视领导力。这件事值得投入时间与精力，也值得拥有真北领导力的强烈愿景。你想要哪种类型的领导者？你必须做些什么才能确保拥有完美无瑕的领导力？

另外，请记住，丰田领导力发展的关键一点在于，促使潜在领导者掌握思考问题的正确方法。老师必须坚信：学生有能力对问题进行深入思考，并提出富有创意的改进办法。这是唯一能使潜在的领导者实现自我发展，同时提供空间让他人实现自我发展的方法，从而为永无止境的日常改善提供"原材料"。这一点我们将在第4章进行探讨。

日常改善：自上而下的持续领导力培养

依赖天才或超人来管理的机构都没有可
能存续。只有凝聚了所有普通人之力，组织
才能运营良好。

——管理学先驱作家

彼得·德鲁克

在第 1 章中，我们讨论了日本丰田和美国公司衡量领导力的不同标准，
后者关注的是独行侠式的高管。到目前为止，我们所谈到的丰田模式的领导
力注重的是领导者在自我提升和提升他人方面的个人行为，看上去和传统的
美国领导力模式没有太大差异。在任何一家公司中，任何一位成功的领导者
都有一个与自己密切合作、对自己负责的团队，他对自己的直接下属进行着
一定程度的培养。然而在丰田，培养自己的直接下属只是整个丰田体系中很
小的一个部分。丰田认为公司要想获得成功，这些具有个人天赋的领导者需
要融入更大的组织领导力体系。担任副总裁分管所有生产运营的加里而后在
新联合汽车制造公司"降级"的事例能很快说明这一点。

加里刚成为新联合汽车制造公司副总裁之初，制造工厂的典型模式就是所有部门都要向他汇报（但是在丰田却不尽然）。当他在任职前期获得巨大的认可时，他的老板在一次面谈中告诉他此后质检部门不再向他汇报工作。加里感到非常震惊，这看上去不仅是出人意料的谴责，而且是对他个人的打击，因为质检是他专业背景的核心，也是他认为自己能够脱颖而出成为管理者的部分。当他强烈要求听取此次变动的理由时，得到的答案是"你不会永远待在新联合汽车制造公司"。

加里认识到，按照丰田的做法，质检部门不用向公司总裁汇报，因为在面对质量目标和产量目标之间的选择时，领导者心里就不可避免地会产生利益矛盾。在新联合汽车制造公司的发展阶段，质检工作需要像加里这种具有高水平的人的大量关注，因此他在一段时间内受到信任，看似降级实为嘉奖。在自我提升和提升他人的过程中，和其他丰田工厂一样，新联合汽车制造公司现在已有合适人选承担质检工作：质检部门的总经理此后将不通过分管生产的副总裁加里，而直接向新联合汽车制造公司的总裁汇报。

这种通过限制个人权力和影响而达到的个人领导服从组织领导便是丰田与众不同的领导力的特点。"角色和职责"是丰田内部经常出现的短语。在很多人看来，这个短语似乎是在号召个人承担责任和义务。确实如此。但是同时个人领导者的权力也受到了制约。尽管对等级有所依赖，丰田的领导方式相比典型的欧美公司，更希望领导力来自基层，也更愿意将权力下放。

于是这种领导方式会带来3个重要的结果：第一，权力的分散和对领导力来自基层的期待确保了经验日渐丰富的未来高级管理者的源源不断；第二，确保改变源于离问题最近的人，问题能够更好地解决、得到更多可持续方案以及持续改良的可能；第三，确保追求的方向是丰田的目标而不是领导者的个人目标。第5章将会对这3点益处进行详细的展开，本章将会讲述丰田如何将权力和权威一路分配到公司的作业小组，以及这种分配如何带来更好、更有效的管理，进而促成丰田日常的重大改变和改善。

更好地理解"改善"

"改善"是一个遍及制造和工程乃至很多其他行业的概念，几乎看不出其外来词的本源，也无须过多解释。可遗憾的是，经验告诉我们，大大小小的公司及其高管们却错误地理解了改善。改善常常被认为是用精益管理或六西格玛为一个项目组建特别团队的方法，或者可能是为激发改变而组织的一次为时一周的改善活动。我们经常能听到这样一种说法"进行一次改善"，听起来像是一次性活动。在丰田，改善不是一堆项目或是特设的活动，而是领导力不可或缺的组成部分，是公司运营的根本。支持日常改善是绝大多数丰田领导者在做领导工作时做的事。

需要日常进行的改善有两种类型。

第一种是维持性改善，即应对未知世界的日常工作。无论你做何努力都不能组织未知事情的发生。维持性改善就是应对日常不可避免的（有人称之为"墨菲定律"）错误、挫折、改变或差异，以到达预期的标准（产量、质量、安全）。其目的是将体系调整至标准状态，就像恒温装置将熔炉的温度调整到标准设置一样。参访丰田工厂的人经常会震惊于那些疯狂的活动（包括安灯呼叫在内）而这些活动竟然属于一个运转中的工厂的特色。这些疯狂的活动大多是维持性改善。整个体系的设计让有可能令生产线停滞的问题快速浮出水面，因此维持性改善是当务之急。经过白热化的讨论，问题收集到了之后，工作组需要挑选出发生频率最高或最严重的问题，展开根源分析，防止反复发生。同样的问题也会出现在其他公司，但是它们会在一次精益六西格玛活动开展之前让问题一直累积。

第二种改善是提高性改善（通常简称为改善，因为改善的本意在此）。这项工作不仅在维持标准，还在提高标杆。丰田反复教导它的所有员工只有以完美为目标，所有过程才有改良的空间。苛刻地说，无论取得了多少改良，每一过程都充满浪费和改良的机会。

对于改善最根本的误解之一是，它是如何在日常进行的。很多对改善抱有肤浅的认识的人们申辩道，丰田大部分生产流程经过几十载的改善已经趋于完美，改良的空间不大了。有此想法很自然，而和这种想法斗争可能是丰田将改善作为其核心价值观的原因之一。没有对维持性改善的坚持不懈，就无法守住通过精益方法得到的收获。

我们已经说过，很多公司发现通过精益项目得到的收获很难守住，但是这些公司没有像严格执行日常改善的丰田一样，将自己的努力付出与所得收获联系在一起。人类的行为似乎就像化学反应一样遵循着能量法则：体系的运转会变缓和停滞，除非你在其中加入新的能量。日常改善不会发生在没有新鲜能量的体系中。

领导者支持日常改善的作用在此。管理周期的一种流行理念说的是，一旦某位高级管理者成为变革动因，介入直接管理或监督，他的行为将会窃走而非增加体系中的能量。最接近生产过程的人反而会失去自主权和动因。一位告诉他们做什么以及如何做的领导者不能使他们振奋，反而会令他们丧气。这是在众多公司反复上演的一幕，它们雇用精益生产顾问培养少数黑带精英，然后将精英松散地配置到生产流程中进行重新设计。精益生产顾问所能带来能量仅限于他们在教室中的那段时间。一旦他们离开，所有能量都会被抽空，而相应的改良也会遵循能量法则，迅速恢复到原先的状态。

毫无疑问，这与美国公司中驱动变化的主流模式相左。有些人无法轻易地相信，丰田在生产流程方面的诸多出色表现是由这些最基层管理岗位上的员工带来的，尽管这些增值很小。但事实上，这是维持所获得的出色表现的唯一方法。人类学家玛格丽特·米德（Margaret Mead）的一句话充分地说明了这一点："不要怀疑一小群有心、认真、敢做事的小市民能够改变世界，而事实上，这是唯一历来如此的事情。"自上而下的驱动力能够在短期内创造一次大突破，却无法为丰田带来独具特色的长期、可持续的出色表现。

当然，这不意味着丰田致力于可以带来微小的增值改善的变化。日常改善会在不同的级别上通过不同的职能部门来完成。组装线工作小组的改善会在组装线流程上进行。而高级经理人需要主导能够在不同部门之间产生影响、带来重大体系改变的改善活动。各职能小组也会在各自职责范围内进行重大变革，如生产控制，将物流和运输体系提升到新的水平。就算是这些重大变革，如我们在下一节中会看到的水吞村（Minomi）案例，会被分解成众多细小的步骤，而后续的步骤会因为先前步骤中的学习（PDCA）而"显现"出来。

为了说明让员工真正从事不断改良的力量，我们有必要详细了解在更广阔视野引导下的一系列细小的创新（维持性改善）是如何为肯塔基公司带来产量和质量上的重大成果并使之扩散至整个丰田。

水吞村：物料运输创新的一系列小举措

汽车组装工厂中最复杂的工作不是制造汽车，而是配合不停运转的生产线将所有零部件放置到正确的位置。制造车身时，各部分由钢卷冲压而成，整个车身焊接成一个外壳，然后各零部件会在流动的生产线上被焊接到车身上。自亨利·福特开始，这些钢制零部件大都无法搬运到生产线上。让正确的零部件物流管理和运输运转良好在丰田生产体系中异常严峻，因为缩小或消除暂存区的存量涵盖了控制零部件以及将它们运到生产线上各分站的所有问题。可以理解，这个过程是多年来改善的重点。通常中小型零部件会放置在 4 英尺⊖见方的篮筐中，大型零部件则会用客户定制的巨型气囊袋进行搬运，用以包装和保护零部件。这些篮筐和气囊袋通过叉车运输到生产线上合适的位置。用来运输满载贵重零部件的篮筐的叉车活动在生产一线，增加了作业的难度和成本。此外，偶尔发生的叉车事故会伤及人员、损坏叉车本身或是其他昂贵的装置。正是由于叉车高昂的运营和维护成本以及诸多安全隐患，多年来丰田一直致力于减少叉车的使用。

20 世纪 90 年代晚期，丰田在其日本子公司中央电机率先使用水吞村体系以解决物料流程的浪费问题，水吞村意图不借助气囊袋就能运输零部件。

⊖　1 英尺 = 0.3048 米。

小工厂中央电机因其在同一条生产线上制造出 5 种不同的钢制车身而名声大噪。在有限的空间内将众多零部件从一个点运到下一点需要取消使用大型气囊袋和叉车，为此该工厂发展了水蚕村体系。中央电机的水蚕村体系使用了滚动货架和一个置于上方、带有"肉钩"的轨道，可以悬挂零部件并将其送至生产线上。

加里曾在 2000 年多次参访日本，有一次他去了中央电机的工厂。可想而知，他对水蚕村体系为中央电机所带来的产量上的提高和成本上的削减留下了深刻的印象。加里随后的举动说明，丰田和我们所知道的试图实现精益生产的众多公司之间在方法上存在着重要差异。虽然加里认为水蚕村体系对肯塔基公司的发展有重大意义，但是新联合汽车制造公司的经验告诉他，他并不能断定水蚕村体系是否适合肯塔基公司，也不能断定中央电机的方法是否为实现精益生产的正确之道，因为他不是执行现场的领导。丰田一直强烈反对盲目的模仿。因此，加里召集一个仔细检验水蚕村体系的团队，参与到肯塔基公司零部件控制流程的改善中来，以决定肯塔基公司的该流程是否需要改良以及如何改良。该团队由车间里对线上作业有充分发言权的人员组成：4 个零部件控制组小时工、一个维修组小时工以及常被大家叫作 V. J. 的工程专员瓦希德·加威（Vahid Javid）。小组对日本的中央电机进行了为期两周的考察，亲自学习水蚕村体系。我们还不曾遇到过会送小时工出国进行商业活动的公司，更别说是在日本的为期两周的学习考察。这也是丰田致力于自上而下的领导力培养的又一例证。

V. J. 和他的组员在中央电机待了整整两周，研究水蚕村体系的方方面面，他们看到了中央电机团队所做的选择、所遇的问题以及尚未解决的阻碍。回国之后，他们开始激动地筹划肯塔基公司的试点项目。加里为他们提供场地、制造模型所需的切割和焊接工具的预算以及启动项目的时间和人力。

第一阶段：试行基础上的模仿

V. J. 及其组员首先试用了他们在中央电机看到的肉钩体系，但是收效不大。零部件的重心各不相同，所以它们会经常摇晃撞到彼此，有些拐角就会被撞歪。撞歪的拐角无法严合匹配就会造成焊接的问题。中央电机的工厂也会时常出现这样的情况，不过，它们的焊接体系不一样，因此在焊接过程中将各零部件冲压到一起，便弥补了拐角撞歪的遗憾；但是肯塔基公司的生产体系中没有这样的做法。此外，在取件时工人们不得不在零部件中穿梭，引发安全隐患，也造成了行动的浪费，这些确实不尽如人意。综上所述，模仿中央电机的水吞村体系远远不是调整零部件悬挂控制流程的问题。V. J. 和组员们意识到，仅仅复制他们所看到的是不可行的；他们需要在基本方法的基础上进行创新。

第二阶段：适合肯塔基公司的创新

随后 V. J. 和组员们开始尝试不同的方法。当他们脱离对中央电机的模仿而思考问题的根源时（用叉车运输篮筐中大型零部件的成本），他们找到了突破点。与悬挂零部件相反，他们想到将零部件放在某种物体上，然后从底部托起。他们将这一想法衍生为管壳体系，像 CD 或 DVD 嵌入托盘中的卡槽那样，用金属"手"牢牢抓住下方的零部件。而后管壳上的零部件在重力的作用下会降到一个滚动的传送带上，将一个零部件正确地送给小组员工，减少原本需要员工走动、提起或调遣的工作。

进行到这一步时，该团队向加里展示了这个模型，得到了继续开展的肯定，通过更有意义的测试向前推进。一个月内，该团队制造了第一套可以抓住零部件并让它们滑向操作工的管壳体系。鉴于几乎所有的 V. J. 团队成员都有生产线上的亲身经历，他们期待这套体系能够实现的一项最重要的功能就是减少生产浪费和提高安全指数：为了方便生产线上的操作工拾起或上手使用这些零部件，他们为零部件的运输设定了最佳的高度和方向。在丰田，操作工就好比手术室里的外科医生，他需要递过来的所有工具和材料都有准确无误的方向，这样就能够在零部件没有任何损伤的情况下消除大量不必要的走动和操作。

在新的零部件流程中，冲压上的零件被手动放置在管壳上，管壳会被物料员放到运输车上送到暂存区域，也就是丰田称之为超市的地方。当焊接工需要某个零部件时，正确的管壳就会从超市里被拉出来，以正确的方向传送，确保这名焊接工无须多余的动作和精力就能将该零部件放到正确的位置上。该员工卸下篮筐所需要的时间会以分钟计算，而卸载管壳的时间却以秒来计算。除了有利于直接操作的组员外，管壳还将焊接区零部件所需的空间减少了一半。过去的体系中会有两个并排放置的篮筐，一个篮筐用于操作而另一个为前一个用完后做预备，因此操作工会在两个篮筐之间相互走动取件。但是在新体系中，操作工会在同一个位置拿到传过来的零部件管壳，减少了走动，为作业创造了更标准的节奏。

当该团队证明了他们的理念适用于生产线时，他们在成本控制分析的基础上，实现了水吞村体系的应用，并进入逐项突破的阶段。常识告诉他们，这套体系只适用于中小型尺寸的零部件，而不适用于像主体车身钣件那样的大型零部件。但是此时的 V. J. 和他的伙伴们毅然决然地要解决这些问题。他们已经解开了将中央电机概念应用于肯塔基公司的难题，现在他们不会被零部件尺寸这样简单的细节问题难住。通过不断试验和创新，他们在如何处理更高、更宽的零部件问题上每个月都有新进展。

第三阶段：自动装载和卸载

不久之后，水吞村体系的原创者中央电机来肯塔基公司参访，考察 V. J. 和他的同伴的成果。中央电机的来访者在看到管壳体系优于他们开发的悬置体系之后，立刻加以采用。但是他们也对这套体系做出进一步改良，想出了将零部件自动装入管壳的办法（使用机器人）。

V. J. 的团队随即采用了中央电机的自动方案，在自己的体系中添加了一些自动装置。成员还为管壳制造了新的运输车，这种运输工具可以受自动引导装置（AGV）的牵引，沿着生产线地面上的磁力带行进。他们从根本上实现了管壳传输过程的自动化。

第四阶段：将自动化扩展到冲压部门

V. J. 的团队成员都来自车身部门，所以他们最初的重点落在车身零部件从冲压车床到焊接区域的这一过程中。加里让冲压组的员工组成了新的水吞村体系小组，并由一名冲压部门组长领导。对水吞村体系加以应用和改良的 V. J. 的团队希望实现零部件直接从冲压车床到管壳环节的自动化（在这一步骤之前，车身零部件已经手动从冲压车床上搬到了架子上，机器人会从这里向管壳传输），这给冲压水吞村体系组留下了极为深刻的印象。他们在试验的前期发现了一个问题：如果零部件没有以正确的间距一个挨一个完好地放在管壳上的话，就会遭到损坏。为此，该组成员做出了一项重大突破，即运用一套机器视觉系统（借助一个摄像头）来判断零部件是否以适当的间距正确地排列；如果没有，机器人会调整零部件的位置并正确地将它们拿起来。

新的自动化体系能够让一个人操作先前需要 3 个人协作的一套冲压设备。新体系没有成为这唯一的操作工的负担，反而提升了作业的满意度，因为他能够从头至尾地监控整个流程。看到自己独自将原材料变成随时可用的零部件时，他会获得更加强烈的成就感。此外，节约下来的时间让冲压组对设备的预防性维护更加用心，此举能够帮助他们将冲压设备的生产率提高 50%。

手动装载 4 平方英尺⊖的零部件篮筐并用叉车运输；手动卸载这些零部件，用一套自动体系将它们装载到管壳上，将管壳撞到运输车上，然后将零部件运送到车身焊接线的正确位置上。在此思考这两种流程之间巨大的差异是非常有价值的，而所有这些变革都是由两个由工程专家领导、小时工组成的团队通过一系列微小的发现和偶然的突破实现的。

第五阶段：及时有序地运送零部件

与此同时，V. J. 和他的同伴们还面临了另一项考验：在每一个管壳上运送不止一种类型的零部件。通常焊接线上的每个工作组都在装载不止一种零部件。在第一代水吞村体系中，焊接组会在管壳中选出正确零部件，将其焊

⊖ 1 平方英尺 = 0.0929 平方米。

接到下一个零部件上。而第二代水吞村体系能够将诸如排气罩、车顶行李架以及防护板这样的零部件放在同一个管壳上，这样操作工就能够从一处拿到所需的零部件。当 V. J. 和他的组员解决了在同一个管壳上运送多个零部件的问题时，他们将这一体系开发成能为车身提供全套零部件的整套体系。他们完成了为车身提供全套零部件，并通过一个自动引导装置在车身从生产线上下来时实现了零部件在车身旁有序的配送，从而减少了精力的浪费和错误。

第六阶段：连接供应商，实现有序运作

即使有了这么多突破性的举措，也仍有一些零部件的配送无法从水吞村体系中受益。有些钢制零部件是由外部生产商供应的，而它们仍然使用大型的 4 平方英尺的篮筐将零部件运到肯塔基公司。于是项目组设计出特殊的托盘供一批挑选出来的供应商使用（在成本合理之处），这样零部件就能很容易地被运到基站，会有一个工作人员在此处将它们运到水吞村体系的管壳上。供应商将零部件放在这些特殊设计的托盘上运输到肯塔基公司，叉车从卡车上取下托盘并将它们放到相应的基站的流动货架上。肯塔基公司的员工之后就能送这些流动货架上取下零部件，将它们依次放到车身水吞村体系的管壳上，传向焊接线。

截至 2008 年 12 月，采用并扩大水吞村的改善帮助车身部门减少了 40 辆叉车，节约了 100 个线上作业环节。这些改善主要得益于在用于汽车生产的 326 个冲压零部件中的 154 个上采用了水吞村体系。随着改善组的继续创新，取得的成果已经超出先前的两倍。

水吞村体系也酝酿了其他的改善机会。丰田一直在采购运输车和自动引导装置，有一次，改善组中的一位小时工成员问道，公司为什么要耗巨资从外部采购自动引导装置，答案是丰田毕竟是汽车生产商。小组成员发现他们可以自己买入能够牵引普通运输车和定制运输车的简单的小型自动装置。随后他们又发现，只要采购和自动引导装置中型号相同但价格更便宜的通用电路板，然后自己设定电路板的程序，就能使自动引导装置在生产线上的特定

点停留待命。自主设定自动引导装置的程序是一项重大突破，既节约了年审的费用又增加了程序设定的灵活度。原先使用的自动引导装置单价约为25 000美元，而他们自主开发的成本不到4 000美元。就投入使用的100多个自动引导装置，该组的改善创举为肯塔基公司节约了200多万美元的开支。

改善与领导力

传统的美国领导力模式视管理者为拥有远见卓识的人或变革动因，他们能通过意志力促成组织内部的重大革新。就算是启发式领导力理论，其重点也在于如何令员工诚服于领导者的远见。然而丰田的领导力模式截然不同，它是产生精益生产所必需的持续改良的唯一方法。加里对于在肯塔基公司应用水吞村体系并没有细致全面的想法，但是他要使 V. J. 和他的团队为此雀跃。他看见了可能性，但是他把领导权让渡给了这个团队（那些在现场的员工），让他们提出适用于肯塔基公司的想法，并通过计划、实施、检验和行动（PDCA）来逐步发展他们的想法。因此，V. J. 和他的团队没有被动地效仿中央电机的做法。正是加里的信任以及让 V. J. 和其他组长真正担当领导者的意愿，才使得他们产生了不断改良、创新和解决问题的热情及动力。最终的结果远远超出加里最初对水吞村体系在肯塔基工厂所发挥的作用的期待。事实上，如果说水吞村体系算是一个小小的试验，那么加里或是其他任何远离现场的人原本都没有想到，这个试验一路做下来会需要那么多不同的小创新。

这些创新和改良都不可能来自高管层，但这并不意味着高层领导力起不到任何作用。在采用水吞村体系的日常改善中，加里起到了关键性的支持作用。虽然他没有参与日常的一点一滴，也没有告诉组员和组长该做些什么，但是给予了他们指导和鼓励，花费了大量的时间检查他们的工作、提出问题、强调他们成果的价值并推动他们展开进一步改良，为整个体系注入了活力。如 V. J. 所说："不是每家公司都像我们一样，总裁每个月都会到工厂检查我们的工作、提出问题并鼓励我们的想法。和加里的例会激发了我们更多的灵感。"

基于工作组的组织结构

本章开始之时我们引用了彼得·德鲁克关于任何依赖超人来管理的机构注定失败的话。讲述水吞村体系的故事的部分动机也是为了说明，就算没有这种超级英雄，我们也能够自下而上地进行广泛变革和重大改良。V. J. 和他的团队完成了非比寻常的任务，但是他们本身和普通人并无二致，也许非比寻常的是丰田对于组长和小组长的投入和信任。这种投入极为清晰地体现在工作组的结构上，没有这种结构就不可能实现日常改善。

丰田最基本的组织单位就是工作组（见图 4-1）。工程、销售、金融、售后、物流以及营销都有各自的工作组。在生产部门，理想的标准工作组是由 20 个担当组员的生产小时工、另外 4 个担当小组长的生产小时工以及一个全职组长共同组成的。但是组员的实际数目会有变数。小组长从组员做起，在他们在小组的作业水平达到了高标准，参与改善项目并通过义务性小组长技能训练后，他们就能获得晋升。他们的工作时间分成两块，一部分时间全职进行生产工作，其他时间全职行使小组长的职能。例如，对安灯呼叫做出反应，或是执行质量检查并解决当天出现的生产问题，抑或是参与改善项目以提高整个小组的作业流程。任何时候都会是两个小组长带领线上作业，另外两个小组长执行线下职能。

和小组长相关的组长是第一管理层。到此位置的员工，丰田会开始认为他们拥有管理一个主要流程的正式权力。在很多方面，丰田都视组长为最重要的领导者：他们是工作组成员，因此对组员有着最大的直接影响，他们又是管理团队的一员，对向公司汇报经营结果的责任最大。在丰田的思维模式中，制造汽车的组员是向客户传递价值最直接的人，因此，培养强大的组长、让他们和他们的团队对所属领域及其优势和问题拥有自主权具有重大意义。

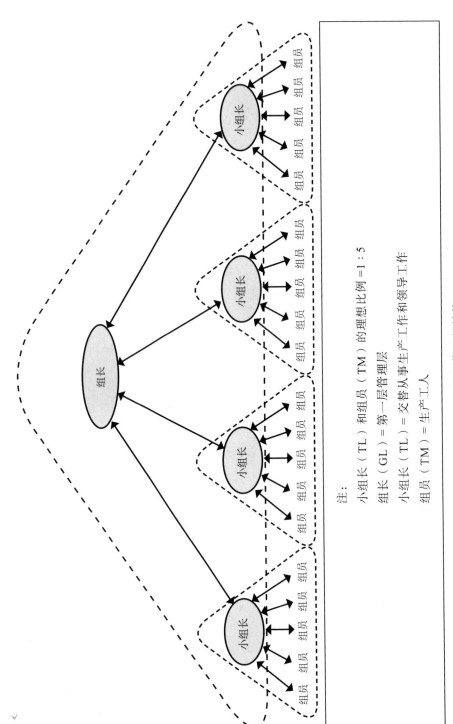

注：

小组长（TL）和组员（TM）的理想比例=1∶5

组长（GL）=第一层管理层

小组长（TL）=交替从事生产工作和领导工作

组员（TM）=生产工人

图 4-1 丰田工作组的结构

许多上过组织行为课程的人都会认得图4-1中的模型，即伦西斯·利克特（Rensis Likert）的"联结销"（linking pin）管理模型。[1]利克特模型中的经理人超出了日常系统中日常干扰控制者的角色。她是一个联结销，连接自己所领导的工作组和自己所从属的领导组。联结销的角色职能包括分配目标、沟通政策和经营状态、培养组员并提供组员为了开展和改良工作所需的各种资源。如果领导者拥有有效发挥联结销作用的能力，那么这个组织就能从控制、权威型体系成长为顾问式管理体系，并最终成为最高境界的参与型管理体系。

关注工作组领导力的理由很简单：因为高级别的领导者不是汽车的制造者。更准确地说，高级别的领导者不是发现浪费问题及其根源的最佳人选，组长才是最佳人选。事实上，组长是通过日常改善来领导组员的。通过日常改善而进行的持续改良，对于精益理念在制造业或其他领域的实现至关重要。没有改善就没有精益，没有小时工组员的直接参与就没有改善，因此组长级别的领导力极为重要。如果组长的能力不足，那么公司高层领导者的主意再棒也没有用。

在丰田，组长负责指导和训练小组长，后者为实际操作的组员提供支持，同时他们自己也参与操作并不断改良流程。只有当组长带领自己的团队拥有自己的流程，真正的改善才会产生。煽动性的演讲、课堂培训、质量计划或是精益顾问都不能取代对从事改善工作的员工的基础性投入。在前面几章中，我们了解到，无论是来自其他部门或是其他公司的"外援专家"（不是离现场最近的领导者），都只会发问、提供没有指令的指导，只会激励不会接管。精通技术（如V. J.擅长物料控制系统工程）或改良技巧（如六西格玛）的技术专员会有自己的角色，但是他们的职能就是凝聚组长、小组长和组员组成的团队，通过变革式改善项目对他们进行训练，进而培养他们在领导力和改善方面的能力。

领导力和指导改善的能力绝不会在那些旨在获取证书的课堂上获得。课堂传授的方法只停留在表浅的层次，不是真正的改善。丰田领导者对日常改善的理解首先通过自我提升获得，然后通过训练和培养他人获得。这些使得改善成为一种领导力培养的过程。深入思考问题、激发他人、为他们设定一个共同目标是实践和培养真正的领导力的唯一方法。

在改善项目的尾声会有一个关于此次改良过程结果的汇报，但是丰田领导者也会观察参与者的改变。如果实现了商业目标但是参与者自身没有提升，那么该项目会被视为失败。

回到 V. J. 和水吞村体系的案例中，这个故事还暗藏着其他玄机。当加里刚刚挑选 V. J. 担任小组领导时，其他人对 V. J. 的任职资格有些质疑。就技术而言，V. J. 是一名非常出色的工程师，但是有人认为他还没有自我培养出足够的人际技巧来领导如此备受瞩目团队。然而，结果表明 V. J. 就像发电机一样，不仅完成了任务，而且培养了组员及其改善能力。实际上，V. J. 的团队为那些想要深入学习改善的小时工提供了训练基地。成功地培养他人为他赢得了自主挑选有意加入团队的人选：申请人需要证明自己具有严谨的学习态度。这一时期，V. J. 的成长令人惊讶并获得一次晋升，而那些向他学习的人随后都成为肯塔基公司公认的改善专家。

B 类工人与改善

小时工作为工作组成员进行生产作业时就会被称作"A 类工人"。但是在丰田，无论何时都会有相当一部分工作组成员会被邀进改善组成为全职参与的"B 类工人"。和 V. J. 共事的小时工组员就是 B 类工人。很多工人会把 B 类工人叫作间接工人或是费用工人。

巴里·夏普回忆起，在福特汽车，向维修部或工程部提请设备改良或是新东西制造非常的官僚主义并伴随着漫长的等待。就算派人来了，问题的解决也几乎总是不得要领。维修工人或工程师花费大量时间诊断完问题后就会离开，再提交一份所需合适的工人和零部件的申请。

在丰田，B 类工人体系储备了一批随时待命的知识丰富的组员和小组长。日常改善不仅意味着为实现改良而在日常工作中发现问题和机会这一过程，还意味着在日常工作中马上做出改变和改良这一行动。如果所需改变超出了 A

类工人所能承担的范围，那么公司就会委派 B 类工人进行处理。新产品的发布需要通过逐项作业的准备完成最终制造，B 类工人就是在一个试验组中为作业环节的建立以及组员培训进行细致的准备工作。对于这些临时外援来说，试验组通常会成为为期两到三年的全职工作组。该小组的代表来自工厂的所有相关部门。改善是公司运营的一部分，丰田通过 B 类工人体系让它得以一直运行。请记住，B 类工人并不是大多数公司认为的改善专家或是精益黑带。B 类工人团队通常由经理或工程师领导，但是团队成员都是临时性质的。B 类工人团队必须是生产线上日复一日工作的员工，否则整个 B 类工人体系就会瓦解。

支持改善：注入能量，培养领导者

如何在不接管改善的情况下给其注入能量？如何培养没有必要经验的其他组员参与改善的能力？这是加里的前任肯塔基公司总经理威尔·詹姆斯在该厂进行丰田领导力和生产体系革新期间所面临的考验。

威尔负责为底盘安装从冷却器到地垫的所有内部部件的总装部门。他刚刚接手时，这个部门可以说是无序混沌而导致执行力下降的典型。多年平淡运行造成的人员流动和倦怠使得改善处于停滞状态。威尔和他的管理协调员明白，他们需要注入能量、重新对组员和组长进行丰田生产体系和改善的培训，从而重新启动日常改善。他们采用了一种叫作"流程诊断"的方法。

加里在日本时看到几家丰田工厂用过流程诊断法，主要是在新车发布时，工程专家用来开发工作流程的。每当建立一个新的流程时，工程师所用的流程诊断表就好像飞行员的飞行前检查单——我们是否有任何遗漏？诊断表的项目包括了不同车型或方案的生产循环的时间范围、为了减少走动而设置的零部件和工具的摆放方向以及人体工学方面的考量等。令加里感到吃惊的是，这个方法为何能够系统地关注到工作流程的方方面面。威尔和加里在流程诊断中看到了一个能够为总装部门的改善提供培训、引导和能量的工具。

威尔及其团队在丰田商业体系资深导师横井秀志的支持下，将诊断表简化并加入了新的项目。更重要的是，为了辅助培训过程、增加工作活力，他们将诊断表变成计分单。每一个项目（如组员走动的距离）的分值为0～100（达到100分就意味着不需要改进）。计分单为总装线上每一种作业提供了明确的评估过程，有助于发现改善机会。

表4-1中列出了实际诊断过程中的一些要素。它将一些重点改善活动前后的分数展现出来，并对前后变化进行了描述（请注意，此表仅是一次实际流程诊断的节选，并非全部）。

带着流程诊断计分单的草稿，威尔从总装部门首批即将接受计分系统培训的员工中选出1名组长和24名小组长，他们就是后来有名的"快速行动组"。包括了丰田生产体系的此次培训采用了我们在第2章中提到的标准"守—破—离"方式。每一堂课都会有在相应的车间实践的机会。

该小组第一次将流程诊断应用于实际工作的机会是评估地垫的安装。地垫的安装是一项考验人手动操作的工作，需要好几个人共同完成，总装部门的经理几乎无一例外地认为这项作业环节最需要改进。通过流程诊断，受训小组用一周时间对流程进行了评估，为改良进行了头脑风暴和测试。流程最初只得到了100分中的19分。快速行动组用流程诊断法为一次8小时工作段减少了5英里的走动距离，调整了许多人体工学问题，还将每个班次的员工数量从5人减少到4人。一周之内，这个流程诊断的得分从19分提高到了89分。通过试验和改进（当然计分单也会随之变化），流程诊断逐步形成一套拥有30多个检查点的系统，总结在一张A3纸上，而纸的另一面则描述了这张计分单如何为诊断对象评分及其理想状态。

现在面临的问题就是对总装部门的所有员工进行流程诊断的培训，从而使整个团队能够融入日常改善。威尔将快速行动组的24名小组长平均分成两组，每组负责一条总装生产线。这些受训者成为培训者，向所有组长传授流程诊断（尽管组长比小组长要高一个级别）。威尔和快速行动组按照改善机会最大化的原则，优先挑选出一些作业和流程（总装组有超过1000道工序）。

表 4-1 肯塔基公司散热器安装部分流程诊断要素示例（改良前后对比最明显的示例）

诊断对象	描述	变化前	变化后	变化描述
流程加权循环时间 ○＝加权循环时间≤节拍（最大4） ×＝加权循环时间＞节拍（0）	加权循环时间（如果加权循环时间大于节拍，操作员就会超负荷工作）	2	4	低于节拍和高于节拍这两种模式下会有不同的循环时间。改善流程后使得这两种模式下的循环时间都低于节拍
开始/结束记号 ○＝2（正确和使用过的标记） ×＝0（超时和未使用的标记）	地面上的标记显示了操作员如何开始工作以及他该在哪结束操作	0	2	两台不同的汽车会有两种不同起止线。因此，组员不会使用。只要改变流程中的加权循环时间，他们就能使用同一种起止线
Dolly/Table 零部件数量 ○＝2小时或2小时以下的零部件供给，且只提供2小时作业中主要的零部件供给（2） ×＞2小时或更多零部件供给，超出一次作业所能控制的量（0）	零部件数量已经超出控制范围（超负荷，或是超出2小时内有价值的零部件（库存过剩））	0	2	Dolly的作业中有太多任务以至于需要许多不同的零部件。因此在一个循环中为一些零部件供应超额数量，而在另一个循环中为其他一些零部件供应额数量。通过减少其他流程中多余的动作，可以使运转再次达到平衡并将一些零部件转移到其他流程中
增值劳动的比例 ○≥60%增值（2） ●＝40%～59%增值（1） ×≤40%增值（0）	整个作业时间内都需要高比例的增值劳动	1	2	拥有多余的走动时间来拿起散热器进行操作。制造让散热器更好地出现用托盘将操作减少50%
自我质量确认 ○＝能够自我检查（1） ×＝不能自我检查（0）	如果潜在缺陷的根源没有解决，操作员必须进行质量自我排查	0	1	由于流程重复循环无法进行自我质量检查。随着空余时间的出现，质量检查被加入了标准工作

注：流程诊断整体改善得分为 51.5～60.5。

　　为了说明一个问题流程，快速行动组会和组长以及小组长中的一员一起工作，对他们进行使用流程诊断评估作业的培训。当组长和快速行动组共同完成了本组内的一项问题流程培训时，他们就会被指派到另一个不同的组，将这个工具使用在自己不熟悉的某个领域中。最终，他们需要参加一场流程诊断的认定测试。经过这套培训流程，总装部门所有的经理、经理助理、组长以及小组长都接受了流程诊断的培训。

　　为了不断地为这一体系注入能量，只要计分单上现有的全部流程都获得了高分，威尔就会添加新的诊断项目。让组员们吃惊的是，流程诊断不仅能够用来减少于流程中的物质浪费，还能控制精力的耗费。最初的诊断工具关注的是物质浪费，比如不必要的走动和零部件难以拿取等，并没有考虑到另一个问题的根源所在——心理错误。对总装部门所有作业实施流程诊断时，快速行动组从资料中发现了一个重要模式：组员们需要决定的事情越多（如同一零部件不同模型的选择，或是安全带颜色的选择），错误率就越高，纠正错误所花的时间也相应增多，慢于节拍时间最终导致安灯呼叫。他们总结，让作业在认知上简单和让其实际操作起来高效一样重要。

　　基于组员们的这一突破，快速行动组进行了一些实验。其中一项是，他们在一个盒子中放入彩色的乒乓球，让一名组员在一定的时间限制内根据自己听到的指令拣出相应颜色的球（例如，粉红，然后是绿色，再是黄色）。实验表明，当乒乓球有6种颜色时，组员通常会在第5轮出错；当有5种颜色时，组员通常会在第10轮出错。他们的最终结论是，只有当颜色减少到两种时才不会出现错误。

　　这项实验使得总装组建立起一套将一项作业定义为"简单"的标准，即需要决定的事情必须在两件或以下。举例说明，如果一位组员需要在前座的两种颜色和后座的两种颜色之间做出选择，还要为合适的茶杯架颜色操心，一共有5件需要决定的事情，而当需要决定的事情有3件时就已经多得超出标准了。被列入流程诊断表中的这项叫作"简单作业"，要求两件或更少的决定。

流程诊断工具的使用带来了成就巨大收获的许多细小改善，但是不确定的信息依然是危险所在。有了像流程诊断工具这样的计分体系，不确定的信息常常会通过"评分等级膨胀"进入该体系。组员们会很容易会为提高分数而进行相对没有意义的改变。组长的角色就是要确保能量不会从这样的过程中外溢。考虑到流程诊断，快速行动组决定了，要想保持能量的流动需要重要的两步走。

第一步，组员为流程诊断创建了一个认证。要想获得认证，组员需要能够将流程诊断应用于一系列流程之中，并且其参照流程诊断专家计分的准确率要保证在90%以上。之所以将要求定为90%，是因为流程诊断并非完全客观，主观判断的加入使得员工之间没有完全一致的计分，因此90%的准确率似乎是一个现实的期待。第二步，他们建立起一套审查流程，每一项作业都会接受一位获得流程诊断认证的组员的定期审查。这两项创举让流程诊断工具成为行为有效的持续改善工具。流程诊断审查能够依然为日常改善的过程注入能量。

结语

综上所述，我们需要彻底明白一点：丰田的成功并非依赖体系或工具的改变。丰田的成功不是丰田生产体系、丰田问题解决法、流程诊断或是其他工具的产物。例如，流程诊断就逐步发展为支持日常改善的一种方法。其实，在圣安东尼奥工厂建立之初，那里的领导者经过考虑，认为流程诊断对于典型的当地组员来说太过复杂，拒绝将它作为工具。作为北美运营最高领导者、肯塔基公司前总裁，加里依然同意圣安东尼奥工厂按照自己的方向走下去。只要圣安东尼奥的员工有自己的理由或是拥有他们自己经常使用的替代工具，加里就乐意让他们用自己的方式学习。有趣的是，在威尔离开肯塔基公司几年以后，时值召回危机对质量密切关注的时期，尤里·罗德里格斯成为圣安东尼奥的质量经理，和一支试验组共同开发流程诊断的替代工具。该厂也得出结论，即流程诊断更多地是一个工程工具，对于圣安东尼奥的组员来说太过复杂，于是就开发了一个更加简单的版本。

无论使用什么工具，成功的决定性要素是各个级别的领导力，尤其是从事增值劳动的各个组的领导力。公司中有没有致力于自我提升并发展组员的组长？这家公司中的高层领导者愿不愿意让组长担当领导者，并且为日常改善的能量注入做出奉献？如果不愿意，那么这个世界上就没有什么精益方法可以让你创造持续的盈利；如果愿意，你就不会缺少有用的工具和方法。

全世界的公司都力求实现精益，它们聘请顾问、培养一些内部精益专家，并且部署整套方法。这些都是这类创新中耳熟能详的词语。很多公司投资精益认证项目来打造黑带。内部专家喜欢这样的认证证书，因为在他们谋求其他公司职位的时候，这些认证证书就会给他们的履历增色。但是这些举措并不能取代对于从事作业、通过改善实现精益的员工的根本性培训投入。但遗憾的是，那样的投入总是太少。为了维持精益所带来的变革，丰田之外的专业人士不断努力而又不断失败，再多认证的黑带也帮不了他们。

丰田采取了不同的方法。管理日常工作的人组长教导从事作业的组员，并且和这些组员一起对流程进行操作和不断改善。外来专家的角色是发问，在事情没有得到妥善处理的时候分享自己的智慧，当学生学习的时候微笑着说"请继续"。外来专家需要对改善有足够深刻的理解，这样他才能够知道何时认可、何时反对、何时插入意见。这样的技能绝对不会出现在颁发证书的课堂上。课堂对工具的教授只是肤浅的介绍而非真正的改善，不能为工作组进行改善所用，即经理或工程师协同 B 类工人在全组工作中使用。

在丰田，很难想象一组公司工程师来到工厂，在没有直接参与或管理工作组的情况下做出一连串改进，然后离开。丰田希望对流程和改进的管理和理解是基于现场、基于工作组的。

杰弗瑞在《丰田模式》[⊖]中讲述了 V. J. 团队历时 5 年进行的物料物流改变的故事，也许公司派来一组在一名黑带领导下的工程师就能在 1 年内实现

⊖　此书中文版已由机械工业出版社出版。

改变，也许相关装置的制造就会被外包出去。实现的速度很快，但是不能弥补组员牺牲了的学习、提升和奉献的代价，他们才是需要维持并不断改善这一体系的人。如果水吞村体系不经过调整就成为符合肯塔基公司需求的解决方法的话，该公司就不会对加里在中央电机看到的体系进行改造，它就会在车身车间的每一道焊接流程上原样复制。该公司就不会有第一阶段到第二阶段，再到最后的第六阶段，然后持续发展的递进。该公司会在早期阶段就停止，声称自己拥有了水吞村体系，而后又困惑于这一流程为何没有得到维持。丰田在进行流程改善时抱有两个目的：一是改进流程以获得更好的结果，二是培养员工。

至此，我们希望读者相信，为了改善而将责任授权于工作组并辅以有效的培训和有力的支持，这种授权的力量是非常强大的。传统公司中有主管，而且很多公司某些时候的授权则是设定目标或是置身事外。打破组织结构而获得的自主授权，消除了管理的层级，同时将每位管理人员的控制范围从20名组员增加到了50名。一股不同的潮流正在向精益实践悄悄袭来，一些公司试图在一年内部署好全部工作组。他们对小组长的角色进行职位定义，对组长进行短期的课堂培训。

遗憾的是，这两种方式注定失败。减少管理确实授予了人们自治权，但是这种自治权是缺乏领导力的漫无目的的自治权。老师在哪里？那些具有激励他人的能力的人在哪里？部署全部小组并不比从始至终地开发看板这样的工具有效。你可以拥有形式化的组织结构，而且在纸上看来非常不错，但是你的组织缺乏实际能力。只有在工作流程有序、稳定的情况下，看板才能得到合理的使用，而工作组要求所有级别的领导者都经过充分培养并有娴熟的技能。领导者的自我提升能力决定了一个工作组的实力，所以组长和小组长必须经过"守—破—离"来提升自己。

这是在丰田内部得到广泛认可的。《丰田模式》中有一个关于丰田维修件运营的故事。[2] 丰田汽车销售公司的管理人员和仓库经理同意分阶段参与到一个为期3～5年的工作中。最初，组长是主管，他们进过深入的丰田生产体系方法训练，作为领导者，他们在能够指定小组长之前需要进行自我提升。在自我提升早期阶段，他们被告知自己需要进行定向管理直到他的小组经历过丰田生产体系并达到指定标准。判断工作表现的汇报卡会被收集在一起决定组长的得分，组长在能够指定组员之前需要达到一定的分数。第一批工作组需要花 3 年时间才能达到能够指定组长的程度，并实现更多的自下而上的管理。[3]

其他公司能够面对年复一年培养员工真正的改善能力的考验吗？这需要一定的耐心和一定的资本投入，如很多公司都没有 B 类工人，它们牛仔式的领导者不是带来短期成效就是短期内离开，而剩下的选择就是放弃日常改善、放弃可持续的改进、放弃建立真正的精益组织。

方针管理：组合愿景、目标和计划，
　　　　实现持续改善

> 没有行动的愿景是一种梦想。没有愿景的
> 行动是浪费时间。愿景加行动才能改变世界。
>
> ——未来学家
>
> 乔尔·A. 巴克

　　在第 4 章，我们阐述了丰田式领导力最基本的特点。组长日常改善所产生的领导力以及来自公司金字塔结构最低层级领导者的支持，在很大程度上决定了丰田的成功。不断改善并不局限于技术领域或者管理层级的变革推动因素。工程部门也会有一些创新突破，但是绝大多数日复一日的过程改善都源于基层的组长和组员，因为公司赋予他们不断拓展自己领域的自由和责任。

　　不过，对一家全球性公司来说，单一的从上至下的管理方式具有一定的局限性，这一点不是领导专家的人也看得出来。首先，在这样的体制中，各个部门同时运营、过程独立，所做的日常改善不一定是互为补充的。包括丰

田在内，所有公司都需要优先发展创新型项目，对相互竞争甚至有冲突的部门之间的差异进行判断并妥善处理。例如，在第4章物料运输改进的例子中我们看到，很多时候一个部门生产的不断发展需要在另一个部门增加员工。车身部门要利用改进的物料运输体系节省资源，冲压和材料供应部门就必须先行增加员工。只有在冲压部门加入自动装载过程，材料供应部门用改进的物料运输体系运送零部件的时候，才能做到从总体上减少浪费。尽管有几个环节在消除浪费的同时又增加了浪费，但是当所有环节都正常运转的时候，整个体系却可以产生更大的生产力。

如果不同部门所做的工作各不相关：有的降低费用，有的专注于安全，有的减少库存，那么公司产生巨大的整体利益的可能性就微乎其微。但是，如果制定了高层次的发展目标，并且分解至各具体部门，并辅之以成熟的行动计划和快速的日常改善，那么各部门的共同努力就可以给公司带来卓有成效的收益。

每一个公司都需要制定愿景和一系列目标。在丰田，从上至下的领导都以追求真北为核心，制定愿景比在别的公司显得更为重要。在丰田，制定真北是董事会的职能。这是一种从上至下的领导。那么，从上至下的领导和从下至上的领导的交汇点是什么呢？丰田又是怎样追求领导目标，在整个公司实现协调一致的呢？

在面对挑战时，丰田上下步调一致。其协调运行的法宝就是"方针管理"（hoshin kanri）。直译的话，hoshin的意思是"指南针"或者"指向针"；kanri的意思是"管理"或者"控制"。hoshin指的是全公司年度计划或者目标，hoshin kanri不仅指制定目标和计划的过程，还指实现这些目标的具体计划。这是在公司领导之下实现个人领导的又一个例子。不过，正如我们所见，这种领导机制只有在丰田公司个人领导水平高度发展时才能起作用。

严格而言，方针管理仅指那些引领公司踏上新台阶的一系列突破性的目标和计划（有时候叫作"突破性改革"），与这些目标紧密相关的有一定难度的关键绩效指标是日常改善的一部分。在实际操作中并不特意把方针管理和日常改善加以区分。两者都是公司致力于持续发展所做出的努力。丰田的领导者制订年度计划的时候，也很少对两者加以区分。我们在提到方针管理的时候，既指加里所践行的突破性的创新举措，也指从社长到车间小组之间所进行的目标分解。对方针管理和促进日常改善不加区分的情况再一次说明，方针管理不是一种奇特的工具而是一种领导方法，可以给创新和可持续发展提供坚实的基础。

目标在公司内部从上到下分解的时候会变得越来越具体。高层制定出的"在质量和级别上达到最优"的目标在不同的部门可以演变为非常具体的形式，如"未来3年里首次焊接无缺陷率每年提升5%"。焊接质量的提升还可以分解成更具体的行动。例如，在工具破旧、需要更换的第一年，可能会允许诸多缺陷存在，那么该年度的具体目标可能就成了："按计划对工具进行改换，更换率达到100%。"这就成了各个小组每日工作都可以参照的标准。

这种从上到下的分解可以看成一个大三角，把顶层的宏大目标和工作小组所采取的具体行动连接起来（见图5-1）。在这种分解过程中，方针管理把目标的制定和实现过程紧紧连接在一起，从而把各级领导者也紧紧地连接在一起。从垂直维度看，目标在公司内部从上到下进行分解，最终落实到为实现目标而进行的创意性思考上。从横向维度看，不同的部门协调运作，致力于实现宏大目标。不过，无论从垂直还是从横向维度看，这一链条都不大稳固，与领导环节一样薄弱（这也是公司致力于领导发展的原因）。太多的公司寄希望于方针管理这样的体制，可不幸的是，它们缺乏强有力的领导和敬业的工作小组来把这些高层的目标积极有效地转变成具体行动。还有更糟糕的：中层管理者为了完成任务而抄近路，从而威胁到公司的未来。

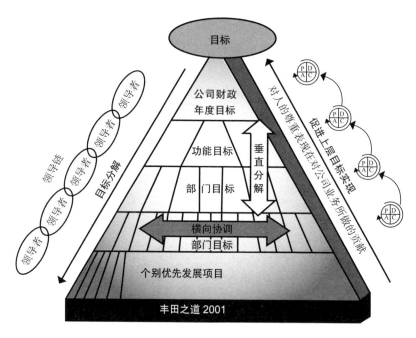

图 5-1　方针管理：垂直和横向管理

方针管理是换汤不换药的目标管理吗

目标管理（management by objectives, MBO）或者其他的管理方法把公司的目标分解成一系列的指标，并通过各业务部门的发展来实现。凡是熟悉此类方法的人们都会联想到方针管理。很多公司都是把公司业务部门和具体目标挂钩，就此而言，方针管理与其他管理方法并无太大区别。熟悉这些管理方法的人们也许会对方针管理持怀疑态度，因为这些管理工具在理论上很吸引人，可是在实践中却良莠不齐。其实，MBO 只检验是否实现了目标，方针管理则是通过深入思考用创新方法实现结果。两者之间有着细微的却很关键的差异。

在整个公司实现整合是每一位管理者的梦想，所以目标管理和方针管理在理论上才会这么吸引人。与我们合作过的很多公司都是一接触到这些管理方法就立刻采用。他们错误地认为，对结果负有责任的是这些工具而不是使用这些工具的人。这些管理模式配有精美的图表，可以清楚地显示出一个层级的目标与上一个层级目标之间的关联[1]。很多公司在参观丰田之后立刻就采用方针管理，以为仅仅靠这些管理方式就可以把目标和高绩效联系起来。这种想法无异于亚历山大·格雷厄姆·贝尔见到现代的电话后，决定把上面的按键式键盘安置到他最初设计的电话上。好看是好看，可是按键不可能管用。

例如，杰弗瑞的咨询公司最近和一家公司合作，在其全球各地的工厂传授基本的精益方法。每一个工厂都要进行为期4周的培训，其中包括为提高运营水平而进行的实地日常改善。刚开始时确实取得了一定成效，该公司首席执行官深受鼓舞，于是在第二年就决定推行方针管理，以实现更具挑战性的目标。在公司会议上该首席执行官和业务副总裁一起制定了质量和降低成本的目标，之后由各位副总裁负责一一实现这些目标，而且要不惜一切代价去实现。可是由于副总裁们进行过程改善的技能并不成熟，结果这种挑战性的目标在很大程度上成了削减人头和敦促监督者们提升顾客对质量的评价。具有讽刺意味的是，在推行该管理方式的初级阶段接受过日常改善培训的很多精益受训者却不得不面对被削减之苦。在需求高峰期，大多数在培训阶段养成的井然有序的精益过程都演变成了异常忙乱的每日"救火"行为。

还有一个例子。杰弗瑞曾收到一家医院院长写来的感谢信。这家医院因为成功采用了精益理念和方针管理而在媒体中获得很多赞誉。此前，这位院长曾告诉杰弗瑞自己觉得公司已经到了破产边缘：精益目标由公司首席执行官下达，业务部门领导者很少参与进来，更不要说基层的领导者和管理者了。最后，目标是实现了，只不过是通过不可持续发展的削减和不能重复的项目实现的。为了提高人流量而翻新整座医院大楼耗费巨大，这应该算是"精益"的一个大的收获；在经济萧条中，翻新医院大楼所导致的债务最终把医院压到了破产的边缘。

丰田因采用方针管理而获得成功，而很多公司采用的都是目标管理。两相比较，这两种方式有以下三大不同。

第一个不同，确认方针目标的方法不同。具体来说就是在丰田，方针是由常年在公司一线、非常了解公司现状的 20 ～ 30 位部门领导者在资料搜集基础上统一制定的。而在其他大的公司，目标通常由 5 ～ 8 位管理者制定，这些人对工作流程并不熟悉，也不知道可以做出什么样的改善。在这方面两者是截然不同的。

第二个不同，在目标从上到下进行分解，最终化解为促进过程改善和富有创意性的实施行为的过程中，公司内部的协作水平和"给与取"的关系不同。方针管理过程可以用接传球来形容。从本质上说，制定具体目标以支持公司实现宏大目标的过程是一种双向的对话，而不是单向的命令。高一层级的领导者（无论在公司处于何等层级）要引导低一层级的领导者思考什么样的目标是可以实现的，以及怎样实现这些目标。不过，高层级的领导者并不强迫下级接受目标。与此同时，接传球过程（我们将在下一章进行详细讲解）是一种基于事实的真正对话，而不是空洞的应酬话。公司顶层的管理者必须清楚业务要想取得成功需要做些什么，而在公司一线的员工则要清楚怎样改善过程。在正常情况下，这样的管理过程可以解放一线员工的创造性，为实现目标提出切实可行的创意，投身于可持续的过程改善。

第三个不同，让公司各层级参与方针管理的切入点不同。在丰田，公司首先要培养领导者，然后由领导者培养下属，这样，从组员一直到高层管理者都具备参与目标分解以及实现目标所必需的技能。这就是为什么丰田可以使用接传球过程，让更多的低层级领导者参与到决定性的讨论和创意性行为中来。丰田相信这些低层级领导者具备相应的领导能力。自我发展和日常改善所需要的技能包括，用正确的方法推行标准化工作和解决问题，让员工参与进来并促进员工的发展。公司花费了多年心血才使得各层级人员，尤其是实现价值增值的组员，在目标管理中都能达到所需要的能力水平。如果某个小组、工厂或者某个国家分公司的领导者没有得到充分发展，丰田就不会采用公司上下全面参与的方针管理过程，而会采用更像目标管理的从上到下的管理方式。例如，在北美公司领导力发展的早期阶段，日本丰田公司就确定了发展目标，然后就具体做法与美国人进行沟通，与此同时，美国人也在这种强有力的领导下制定出了详细的执行方法。在北美公司内部没有太多的接传球。同样，在下一章我们将看到，当加里经营达纳的时候，他同样对方针管理进行改进，把从上到下的目标分解和工厂管理者为实现目标制订的计划包括了进去。

然而，多数致力于实现精益转变的公司却把这一过程弄颠倒了。同样，这些公司也对低层级领导者进行培训，却在这些领导者不具备能力确定实现目标的最佳方式之前制定目标，并在公司内部推行和分解。这有点像要求一位还不懂音阶的钢琴手弹奏肖邦的钢琴曲。目标设得太高，使这些领导者根本无法实现，收获的尽是失望，而且还产生一种难以消解的不信任感。更糟糕的是，由于短期行为凌驾于长远目标之上，这样就给公司带来经常性的灾难。例如，很多公司都让经理年年实现 10% 的削减成本目标，而对他们在领导上所做出的努力或者是在削减过程中所提出的积极建议却没有给予足够重视。这是不容忽视的情况。在这种情况下就可能会出现前面所提到的那种情况，即原本是为了实现精益，结果却使受过精益训练的人下岗了。

方针管理过程

和周期性领导发展模式相同，方针管理在公司很多层级都要经历多次循环。方针管理起始于一个长期的愿景，通常以 10 年为界，中间还有一个 5 年业务计划。5 年计划之后被分解成以实现 10 年愿景为目标的年度方针管理计划。社长每年一月份都要公布公司现状，制订公司年度愿景和最高层级发展计划，然后公司不同部门把年度方针管理计划进一步进行细化。最后这些年度计划在公司各个层级进行分解。我们必须再一次强调，目标分解不是一个被动的过程。在各个层级上，工作小组都在不断地思考如何改进生产过程和实现公司年度目标。通常在高层宣布目标之前，各小组对下一年的改进方法已经做到了心中有数。

在整个一年中，参照所制定的目标，公司对计划进展情况不断地进行反思和调整。每年年末，还要参照10年愿景，对该年度的进展情况进行审查，在本年度所取得的成就和教训的基础上，以及在对发展环境进行前瞻性把握的基础上制订下一年的年度计划。这样一个过程再加上丰田其他的一些做法，方针管理就成了爱德华·戴明博士的计划—实施—检验—行动（PDCA）的问题解决过程（见图5-2）。一项计划在高层形成，然后逐级进行精细的分解、实施；各层级审查自身进度，并把审查结果反馈到高层。如果目标与现实之间的差距拉大则会采取进一步的改进行动。半年时候进行的检验工作为制订下一年的方针管理计划奠定基础。全年中，在整个公司内部有很多更小的PDCA循环。任何一个在目标的指导下所做出的改善努力都是一个PDCA过程。

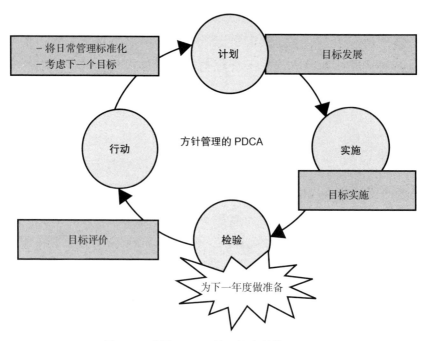

图 5-2　遵循 PDCA 循环的方针管理过程

长期愿景由内部董事会设置

计划阶段起始于制定公司的 10 年愿景和计划。目前指导丰田的是"全球愿景 2020"，我们在序中已经做了简要讨论。该愿景取代了 2002 年公布的"全球愿景 2010"。鉴于"全球愿景 2020"的实施还处于早期阶段，我们就以"全球愿景 2010"为例来说明方针管理过程。

在我们所研究的公司中，丰田建立 10 年愿景的方式是很独特的。丰田也是由董事会确定 10 年愿景的，这似乎并没有什么特别。它的独特之处在于董事会的构成（丰田违反了公认的公司管理最有效的方式）和决策过程。日本有一些公司坚持沿用传统的由公司高层管理者组成董事会的做法，不设外部董事会。而丰田就是这样的一家公司。20 世纪 80 年代和 90 年代，只设立一个内部董事会的日本公司很常见。可是现在很多日本公司都采用了西方做法，设立了外部董事会。

从理论上看，外部董事会的好处在于设立了一种检验和平衡机制，抵消了内部管理者潜在的自以为是的做法和盲点。但是过去的 10 年里有很多例子说明这种理论的实践结果并不理想，原因就在于，对业务了解很少的公司外部人员会引导公司朝着损害自身能力的方向发展。不过，丰田反对外部董事会与美国式董事会的失败毫无关系。丰田这样做基于一系列的风险（这是很少有公司会意识到的）。还有更重要的一点是，丰田是一个构建了浓重文化氛围的公司。外部董事会成员尽管可以带来一种外部视角，但他们只是临时决策者，很少有机会与公司高层管理者之外的各级管理者进行沟通，无法充分了解公司的现状。这些公司外部人员中很少有人会完全投身于这样一个有着明显文化氛围的公司。在丰田，建立外部董事会就意味着关键性的决定是由那些不遵循丰田式领导、没有受过针对丰田问题处理方法的严格训练的人所制定的。

丰田的风险意识很强，绝对不会让公司关键性决策出现意外。不过，丰田也知道，在董事会成员清一色由在公司任职时间较长的高层管理人员组成的情况下，[2] 产生盲点的危险性更大。为了防止这种情况发生，丰田及时采取应对措施，把各种不同的数据和观点都摆到董事会议上。在实际操作中，丰田领导者会想尽办法倾听不同的声音，通常做法是走访全世界的丰田部门，包括生产车间、工程车间、销售部门和经销商，以便获得第一手资料。丰田领导者走遍全世界，花在生产现场上的时间之多，在很多国际性大公司看来简直是不可思议的。

在董事会议上，尽管丰田的董事有了直接走访的感性认识，还有呈报给他们的各种理性的数据，但是这还远远不够，他们还要听取"专家"的意见以查漏补缺。最初的专家意见来自公司内部的领导者。2009年丰田章男为就任社长做准备时，开通了热线电话，方便从执行副社长到基层管理者的各层级领导者进行直接联系。他给这些人一个专门的电话号码，让他们定期给自己打电话汇报所见和所想。他虽然不可能与成百上千的员工一天24小时保持联系，但是他绝对不想对公司基层每天的运行情况完全不知情。当然，来自基层部门的内部专家（质量部门、财务部门、人力资源部门、采购部门和业务计划部门）也会基于各自所辖部门的情况呈上一份详细的报告。

外部专家也起到一定的作用。在很多董事会议上，丰田都会邀请世界级的专家就一些专题做报告。丰田会以对自身未来发展至关重要的一些趋势分析为基础进行选题，如世界矿物燃料的供给和全球人口趋势分析等。董事们个个都有超出常人的聆听技巧，能从信息中剖析出关键点，区分好消息和坏消息，勾勒出所关注事件的全面又不乏重点的影像。

在过去，丰田董事会议都是由在任社长主持的，董事成员包括公司前社长、董事会副主席和主席。其他前任管理人员通常在董事会中担任资深指导者。例如，奥田硕（Hiroshi Okuda）于1995～1999年担任董事长，在2009年依然是董事会资深指导者。丰田章一郎也一样，他在1999年董事长职务到期之后就成了名誉董事长。所有负责全球业务的执行副社长（如全球生产、研发、销售和人力资源副社长）也是董事会成员。董事会成员最多时达到60人，管理很不方便。经过长时间整改之后，现在已经大幅缩水，到了2009年减少为25位，其中13位是基层的管理者。

很明显，这些基层管理者对各自负责的领域都非常了解，每次董事会议上都要汇报工作，还要把董事会制定的目标带回所属部门，分解成更具体的计划。加里回忆说，在他成为基层管理者之后不久，第一次参加董事会视频会议，在按要求对北美公司的生产状况进行汇报时，他发现自己所说的每一件事都引起很大的关注，他当时感到非常惊讶。[3]

2011年，丰田章男和高层管理者依据丰田标准采取了一项关键性的举措：把董事会成员从27名减到11名。这是召回危机之后"全球愿景2020"计划的一部分（实际上是重新计划）。丰田对危机进行了深刻反思，结果发现了一个问题：应对危机的决策速度不够快。如果决策速度能更快些，并给予事故发生地更多的权力的话，至少可以有效抑制危机蔓延。这11位董事包括董事长、社长、5个执行副社长和4个负责业务发展、会计、融资以及外部事务的经理。尽管董事会成员名额缩水，丰田却增加了地区管理者名额，人数从13名增加到15名，以促进"地区自治"。"地区自治"旨在给予地区更多本地决策权力，使决策更接近问题源头。

无论是在旧体制还是在新体制下，所有的董事会成员都要多次经历领导力学习循环过程，在公司各个层级都有不凡的业绩。例如，董事会成员内山田武（Takeshi Uchiyamada）成功领导一个全球研发部门进行重组，进入汽车领域，他本人也成为第一代普锐斯混合动力车之父，先后负责过生产工程、生产控制和物流，最后成了全球汽车工程首席执行官。一个高层管理者有如此丰富的业务经历在别的公司是很少见的，可是丰田董事会成员个个都是这种T型领导者：他们可以快速担负起公司的一种职能，构建起敢打必胜的团队，确定优先发展领域，在各种不同的环境和专长领域实现自如领导。在丰田，成为董事会成员的唯一办法实际上就是成为业绩斐然的T型领导者。

制定丰田高层目标的实际上是董事会成员和高层管理者，而不仅仅是首席执行官和一小部分与他关系亲密的追随者。董事会成员会亲自深入公司调查现状和各项业务的运营情况，这是丰田流程与众不同的另一个原因。为了遵循现地现物的原则，每一位董事会成员都要定期到生产现场了解情况。未来一年目标的计划起始于对当年目标的检验。美国工厂、工程管理部门以及经销商看到有日本管理者来实地查访，就知道他们来的主要目的是掌握第一手资料为下一年的目标制定做准备。丰田章男于 2009 年 6 月被任命为社长，此前的几个月里他会突然出现在公司某个地方：突然出现在丰田销售部门、工厂以及经销店里，让美国人惊讶不已。他并不是在进行正式走访，只是问一些细节问题，查看一下操作流程。在欧洲、中国以及世界的其他地方他也是这么做的。

董事会议，无论是正式的还是非正式的，都非常重要。但是，董事会议之外的事情则更为重要，因为所有的董事会成员都深谙丰田之道。董事会议之外各位董事会成员做事的方式与多数美国管理者所预想的完全不同。在丰田，每位董事会成员或者是高层管理者都要负责一件会议中列出的具体事情，在董事会议之后着手进行解决，收集各方意见，努力促进达成一致见解，然后在下一次会议时向董事会汇报。

这是通过根回（nemawashi）来验证并促进思想发展的全过程。nemawashi的表面意思是"移树前，深挖根"。在日本文化中，根回是在后台运作的非正式过程，为一些预期的改变或者项目奠定基础。在日本召开的会议都是非常正式的、公开的，在这种情况下如果一份精心准备的建议被否决将是一件很尴尬的事。所以在向会议提交任何正式建议之前，领导者都会深入实地，搜集必要信息，和员工一道分析问题，对提出的解决方案逐项进行论证。通过一系列论证对建议进行修改，最终达成一致见解。

在丰田，什么算达成一致见解，什么不算，很值得展开说明。达成一致并非要每一个人都同意，这也是不可能的事情。在丰田达成一致是指每一个人都认为自己的见解得到了尊重和倾听，受到了严肃对待。根据根回的要求，在提交董事会之前，领导者会把该建议在公司内各阶层进行试验、修正和改进。这样做会极大地提高建议得到董事会批准的可能性，防止在公司各个层级出现不愉快的意外。领导者获得分享自己想法的机会，而且董事会采纳的任何建议都是任务的最终实施者所熟悉的。

所以，公司目标并非由一小撮内部人员制定的，也不是由一群并不了解情况的专家型外部董事会成员制定的，而是由公司阅历最丰富的专家型人员集体制定的。这种制订计划、达成一致的过程对于成功实施方针管理至关重要。在丰田，人们常说，计划制订得好，相当于 60% 的工作都做好了。让人们深入思考可行方案并挑战自我达成一致的过程和具体的目标同样重要。如此看来，分解目标这一说法其实不是很恰当，实际的做法是通过根回的准备阶段，让各种建议在提交审议之前在公司内部进行充分测试。当公司高层最终确定 10 年愿景（或者 5 年计划）的时候，该愿景已经在公司内部得到了充分的信息反馈。因此可以说这一过程也是从下至上的。这是丰田另一个从上至下与从下至上相交汇的地方。年度计划一旦确定就成了基准，可以确保为实现全局目标采用合适的方法，采取切实的行动。

"全球愿景 2010"是在世纪之交制定的。然而在媒体报道中，"全球愿景 2010"被过度简单化，主要集中于宣扬社长张富士夫实现 15% 全球市场份额的这句话。其实完整的愿景要丰富得多：遵循公司指导原则，成为汽车行业最受尊重和敬仰的公司。

1992 年正式推行并在 1997 年修改的指导原则，是在丰田佐吉最先提出的 5 项主要原则基础上发展起来的。这 5 项原则是：追求荣誉；为社会做贡献；通过富有创意的管理追求发展；创建促进个人创造性和团队合作的企业文化；协同所有合作者为实现共同发展和共同利益而奋斗。"全球愿景 2010"反映了上述原则并强调了以下 3 个方面：

（1）展现作为世界领导者所具有的责任感。

（2）通过根回和技术创新服务于社会。

（3）与员工共享繁荣。

从长期愿景到中间阶段的计划

"全球愿景 2010"的核心内容是成为汽车行业最受尊重和敬仰的公司。这一愿景相当模糊。方针管理的下一个阶段就是把这些模糊的目标进一步具体化，并在此基础上制订出切实可行的覆盖 4 ～ 5 年的中期计划。张富士夫提出的实现 15% 全球市场份额使"成为汽车行业最受尊重和敬仰的公司"的目标具体化，公司人人都触摸得到。由于丰田汽车的市场需求稳步增长，公司在这 10 年的尾声完全有可能实现规模翻一番。所以这一个对外界公布的目标同时还是一种预测。目标并非 15% 的市场份额（这并非董事会所关注的衡量标准），实现了 15% 的市场份额只能说明公司完成了为实现"成为汽车行业最受尊重和敬仰的公司"的目标所必须完成的一项重要任务。不过，如果把目标以数字的形式对外公布，就会成为关注的焦点。因此一定要未雨绸缪，对领导者进行培训，使他们能用正确的方式对外公布情况。

　　这再一次说明为什么方针管理的成功要依赖公司有成熟的领导者。很多公司都因不惜一切代价追求市场份额而元气大伤（这样的例子不难找，通用汽车就是）。单纯追求市场份额绝对会使公司以牺牲质量为代价削减成本，减少对员工培训的投入，或者以低于生产成本的价格进行销售。例如，美国汽车公司为促进销售最常用的做法是以成本价格把汽车卖给汽车租赁公司（即批量销售）。这样做既不盈利还损害了公司的声誉。当然，这样的行为同样无益于实现"全球愿景 2010"，而且更糟糕的是，这种行为还违反了丰田模式的原则。董事会之所以制定 15% 的市场份额目标是因为它相信公司上上下下都会以正确的方式追求 10 年愿景。

　　自该数据公布以来，局外人经常会误解这一目标和丰田的各种举措。2009 年年初，当有消息传出丰田章男将取代渡边捷昭任丰田社长的时候，媒体紧接着就报道说渡边捷昭被取代是因为在经济萧条时他过分追求公司目标导致丰田过度扩张（在 2009 财年，公司公布了 50 年来首次年度亏损）。

　　然而在丰田内部，董事会对渡边捷昭的领导是非常认可的：他领导公司实现了既定发展目标，其任职期间是丰田历史上盈利最多的 4 年。在前面已经详细分析了丰田目标的制定过程，所有决策都不是个人行为。渡边捷昭作为当时的社长，对经济萧条中的财政损失负有责任，这是毋庸置疑的。但是客观地说，他所犯的错误比起其他的董事会成员不多也不少。例如，当张富士夫宣布 15% 的市场份额目标时候（实际上是继续推行其前任奥田硕的经济发展战略），渡边捷昭是董事会成员之一，为促进目标达成起到一定的作用。当渡边捷昭担任社长的时候，丰田章男也是董事会成员之一。不过，2010 年

11 月召回危机中在莱克对丰田章男的一次采访中，丰田章男进行了深刻反思，他认为要做的就是再次强调公司的目标：

> 我们的员工有时候把目标和手段混淆起来，这一点我注意到了。对丰田来说，目标是以汽车行业为载体对社会做贡献。作为一种达成目标的手段，为了获得资源进行再投资，我们必须销售更多的车辆。可是如果把销售和利润置于目标之前，我们就会犯很大的错误。

在把"全球愿景 2010"转换成切实可行的计划的过程中产生了很多目标和衡量标准，15% 的市场份额只是其中的一个。在这样一家全球性大公司里，愿景具体化可以把地区性公司尽快实现自力更生的迫切性传达下去。总的来说，在丰田是由日本总部向如北美这样的地区性公司源源不断地提供支持、训练者、技术、工程和生产能力的，董事会认为这其实已经限制了总公司在除总部外的其他地区的发展能力。为支持不成熟市场的发展，北美、欧洲和其他市场成熟的地区性公司必须采取重大举措，实现自力更生，促进在全球范围内实现资源合理配置。图 5-3 显示的是以指导原则为基础的完整分解过程：从公司宏观愿景到 5 年中期计划再到所有组员的年度方针管理。

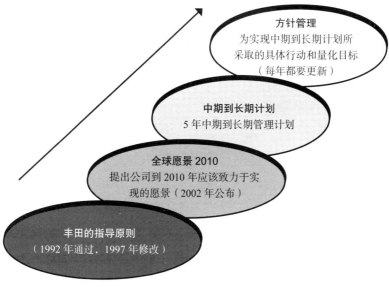

图 5-3 从全球愿景到方针管理的分解

丰田北美公司转化"全球愿景 2010"的全过程

我们下面就举出愿景转化过程的一个具体例子。丰田北美公司在拿到"全球愿景 2010"后把它转化成了 10 年内切实可行的计划，然后以公司年度目标为基础，把这些计划分解成年度计划。在北美，丰田北美公司总裁酒井敦带领北美全体领导者实地考察，对怎样才能实现"全球愿景 2010"进行了大讨论。该愿景包括但不局限于 15% 的市场份额（见图 5-4）。图 5-4 展示了北美领导者制订出的反映"全球愿景 2010"精神并展现北美公司自身愿景追求的计划。该图被设计成了一辆汽车的鸟瞰图，中间部位是"丰田是一家"和"自力更生"的愿景。现实状况和理想状况之间的差距是巨大的：那个时候，丰田北美公司被分割成好几个部门，很多部门都高度依赖日本提供技术和领导。工程部门、生产部门和销售部门从建立之日起都是独立运营的。北美公司作为丰田海外分支的成熟机构，将带头实现自力更生。为了做到这一点，它们需要在北美建立一个整合起来的丰田公司。

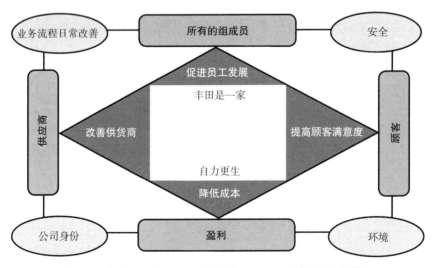

图 5-4　北美公司的 2010 年愿景：15% 的市场份额在哪里

北美领导团队仔细研究了"全球愿景 2010"，确定要实现公司的愿景目标必须致力于 4 个领域的发展，即提高顾客满意度、改善供货商、降低成本和促进员工发展。北美公司要想发展，必须生产出质量更好、成本更低的产品，并促进现任领导者发展，使他们在公司发展的过程中能够促进新的成员发展。丰田要实现全球发展，北美公司就必须实现自力更生，让日本丰田总部能够集中精力用在世界其他地区丰田式领导力的发展上。在"全球愿景2010"转化过程中最突出的一点是北美公司的愿景对 15% 的市场份额只字未提。而且随着时间的推移，北美领导者甚至很少提及 15% 的市场份额。如果北美公司把该为顾客做的事情都做了，即促进团队成员的发展，实现盈利为进一步发展奠定资金基础，巩固供货渠道，那么丰田汽车的市场需求肯定会增加，丰田高质量的供货能力也肯定会增加。

丰田的方针管理实施日程

　　每年 1 月份，丰田社长都要进行工作汇报，回顾上一年工作，总结商业环境和趋势，描绘未来蓝图，预测公司未来一年将要面临的挑战。这是完整的方针管理必不可少的一部分。从 1 月份到 3 月月底是制订详细方针计划的阶段，从日本丰田总部一直到各个国家和各个部门，再到工厂，最后到工作组都在进行此项工作。4 月月初（丰田财政年度的起始月份），方针管理目标已经在全世界分解完毕。

　　从北美公司的立场看，到了 2 月中旬，生产、销售和工程目标都已经确定。到了 2 月月底，北美公司的生产目标已经在工厂完成分解。工厂然后开始在内部各部门之间分配目标。在部门目标制定和实现目标的方法上，各个层级都要达成一致意见。这一点至关重要，否则就没有真正的计划，只是空想。各个层级的管理者和执行者都应负起责任，开拓创新。职位越高，创新的范围就越广。

　　把北美公司的目标在不同厂家进行分解时涉及很多接传球过程，在工厂各部门之间分配目标时也涉及很多接传球过程。因此，在目标到达工作组的时候，他们所要做的主要是探讨实现目标的方法以及如何把目标分解成具体的关键绩效指标。这是整个过程中最具创新性的一环：要深入把握现有的问题，寻求解决方案，以改善过程，从而实现突破性目标。

到了 3 月月底，也就是新的财政年度马上就要开始的 4 月 1 日前，方针管理在全球各个层级都已经分解完毕。整个过程持续 3 个月。实际上整个过程从上一年秋季就已经开始了。我们见过很多公司仅通过一场外部会议就完成整个分解过程。非常明显的一点是，根本就没有接传球过程，其实这等于缺失了最为重要的一环，即在把宏伟目标分解成具体标准和适用于各个工作组的工作计划过程中，应有的创造性思考缺失了。真正的方针管理是富有创意的过程，是促进各级员工发展的过程，是需要付出时间和精力的过程。

各个层级就实际目标达成一致的接传球过程

我们在前面讨论过的接传球过程有着重要的作用：不仅可以使公司与地区目标细化，还可以检验整个方针管理过程。挑战精神是丰田核心价值观的重要组成部分：丰田希望每一位组员和领导者都能挑战自我。不过丰田也明白如果制定出的目标遥不可及同样不会有好的结果。通过接传球过程，各种情况，包括年度和中期目标是否可以实现，是否要重新调整事项的优先级，以及是否要对资源进行重组等都可以在各层级之间形成反馈。

总的来说，当高层目标在公司内部进行分解，并转化为更加具体的切实可行的计划之时，接传球过程涉及多次的讨论和修订。对参与方针管理过程的每一个层级（正如我们前面所提到的，目标只分解到丰田认为其领导者有足够的技能和经验进行管理的层级），上级领导者都要协同下级领导者制订实现具体目标的计划。例如，一个工厂也许会有把受伤案例的数量减少 15% 的目标，但这并不是说，工厂各个部门都要同等数量地减少受伤案例的数量。工厂有些部门可能已经减少了很多，再减少 15% 不再现实，而其他稍微滞后的部门则有可能要减少 15% 以上。在接传球过程中，上级领导者为了实现工厂目标必须把责任进行分解。再声明一下，分解过程的成功既依赖上级领导者对自己所属领域了如指掌，以使公司目标切实可行；同时还依赖下级领导者有迎接挑战的意愿，能够用正确的方式寻求发展。在一个没有浓厚文化氛围的公司里，低层级的领导者会千方百计地制定较低目标。在这种情况下，接传球过程就失去了应有的作用。

为了说明接传球过程是怎样起作用的，下面让我们来看一个活生生的例子，了解一下2005年印第安纳公司是怎样就生产目标展开协商的。北美地区生产目标（是在北美领导者与总部接传球过程中确定下来）最初由北美公司负责生产的各职能部门在各个生产场地之间进行分配。北美公司各个职能部门依据对各个工厂情况的了解制定目标。他们分配给印第安纳公司的2005年目标要高于平均水平。原因是，在过去的一年里印第安纳公司推出一种新的塞纳小型面包车，尽管在推出一种新车型的时候，新的工种要经历很多日常改善，产生很多浪费，不过这都是正常情况。还有就是，在新车型推出的第二年，通常会产生巨大的生产收益，而职能部门期望的就是印第安纳公司能实现这种收益。可是，印第安纳公司的领导者却制定了相对较低的2005年生产改善目标。他们的理由是，由于印第安纳公司新推出的车型很受欢迎，员工每天都在加班，忙得连必须进行的日常改善都无暇进行，因此无法实现生产上的巨大突破。加里作为负责生产的执行副总裁，职责就是积极参与接传球过程，达成可接受的生产目标——既可以让丰田印第安纳公司接受，也可以极大地促进北美地区生产目标的实现。

表面看来，这是很常见的事情：总部要求的改善目标过高，分部不接受，于是管理者介入，通过协商寻求妥协或者仅仅是做出一个决定。可是丰田这个案例并非与传统做法完全相同。为了真正了解发生的一切，我们需要回顾一下2004年加里和高管团队走访印第安纳公司时的情况。在那次走访中，加里曾驻足观看工人组装塞纳。他当时就明白这家公司为完成年度生产目标已经是筋疲力尽。而且他还看到了很多环节都可以减少浪费。他把自己的所见回馈给当时印第安纳公司的资深副总裁诺姆·巴方诺（Norm Bafunno），并预测工厂可以毫不费力地砍掉生产线上 50 个甚至更多的岗位。

　　加里建议印第安纳公司利用操作员平衡表寻找改进生产线流程的切入点。操作员平衡表是一种可视表格，可以显示出各个工种相对于生产线速度所需的工作量。这种平衡表基本都是柱形统计图表，柱子代表某一个指定流程（比方说组装线工作）中的所有增值类工作和额外工作。增值类工作对顾客有着直接的积极影响，而额外工作涉及一些浪费，如伸手拿工具或者行走。柱子的高度由完成该流程中某一工作所需的时间决定。丰田用磁条代表流程中的各种工作元素，其高度与所需时间成比例，这样工人们可以亲自把各种工作元素贴到白色板面上，看看哪个柱子高于产品线速度（即工作量太大），哪个低于产品线速度（即生产量过小）。然后把资源在工作之间调配，实现工作平衡，使所有的工作都能接近产品线速度。绿色磁条代表的是增值，红色磁条代表的是浪费。这样一来，整个团队在同时为减少浪费而努力，从而可以减去一个流程。

　　操作员平衡表是一个很了不起的工具，可以让很多员工了解各种工作元素是怎样分配到各个工种的，并找出减少浪费的方法。那个时候加里依然是肯塔基公司的总裁，他提出要从他们公司派几个自己的员工到印第安纳公司待上几个星期以帮助建立试点区域，教工厂员工如何减少浪费，重新实现生产线平衡。结果达到了预期目标：在一个小范围的试点区域就减掉一个流程。

　　因此在制定 2005 年目标的时候，加里知道印第安纳公司面临很多的契机，同时还知道那里的员工目睹了无障碍流程操作，已经有能力自己进行运作。可是加里还知道他们要做的事情还很多。印第安纳公司生产的产品很复杂，既生产坦途卡车又生产红杉 SUV 和塞纳小型面包车。而且这些车型还有各种变异，涉及的零部件相当复杂。公司没有附属仓库，因此产品线需要的几千种零部件散落在各个地方。零部件找不到是常见的事情，而且在这方面公司已经浪费了大量的时间（这就意味着很多 B 类工人和领导带宽都没有用在提高生产力上）。另外，由于所有车型的销售情况都非常好，因此生产量很大，工人要大量加班才能满足需要。所有这些因素，再加上劳动力年龄相对较年轻，最终使加里认定北美公司所制定的生产目标实际上是不现实的，不过印第安纳公司也可以比原先估计的情况做得更好些。于是他制定了一个印第安纳公司依然需要竭尽全力才能完成的全新的目标。不过印第安纳公司的领导者在参加董事会议时心里宽慰不少（公司的目标最终在会议上获得了通过）。这就是整个接传球过程。这一过程与常见的管理协商过程的不同之处在于：

（1）由于加里进行实地走访，对公司情况了如指掌。

（2）他作为肯塔基公司的领导者也经历过目标分解，也曾为实现目标而努力过，因此能对印第安纳公司将心比心。

（3）他向员工传授技能，帮助他们实现目标，给予了实实在在的支持。

（4）所使用的各种工具（在本例中使用的是操作员平衡表）都是为了让员工们意识到浪费并就消灭浪费达成一致意见，使整个团队为实现目标充分发挥创造性而设计的。

通过可视化管理进行跟踪和检验

方针管理在公司内一直往下分解，直至分解到每一个从事增值类工作的员工身上。到了这个阶段，工作组就参与进来，制定本年度具体目标并制订详细的目标实现计划。目标是非常重要的字眼。最终，工作组的每位成员都必须明确目标是什么，以及正在做的工作和目标之间有什么关系。这并不难理解：如果目标不明确，工作就无从下手。在有些情况下，目标和现实之间的差距在工作展开的时候就会变得清晰起来。例如，以生产节拍为基础，通过一个简单的平台就可以显示出生产的产品数量和目标数量之间的差距。在其他情况下，目标必须用图表的形式呈现。因此丰田才会如此重视以可视化工具进行日常管理（参看第3章内容）。日常管理使员工们把精力集中在目标上：让他们通过回头看前一天的业绩，对现实状况和目标之间的差距有清晰的把握。

肯塔基公司使用的一种方便日常管理的工具是车间管理发展系统（FMDS）。[4] FMDS的核心是可视化管理系统，它可以把各个工作组的每日工作进展情况和工厂层级的衡量标准联系起来。在生产区旁边辟出空地用来每天开会，领导者把图表和做了有色标记的信息都展示在这里。在工作组这一层级，对目标完成情况进行衡量的工作由安全、质量、生产、成本以及人力资源等部门的主要管理者组织。然后相关数据一级一级向上呈报，先传到分管部门，再传到厂部（见图5-5）。该图显示出了统计数字与要实现的目标之间的关系，并用有色磁条来彰显哪一个过程达到了标准（绿色），哪一个还没有达到，不过已经在改善过程中（黄色），哪一个没有达到标准，需要立即采取措施（红色）。

正如我们所提到的，丰田只在有着成熟领导者的层级推行方针管理，因为只有这样，领导者才能采取相应的措施管理流程，做出贡献。一个具体的例子就是印第安纳公司。公司的高层领导者都参与实施目标管理过程，但是在公司建立最初的很多年里，目标并没有分解到工作组。这样做的一个主要原因就是工作组缺乏成熟的日常管理系统：可视化管理能力很弱，工作组及其领导者们都没有接受过丰田问题处理方法的培训。

印第安纳公司把经济萧条看成引入FMDS和提高日常管理能力的契机。这样，丰田问题处理方法第一次从高层一直传达到组长和员工层级，每一个小组都使用丰田问题处理方法解决问题。印第安纳公司终于具备了必需的能力，首次实现了从高层到工作组层级全员参与方针管理过程，而此时候公司已经建立10年了。这并不是说印第安纳公司落后。其实该公司获得了巨大的成功，几乎每年都要赢得质量大奖，销售业绩也令人震惊。但是这些情况却导致经常性的加班，搁置了必要的投资，没有机会把方针管理推行到工作组层级。值得一提的是，它并没有就此停下，而是不断推进，最终使方针管理成为一个真实的活生生的机制——这是很多公司想都没有想过的事情。那些在经济萧条中裁减员工的公司其实错失了黄金的发展机会。

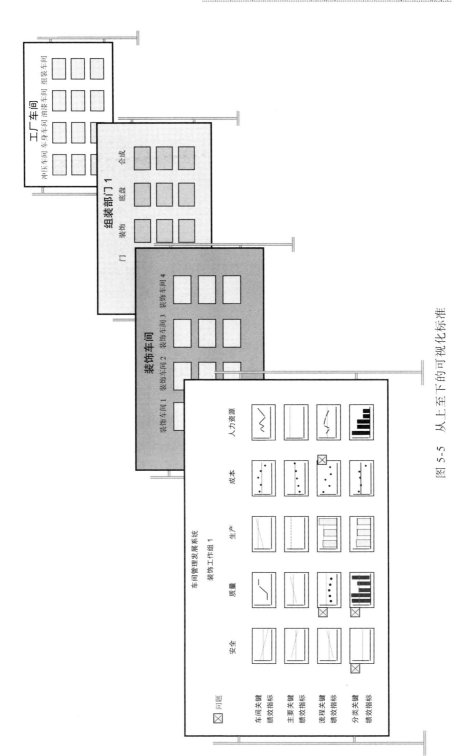

图 5-5 从上至下的可视化标准

方针管理与激励

不难看出来，方针管理需要各个层级的积极参与。确实如此，让员工每日都遵守各种详细标准，按照固定的问题解决流程兢兢业业地工作，既注重每日产量又注重实现改善，这是很多公司梦寐以求的。很多公司都想知道怎样才能做到这些。这就涉及多数公司最感兴趣的一个话题：认可与奖励。

只要员工按照正确的方法完成工作就会得到奖励，这种像喂小狗一样的方式，是丰田竭力避免的。为自己的小组做出贡献，让磁针在趋势图上攀升会让员工产生很强的满足感。不过能主持一次质量攻关会议却是组员更为在乎的工作经历。当然，这并不是说员工在完成任务的时候就不再需要认可和奖励。丰田员工非常重视对小组和公司的奉献，而不仅仅是个人目标的实现，因此各种奖励措施侧重于更高的层级而不是员工本人。依照公司业绩和工厂业绩经常会以工厂为单位分发大额的奖金。管理奖金依据工资标准发放，同时还要参看公司业绩、工厂业绩和个人目标的实现情况。个人目标单靠个人的力量也是无法实现的，因此加薪、奖金和升迁反映的都是整个小组的成绩。实际上，在业绩评价中，一个人如何为实现目标所做出的努力和实现目标是一样重要的。

遗憾的是，太多公司把方针管理当作权宜之计，只求获得最低限度的效果。我们听到很多管理人员说："方针管理就是我们所需要的，终于可以使精益流程产生经济效益了。"他们把方针管理看成外在的激励工具，可以用来让员工集中精力实现业务目标。他们很快就找来顾问，然后开始实施所谓"方针管理"。不过对他们来说既可能是一种运气，也可能是一种不幸的情况是：很多顾问都很乐意帮助实施方针管理，挣点收入。他们会向管理者承诺，通过接二连三的深入实地走访，很快就能见成效。他们的着重点在于完成一种表格。这种表格把各级目标连接起来，有时候叫作"X图表"。[5]

可以说，方针管理是一剂良药，可以制定出正确的目标和标准，确保长期的竞争力。但是把一个层级的目标和另一个层级的目标连接起来的花哨的图表并不能使员工变得训练有素、富有创意、致力于发展。如果组长和小组长没有高超的问题解决能力，不能积极引导组员取得进步，那么即便是一目了然的可视化标准板也起不了多大作用。工作有标准至关重要，因为没有标准就无法衡量进展情况。

我们从未见过丰田使用 X 图表，加里也从来没有填写过一张表格。为了调查一下这种情况是否改变了，我们采访了马克·里奇。他在丰田北美公司的计划部门管理过组长和小组长。他的回答果然不出所料：

丰田不推行这种方法。这种方法听起来很好，其实却没有必要。在丰田最重要的是，方针是一种通过问题解决促进协调（横向的和纵向的）和员工发展的工具，因此解决问题的方式并不烦琐，而是面对面讨论（纵向的从管理者一直到组成员，横向的要跨各部门），对公司目标进行分解，并致力于实现。X 图表可能会演变成"勾画一个选项"的简单做法。方针管理不在乎报告的形式，而在乎管理结构和文化。没有这些，任何形式的图表都无异于浪费时间。

这可以归结为一句话：没有有效的日常管理和日常改善机制，目标改善就是短期的不可持续的行为。日常管理是检查实际进展和目标之间差距的过程，可以让整个团队都积极参与问题解决。目标既是发展员工，也是取得效果。这种情况我们将用图 5-6 这一假设图进行说明。就我们所见过的，方针管理加上日常管理和日常改善可以促进公司持续发展，具有明显竞争优势。即便没有方针管理，已经建立起日常改善和完善日常管理机制的公司同样可以实现持续发展，只不过发展水平较低而已。我们见过的最糟糕的情况是，一个引进方针管理的公司既没有日常管理机制，工作组级的日常改善能力又很差。就这样，一个公司完全凭借意志之力，竟然实现了很高的目标。可是资深管理者和过程改善专家却并不看好这一切。事实情况也确实如此，公司整个运作系统最终陷入瘫痪，业绩也开始回落。

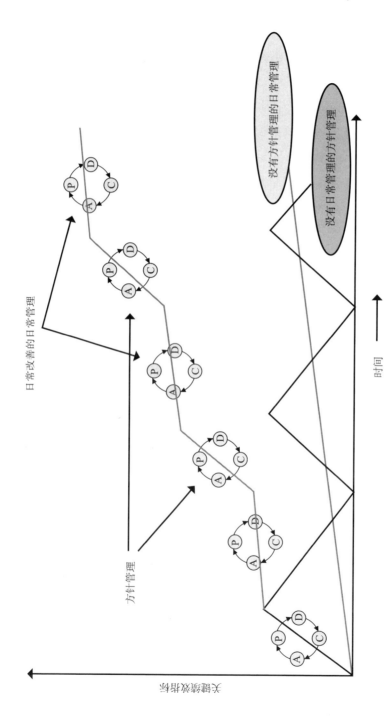

图 5-6　方针管理和日常管理之间的关系

我们常会看到，领导链上的中层领导者和基层领导者是一个薄弱的环节。通常这些层级的领导会匮乏到严重贫血的程度，仅有的一些员工为了维持生产运行每日如救火般忙碌。精益资源配置随着商业周期波动起起落落，公司也会随之经历起始和终结。在低潮时期，这样的公司裁减人员；在高潮时期，它们引进人才，整个发展又从零开始。不幸的是，它们急于看到结果，缺乏耐心，不愿意在员工身上投资，不努力让他们掌握实现这种结果的技能。印第安纳公司在共同的理念下领导层达到高度一致，具有很强的领导能力，尚且花了10年的时间才达到了这种水平的配置，那么其他公司就不该期望通过精心组织几次外部会议就能实施方针管理。

实施中的方针管理

我们可以从头至尾看一个例子，这将有助于更清楚地了解丰田的方针管理过程。在这个例子中，我们将了解"全球愿景2020"在北美公司分解到基层车间的完整过程。正如我们在前面所提到的，"全球愿景2020"的不同之处就在于强调自力更生。因为北美公司是丰田海外最成熟的公司，所以对它的期望是最高的。

通过内部标杆管理培养领导者，实现自力更生

为什么丰田会把内部分享成功的做法当作实现自力更生的必经之道呢？原因在于其目的是促进北美各工厂之间互相学习。不难想象，现地现物的方法促使人们在工厂与工厂之间大量走动，让组长、组员和各级管理者都从经验丰富的丰田厂家那里学到很多技能。可是，当透过自力更生的凸透镜查看这一切时，就不难发现，经验的传输基本上只朝着一个方向，即从日本传输到北美。即便是北美各工厂之间对在日本工厂学到的东西也没有进行完全的分享。

资深领导者都坚信，如果北美的专家和管理者对最好的做法进行深度交流的话，将有助于增强公司创新水平，减少在创新上对日本的依赖。于是这

些领导者定下目标：进行深度学习，不同工厂的相同技术部门就最好的做法进行交流，如油漆车间对油漆车间、冲压车间对冲压车间、塑料车间对塑料车间等。

2005 年，加里和加拿大公司总裁雷·谭桂受命要率先发展成为北美自力更生的典型。加里负责 4 个部门：质量、过塑、动力传动（所有的引擎线和传动）和冲压；雷负责其余 4 个部门，其中包括生产控制。他们从每一个工厂选择一个副总裁来负责一个部门。对这些副总裁来说，这也是需全力以赴才能完成的任务，因为他们要横向领导北美的同事们。加里和雷意识到仅仅靠鼓励各工厂之间互相学习是远远不够的，这很容易流于形式，无益于促进业绩改善，而且谁应该向谁学习也很模糊。

于是加里和雷给这些副总裁一项重要的任务：把各个职能部门的关键绩效指标标准化。这项工作包括的核心的指标如成本、质量、生产等，同时还包括流程指标。后一个指标可以说明某一个流程的运行好坏程度。关键绩效指标一旦确定，就可以被用来评估各个车间的业绩，并帮助每一个车间确定该向什么车间学习什么。如果一个好的做法被一个车间学会，并带回原来的车间，就会促进各项关键绩效指标有很大的提升。

这些流程被分成两类：日常管理类和新车型的准备与上市类。新车型要上市，负责产品上市的团队里就要有新车型代表。这些员工分别负责上市的工具、方法和可视化管理方法。

丰田把最好的做法进行推广叫作"拓展"（yokoten），意思是"向四处传播"。拓展通过直接接触进行传播，但这并不是说接受者就要简单地复制一种做法。对于那些全心全意践行日常改善的人来说，很容易就能想到办法把某个好的做法加以改进、调整，使之在不同的环境中产生更好的效果。在拓展过程中，接受者要负起责任充分了解自己的工作，知道这种做法在哪个地方能起作用，怎样才能得到改善。这个接受过程遵循计划—实施—检验—行动的循环规律，可以防止盲目照搬以及更糟糕的来自公司高层的瞎指挥。

关于拓展是怎样起作用的，一个绝好的例子是改进物料运输体系的过程。

这一点我们在第4章讨论过：美国人经过试验发现了这种好的做法，于是日本人向美国人学习。日本人之后又探索出更好的方法，从而进一步激励美国人积极地进行日常改善。拓展来来回回地进行，使这种做法变得越来越完善。但是如果 V. J. 和他的团队死板地照搬从通用汽车学来的"最优做法"的话，也就不会产生这样一种良性的过程。可惜的是，传统的最优做法的推广通常由公司总部进行组织，它们视创新为静止固定的东西，追求对最优做法的严格复制，而且还要经常审查以确保毫不走样地照搬。这些在很大程度上限制了日常改善。实际上，美国英特尔公司过去常常采用"完全复制"这种做法，直到后来意识到这种做法的局限性才换成了"灵活复制"。表 5-1 对传统的最优做法推广过程和丰田的拓展过程进行了对比总结。

表 5-1　最优做法的推广和拓展之间的对比

推广（由公司总部推行）	拓展（由各个部门推行）
寻找最优做法	搜寻环境以寻找好的办法
把最优做法和预期的效果形成文字	现地现物（深入实地查看实际情况）
把最优做法标准化	确认问题，掌握根本原因
推行最优做法	通过直接接触与他人分享学习所得
尽可能地在各部门推广最优做法	每一个部门都要多方位思考并把最佳解决方案付诸实施
对照搬情况进行检查	检查自己的结果并进行调整

注：推广＝不费心思地完全照搬；拓展＝认清问题，并寻找最佳解决方案。

制定关键绩效指标可以使工厂各车间之间进行横向对比，很容易在工厂形成浓厚的学习热情和积极的竞争氛围。以下情况时有发生：成熟一点的工厂里几个车间都很惊讶地发现自己已经远远落后于了年轻一点的工厂，也有年轻一点的工厂发现自己远远落后于成熟工厂的。于是落后的工厂立刻就会派出团队去绩效高的工厂学习。这种影响在新车型上市时最为明显。

在自力更生拓展目标制定出来之后，丰田肯塔基公司是第一个把新车型凯美瑞投放市场的工厂。该厂的新车型上市团队曾花费数月时间向日本实现最快速车型转换的工厂学习：这家工厂在 3 天之内实现车型转换，并达到全速生产。在当时的丰田肯塔基公司的员工看来，这是不可思议的事情，因为在前一次新车上市的时候，工厂花费了59天才恢复到全速生产（包括要排除所有故障）。工厂的员工知道他们不可能一步就赶上富有经验的日本总厂水平，于是他们制定了一个目标：把时间缩减为15天。

在向日本专家学习的基础上，经过几个月的准备，员工们觉得时机成熟了。在第一条生产线上（肯塔基公司有两条生产线），他们花费了16天时间实现车型转换，并达到全速生产。在此基础上，他们进一步进行调整，在第二条生产线上生产新的凯美瑞时就达到了15天的预定目标。尽管对肯塔基公司自身来说这一成就非同寻常，但是它们并没有达到自力更生的目标。北美公司依然要向日本公司学习。为了支持自力更生，凯美瑞上市筹备团队把整个过程以及所学到的东西和改善的方法全部形成文字，然后就投身到对北美其他工厂的培训中。下一个投放市场的车型是新联合汽车制造公司的丰田花冠。由于新联合汽车制造公司从肯塔基公司学到了很多经验，它们取得了更好的成绩。之后圣安东尼奥的丰田卡车工厂向肯塔基公司和新联合汽车制造公司学习，又一次获得成功，进一步刷新纪录。总的来说，新车型投放市场的拓展过程花费了好几年的时间，在实现自力更生的道路上取得了巨大的进步。

通过跨公司的方针管理实现"丰田是一家"

制定基准过程是受"全球愿景2010"影响实现跨公司合作的一个例子。除了生产流程之外还有其他一些流程也可以把北美所有公司都囊括进来。在分解"全球愿景2010"的过程中，加里作为主管生产的副总裁和高级管理人员，承担起了促进员工发展、达到让顾客满意的重任。他的一个主要目标是提升顾客满意度，涉及销售、生产、工程等部门，甚至是日本供应基地。6年之后，保修成本降低了60%。

这一工程由加里亲自领导。这在一定程度上是一种跨部门领导，是他从未经历过的，对他来说是一个严峻挑战。最关键的一点是丰田想让北美以2002年为基准把保修期的最初3个月内的返修率降低60%。这个目标由负责质量的一位董事在董事会议后以非常随意的方式告诉了加里，现在轮到加里寻找实现目标的方法。幸运的是，这是一个 6 年目标，于是加里把目标进行分解：每年减少 10%。可是即便这样在那个时候也是一个很艰巨的任务。在很多人看来，丰田汽车返修率在北美汽车行业已经很低，降低 60% 的目标是根本不可能完成的，而且各个部门单独、小范围的改进很难完成这个目标。加里于是决定大胆尝试，组织一个跨部门的团队。

在生产领域，缩紧质量流程可以有效降低返修率。加里自然要在这上面下一番功夫。可是要取得最大收益还涉及改变产品设计。北美特有的车型如丰田亚洲龙的负责机构是位于密西根的丰田技术中心（TTC）。加里很快与TTC 的总裁进行联系，沟通并不难，可是像凯美瑞这样的全球车型负责权都在日本，甚至还要牵涉到那里的供应商。为了协调此事，加里把北美销售、工程和生产部门的负责人召集在一起，甚至动用了他在日本的领导人脉。

在接到降低返修率这一任务之前，所有北美的生产、销售和工程部门要解决质量问题，都是单独与日本丰田汽车公司的工程部门联系，整个过程效率非常低下。由于新产品在全球的快速推广，日本工程师的工作已经达到满负荷，对于车型改变的请求他们往往会推迟到下一次大规模车型更换的时候再处理，而这要花上好几年的时间。加里和他的团队意识到在要求产品设计改变上北美公司各个部门必须统一声音。在把问题呈送日本之前，必须弄清问题的根本原因，确定需要重点解决的问题。在日本，他们需要一个切入点，能接受这些问题并把这些问题呈报给相应部门（内部供应基地），然后督促整个进程。而且他们还需要足够的资料来确定根本原因，需要来自经销商的资料（通常是经销商在相应的方框内打钩，问题描述常常很笼统、模糊）等。

他们在位于加利福尼亚州托伦斯市的丰田汽车销售公司总部新建立了一家顾客满意度中心，解决了切入点问题。该中心雇用了 1200 多人。依据丰田租赁规定，该中心的所有人都试开丰田轿车或者卡车。加里让他们把发现的质量问题反馈给中心的工程师，要求他们找到汽车质量问题的根本原因。丰田汽车销售公司的员工承诺，一旦有返修车的话，他们就会把更换下来的有问题的部件仔细进行研究。由于返修工作在该公司自有的车库工地进行，工程师可以直接与技工讨论出现的问题。这样工程师就可以得到可靠的第一手的详细信息，用来判断问题的根本原因。

丰田日本公司的一群工程师起了关键作用。他们每天通过视频会议了解北美所发现的细节问题。问题连夜传给日本的这些工程师，然后这些工程师再把问题转相关负责部门，包括供应商。就这样，一个详细的可视化跟踪系统发展起来，并对质量问题最后解决期限进行后续跟踪。丰田日本高层管理者终于关注到了这一动向。他们依据最典型的丰田问题解决方法，亲自走访加利福尼亚这一顾客满意度中心了解情况，对员工的努力给予了充分肯定，并开始思考能进一步帮助该中心开展工作的途径。传奇人物般的丰田董事会成员的定期来访，使整个北美团队受到了莫大鼓舞。董事会成员的造访还传递出很强的信息：公司最看重的是无可挑剔的质量和顾客满意度。

当然，对所涉各方来说，降低返修率成了年度主要方针管理项目。通过这些努力以及丰田的其他一些举措，该顾客满意度中心团队在 4 年里实现了返修率降低 40%，到 2009 年 1 月降低至 60%。这些人使丰田每年节省上千万美元的资金，而且免去了顾客送车来修的麻烦。通过这一过程，加里和很多领导者都发展了自己进行跨部门领导的能力。

结语

方针管理是丰田最强有力的管理方法，可以协调丰田在不同国家和地区的不同部门进行日常改善，从而积少成多，对公司发展产生积极的巨大影响。方针管理和 PDCA 的问题解决过程是交织在一起的。这种解决问题的过程可以防止出现简单化处理问题的情况：高层管理者只管发布命令，员工并不竭尽全力去执行。如果哪一个层级的人能在行动之前先问一下：问题是什么（即现状和要达到目标之间的差距），出现问题的根本原因是什么，那么这一层级的人肯定能制定出符合本部门发展要求的计划。公司各个部门的详细计划是完全不同的，但是都服务于共有的发展目标。由于各部门计划都把本部门的环境与能力因素考虑进去，这就使得计划对所属部门具有重要意义。这种制订计划的方法解放了全公司员工的创造性，从而真正实现富有创造性地解决问题。

在丰田，方针管理和促进人们发展是完全交织在一起的。方针管理给领导者制定了富有挑战性的目标，然后对目标完成情况进行检查。业绩评估既看重结果又看重过程。领导者在一年中也要定期接受指导者的监督、评判和训练，学习怎样应对挑战。丰田不鼓励用粗暴的方式迎合标准。即使激励员工的方法在一开始时并不能达到预期结果，丰田也希望采用这种良性过程。

丰田在北美推行方针管理的过程对其他公司来说是很重要的经验。丰田把方针管理当作领导力发展的工具。而目标管理主要被公司高层用作获得结果的商业工具："给我把成本降低10%，这是商业环境所要求的。"然后下属忙不迭地去完成这个10%的目标：常常要全面削减预算，根本不考虑某项预算有多重要。对那些正在努力推行方针管理的人们，我们能给出的最重要的建议就是要放慢速度。要因地制宜地推行方针管理，要随着领导者的成熟速度逐渐全面地推行整个管理过程。方针管理不能要求每个人都去照章办事，强制推行。在最初阶段，方针管理看起来与目标管理似乎并无差别，而且从上至下的特点也更明显。其中的很多接传球过程可能会局限于公司最顶部的3个层级。随着工作小组日常改善能力的逐渐增强，计划会变得越来越复杂，最终把从上至下一路分解下来的目标与组长甚至是小组长连接起来。

至此，我们可以得出一个关于丰田方针管理的重要结论：它与丰田企业文化密切相关。方针管理自身并不能把员工团结起来为一个共同的目标而奋斗。能做到这些的是浓厚的文化氛围，文化最为关注的就是让顾客满意。新联合汽车制造公司和肯塔基公司的领导者在最初几年里一直都在强调：绝不能为了降低成本或者贪图利润而牺牲质量。而方针管理正好强调了这样一种文化内涵：丰田是一家致力于生产高质量、低成本的产品，并及时交货让顾客满意的一家公司。因此，一家文化氛围不浓厚、员工各自为政的公司即便推行了方针管理，也难以达到上面的目标。

丰田式领导力扭转达纳的处境

大风大浪是对领导力的真正考验。风平
浪静时，所有船长都是好手。

——瑞典谚语

我们认为其他公司很容易误学丰田，例如它们关注工具而非文化，或关注标准而非领导力。但是它们也很容易排斥丰田的方法，因为这些方法对它们从未奏效。毋庸置疑，丰田文化有别于很多全球公司既定的标准和实践，甚至可以说是异类。即便是一家公司中对股东和董事会负责的最高层领导者，也很少能做到从长远着想、耐心培养员工和领导者、将员工视为宝贵的财富。

因此，丰田是否真的有值得其他公司学习之处呢？很显然，我们认为答案是肯定的，否则也就不会写作此书，这样回答绝不仅仅是因为希望提高书的销量。我们见到过许多向丰田学习并获得成功的真实案例（一些公司的成功持续了好几年，还有一些公司受益了 15 年以上）。学习的过程不能简单地划分成一张步骤明细单——这种避免失败的处方成为太多精益活动的特点。

因此，我们认为展示一家正在学习丰田之道和丰田式领导力模式的公司大有裨益，这家公司就是制造汽车零配件的达纳。

我们之所以相信其他公司也能从丰田式领导力模式中受益，是因为达纳做到了，它在最不可能的环境下做到了，那是大萧条刚开始、公司因破产而被兼并之时。我们之所以能够让你真切地看到一家拥有自己文化和实践的公司的学习过程，是因为加里是达纳这一过程中的重要角色，他先是出任该公司的首席执行官，后又成为副董事长，而且在我们写作本书的同时，他还是为该公司现任领导者提供指导的老师。

达纳的学习过程既不局限于操作员平衡表和丰田生产体系的培训，也不是按照丰田领导力模型4要素逐步培养的线性过程。学习过程更不意味着一家公司可以避免痛苦的选择和剧烈的变化。这个过程从建立丰田式领导力赖以发展和壮大的稳固的经济和管理基础以及文化氛围开始。在引进真正的精益领导力时，达纳展开了裁员和管理层变动，还进行了长期投资。第一步裁员和人员变动不涉及整个公司进一步的投入，可以理解，但是没有人会认为这一步举措值得庆祝。引进丰田式领导力将会有持续多年的投入，即使是在本书定稿之时，也就是达纳学习丰田开始3年半以后，达纳团队认为投入才刚刚开始。

达纳的情况和优先事项的设定

达纳作为汽车零部件全球供应商，其悠久的历史和荣耀可以追溯到1904年。和丰田一样，达纳的建立适逢工业革命的契机——工程学大学生克拉伦斯·斯派塞（Clarence Spicer）开明了第一个可以切实驱动汽车的万向节，于是他离开了康奈尔大学成立了公司，生产自己发明的产品。达纳逐渐成为大型的汽车部件供应商，为不同类型的汽车市场的卡车以及其他大型车提供底盘和传动链部件，包括轻便型载货卡车和运动型多功能车这样的轻型车辆、重型商用卡车以及施工车辆。截至2011年，达纳为全球26个国家的主要汽车制造商提供了100种设备。

和很多美国零部件供应商一样，20世纪90年代至21世纪初汽车行业快速的变化和剧增的竞争对达纳造成了重创；它还做了一些不明智的并购，结果造成大量被并购公司的破产。2006年3月达纳申请破产保护，直到2008年2月摆脱破产。

2007年，经历了20年通用汽车、福特汽车和近25年新联合汽车制造公司和丰田生涯的加里决定退休。他按照丰田惯常的退休方式，以半工半薪的高级顾问的身份在3年内过渡退休，在此期间，加里进入了多个公司的董事会。应达纳首席执行官兼董事会主席约翰·迪瓦恩（John Devine）之邀，加里加入了达纳董事会。迪瓦恩曾是福特汽车和通用汽车的首席财务官，考虑到市场对效率、质量、创新以及准时配给的高标准，他认识到达纳要想从破产中成功恢复过来，董事会中必须要有一位在配给方面有过卓越运营的成员。

加里作为董事会成员的职能之一就是帮助董事会挑选一位长期的首席执行官。考虑到自己的丰田生涯，加里提议由自己在短时期内担任首席执行官。达纳摆脱破产不久后的2008年4月，加里出任该公司首席执行官。

祸不单行，破产的考验似乎远远不够，很快，达纳又受到了三重冲击：钢铁价格涨到了以前的两倍以上（钢铁是达纳产品的主要原材料）；燃油价格翻一番导致卡车销售骤然下降；接踵而至的是受到大萧条影响而停滞的达纳主要市场的每一项细分产品，从施工设备到载人汽车。达纳得到了债权方以及破产法庭认可的精心部署的战略化为泡影，就连公司最坏的复出预案也不能承受这样的经济灾难。

加里应对此次灾难的可能措施可以用图6-1来描述。图6-1总结了丰田式领导力培养模式、面临危机的公司通常会采取的措施以及加里临危受任结合丰田式领导力培养模式和危机管理的方法。我们已经了解了丰田是如何经年累月地通过不断地严峻考验和指导对美国员工进行耐心地培养。但是面临生死存亡的公司没有那么长的时间，它们必须快速反应和决策，为公司谋得一线生机。它们通常会变动领导层，从外部聘请和公司内部人员没有人情关系的新的领导者对公司进行重组，通常这就意味很多人面临失业。通过大幅度的成本控制，它们也许能够达到一种财务稳定的标准，但是这种做法在绝大多数情况下会有损经营的长久稳定。公司文化发生剧烈变化，许多最有价值的员工离开公司（他们的价值体现在经验上），他们的离开或因为解聘，或因为自身能够谋得更好的工作。通常，当一位转型专家型的首席执行官不善于重建遭到破坏的组织结构并使之达到高绩效时，拥有这种能力的另一位首席执行官就会被邀请过来。

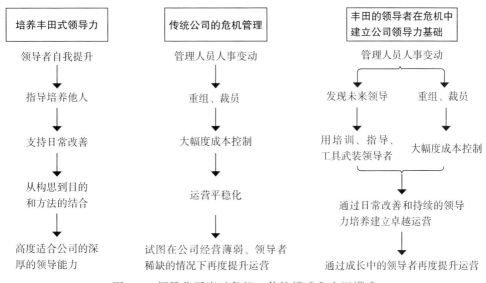

图 6-1　领导公司度过危机：传统模式和丰田模式

　　加里和达纳面临的考验是要找到第 3 种选择，既可以进行必要的重组和裁员解决公司的短期问题，也能够开始建立起有利于公司长远成功的领导力和卓越运营。但是残酷的事实是剧烈的人事变动有时是纠正忽视多年的问题以及建立起新的成功团队的机会。一些公司不会选择丰田的方法，即在低迷时期通过对员工培训和改善进行投入。[1]加里既没有经营分析知识，也没有轻松领导一家大型公司进行重大重组活动的经验，如关闭工厂、重新洽谈合约以及大规模减产。事实上，成为首席执行官对于加里来说本身就是一项新的挑战，需要快速的自我提升。

　　所幸，和加里共事的是有着多年汽车工业首席财务官和丰富的公司重组经验的约翰·迪瓦恩。迪瓦恩还聘请了一支管理达纳常规重组事务的团队。最终达纳原先的 12 名高层管理者被换下了 11 人，如迪瓦恩邀请在福特长期工作的鲍勃·马辛（Bob Marcin）担任执行副总裁和首席行政官。鲍勃在福特时和全美汽车工人联合会（United Auto Workers）打过多年交道，他负责合约的重新谈判、福利的重新规划以及迪瓦恩认为现任达纳高管不会做出的各种艰难决定。詹姆斯·约斯特（James Yost）则被聘请担任首席财务官，分析控制成本的主要机会，并在公司情况好转时负责新股票的发行。雅基·德多（Jacqui Dedo）作为首席战略官和采购官负责与中国东风洽谈合资公司事宜，为达纳在亚洲的市场份额从 4% 提升到 50% 服务。而参与所有运营改革的法务负责人马克·莱文（Marc Levin）则是唯一的在达纳长期供职的高管，他在经历了破产和改革之后进入了新的领导岗位。

有这组资深团队负责摆脱破产后的人事变动，加里得以通过精益管理模式消除浪费减少成本，并同时开始用他在丰田所学着手领导力培养和卓越运营的长期投入。

加里和约翰共同为达纳设定了 3 个首要事项：生存、建立新的责任制文化、奠定卓越运营和丰田式领导力的基础。显然，这不是分 3 步走的线性流程，而是需要齐头并进的 3 项举措。

加里明白人员重组和彻底减少成本是公司存活所需，但是他的主要技能组合和热情都在建设卓越运营上。开始卓越运营之前，加里知道自己需要两样利器：① 集热情、知识和能力于一身的领导者，领导组员消灭浪费，培养持续改善的能力；② 统一标准，以便他和其他领导者能够看到开展到哪、有何进展、需要将注意力集中到何处。

这家公司需要日常改善，但是需要在近期内做出重大变化。于是就有了一个全面简化的方针管理供达纳上下作为明细的参考，用以了解公司当前面临的考验和各自在其中的角色。

然而对快速行动的需求强调了对能够胜任管理链各层级的领导者的需求。发现那样的领导者是加里工作日程中的一个重要部分。他找寻的是当初自己受雇于新联合汽车制造公司时丰田所看重的品质：致力于卓越表现的奉献及学习新的思维方式和领导方式的主动意愿。虽然达纳有一些开放学习、愿意适应新文化的领导者，但是也有一些不愿意或不能够转变自己看法和方法并且站出来接受自我提升挑战的领导者。为了启动消灭浪费、提高产量和质量的改善过程，加里需要知识和经验兼备的领导者，他们能够快速上手（不损害长远发展），而且可以扮演内部老师和教练的角色来带动其他成员。

首要事项 1：生存

加里采取了任何接受过丰田培训的领导者都会有的做法，即立刻到现场查看以获得对达纳最直观的了解。该公司拥有历经数十载的持续改善项目，因此精益不是管理团队陌生的概念。但是正如加里所了解到的，由于破产期间缺乏高层管理者的忠诚度和他在丰田所经历的那种实现挑战性商业目标的热情，这些项目已经逐渐衰退。加里马上意识到若保持现做法不变，公司就无法生存下去。四大主要问题亟须处理：

1. **烟囱组织**。达纳有 7 个产品分支，在各自总裁的领导下独立运营，自负盈亏。只要这些总裁"达成数字指标"，他们就能够自主管理。在"一个丰田"方针下工作的经验告诉加里，达纳现有的做法严重阻碍了运营优化和产量：工厂之间不能相互学习，生产力也无法实现动态平衡，公司的不同部门很容易各自为政、目标相互冲突。

2. **冗余机构**。每一个产品分支都有其人员支持，工程师队伍、办公区、实验室以及测试设备都造成了巨大的固定开支，也局限了整个公司范围内的学习机会。

3. **生产能力过剩 / 工厂多但规模小**。达纳在 26 个国家拥有 113 家工厂，它们大多数都以低于实际生产能力的状态运营，而多余的生产能力却无法重新分配给其他的产品线。此外，运营的固定成本又让这些很可能持续相当一段时间减产的工厂不可能实现盈利。

4. **没有标准的运营原则或关键绩效指标**。从根本上来看，经理们运营工厂没有任何清晰的愿景，也没有加里作为公司高层能够参照的运营的基准线。大量的数据并不能清晰地告诉加里他该将精力落于何处才能够实现成本、质量和配给的更高效运营。工厂的经理甚至对自己管辖范围内的部门的日常运营也缺乏认识，因为结果的累积模糊了他们对产生结果的过程的认识。

急剧恶化的财务状况意味着没有时间来耐心地评估其生产能力或是逐个评价员工、工厂以及产品线。销量的快速下滑要求达纳必须降低成本，也就意味着要马上进行裁员、工资定级以及关闭工厂（尽管这本身是一笔昂贵的开销）。在加里成为首席执行官之前，约翰·迪瓦恩和他的团队已经开始了这项常规的公司重组，加里参与决策后，他们继续推行这项举措。有人说，约翰·迪瓦恩和加里的互补优势成就了带领达纳度过危机、迎接未来的超级首席执行官。

加里在快速减少成本的过程中的首要贡献是在倡导彻底改善、找到并消灭了一大堆问题的同时，依然建立起卓越运营所需要的领导力和精益流程，例如，质量和安全问题的改善。从能源到厂房，再到废料和库存，每一项成本都经过了仔细检查，不仅通过查看电子表格，还通过仔细分析各种快速削减成本的机会。就连现有的销售合同也经过了检查，多数情况表明达纳无法在现有的交易条款下盈利。大多数工厂经理面临了前所未有的新境况：零基预算。他们需要以预算为零作为出发点来判断每一项成本是否合理，而且他们被告知只有那些对生产客户所需产品极其必要的生产成本才会得到批准。

尽管这些举措很快降下了成本，但是截至 2008 年 12 月，经济衰退造成的严重的销售枯竭使得达纳无法履行一系列危机之前与贷方达成的协议。[2]债权人或同意修改契约书或强制达纳清算。在这一点上，经济衰退的严重性可能反倒帮了个忙：在没有买家收购的情况下，投资方和债权人是不情愿达纳清算的。所以最终达成了让达纳维持运营的协议，但前提是约翰和加里同意进行又一轮大规模的成本削减。达纳履行协议的进度每个季度都要进行检查，因此每个季度结束之前员工都会高度关注数字指标的实现。

这当然不是谋求长远发展和致力于尊重员工和持续改善的企业文化的理想环境，但是加里和约翰明白仅仅存活是远远不够的。成本下降，生产能力就会变弱，进而导致客户供给不足，为了摆脱这样的恶性循环，达纳需要全新的企业文化以及能够驱动卓越生产和设计的能力。

愿景的转变：长期和短期

我们强调，丰田的计划过程总是始于一种愿景。所以，我们会顺理成章地认为加里出任达纳首席执行官的第一件事就是形成 10 年愿景，但是他没有。为什么呢？

第一，全体领导者都集中在救活达纳这个问题上——若 12 个月之内达纳不复存在，那么 10 年愿景没有任何意义。第二，达纳在生产、组织结构和领导力方面都存在很多根本性问题，所谓 10 年愿景，太过空洞抽象。短时间内所需的愿景是可以清楚地揭示改善方向的短期经营哲学和短期财务指标。这些都表明，在降低成本是生存必需的同时，运营优化如准时配给、质量和安全也是需要关注的方面。回归建立稳定运营的基础就意味着解决眼下重大问题。只有当那些根本性问题正在得以解决（丰田称为"拨开云层"[3]），才有机会为未来塑造一种指导性愿景。第三，在某种意义上，约翰和加里只是达纳的临时监护人，而他们雇用和培养的新领导者才是未来 10 年引领公司的一代。下一代领导者需要在创建愿景方面起到积极的作用，在这批领导者上任之前塑造愿景实为浪费时间之举。

这并不是说要是放眼未来，现在就不需要计划或愿景。董事会共同的愿景就是达纳需要朝着卓越运营前进，于是加里快速建立起运营体系以及生产愿景。和丰田一样，达纳的本质是一家制造公司，它的兴衰成败都取决于其产品质量以及传递给客户的产品创新。于是达纳最终的临时愿景如下：

"通过传授和应用达纳运营系统、鼓励和融入每一位员工在此过程中的参与和支持，营造一种持续改善的企业文化，使达纳成为全球最好的传动系统制造商。"

你会发现达纳和丰田的愿景非常相似，当然，达纳效仿了丰田的做法，正如新的达纳运营体系是从丰田生产体系而来。作为中短期规划，这段表述为建立未来达纳卓越运营的新文化和根基奠定了基础。

首要事项 2：建立新的责任制文化

想要生存，需要达纳解决的很多问题根源都在于企业文化。现有企业文化纵容了烟囱组织；现有企业文化重自治、轻责任；现有企业文化引导员工的忠诚只限于自己的"烟囱"内，而不信任公司中的其他部门。

在一家公司内强制实施新文化是不可能的，因为一种新的运营模式需要经过多年的沉淀才能变成习惯。很多领导者是通过艰难的合并重组或人事变动才明白这点的。有天赋和远见的领导者往往会被根深蒂固的文化击败。但是即便耐心经营，新的企业文化也会被与这种文化相左的领导者和标准击溃。加里和约翰的第二个首要事项就是：确保对症启用合适的领导者和正确的标准，促成达纳新企业文化的建立。

当然，辨别谁是"合适的"领导者、什么是"正确的"标准是一项难题。加里自然要依靠他在丰田的几十年经验。合适的领导者是那些能够在自我提升的同时培养他人的人，是那些能够学习主导日常改善和重大变革的人，是那些能够带领团队始终朝着真北前进的人。正确的标准是那些容许自我提升和日常改善，并使组织朝着真北进步的标准。换言之，加里追求的是一个速成的领导力培养模式，用数月而不是几十年时间，建立起一个贯穿 4 个阶段的快捷通道。我们将会讲述达纳实现这一目标所做的事情，这不是一个严格的线性过程，许多事情都是同时发生的。

新矩阵组织结构　看似别扭，但是建立责任制的关键之一就是转变为矩阵组织结构。矩阵意味着领导者会有多个上级，这种做法有时候会混淆责任，但是实实在在地帮助达纳厘清了责任和义务。仔细看来，你会发现，无论是在生产部门还是产品开发部门，矩阵组织结构遍布丰田。[4] 但是矩阵组织结构奏效的一个关键因素是将各自为政的业务部门结合在一起，并且最大限度地简化它们。

众多的产品家族、工厂以及全球不同的分布区域使得达纳成为一个复杂的商业体。整个公司由 6 位总裁管理 7 条生产线的经营，没有独立分管生产的领导者，没有全球研发负责人，更没有区域总代，这 6 位总裁无从得知工厂的进度。在公司以往的传统中，总裁要关注的是财务而不是生产运营，因此这一重点体现在了现有总裁重财务而轻运营管理的技能体系中。加速变革过程要求达纳拥有一位能够负责所有运营部门盈利的人；生产部门和研发部门这样的主要职能部门各需要一位负责人；区域总代，每个人能够负责委派区域内所有工厂的运营优化，并向负责全球运营优化的副总裁汇报。这 3 种不同的要求就形成了一个 3 面矩阵结构。

在最初的重新调整中，6 名总裁被减为 3 名，分管 6 个不同的业务部门。制造工厂开始既要向一位分管全球运营优化的总裁汇报，又要向亚太、南美以及欧洲各自区域的总代汇报。一名首席技术官负责全球研发，全球市场营销则由一位战略和业务拓展高级总裁负责。虽然首先建立起一些新的管理职位，但是工厂和业务部门中重复的职位的取缔为达纳赢得巨大的节约。此外，有些职位随着时间的推移而取消。原先的 3 名业务部门总裁变成了 2 名，一位负责轻型车，一位负责重型车，其中一位还负责全球所有工厂的运营优化。

通过关键绩效指标努力促成结果

正如我们所强调的，标准不是解决办法，只是工具——对于像达纳这样面临生死存亡的公司尤为如此。约翰和加里需要在加快削减成本的同时提高产量，奠定新企业文化的基调，并快速找到方法评判达纳的哪些领导者能够、也将会适应这种新文化。新的标准是同时实现这些目标的一项工具。

第一步就是建立起适用于整个公司生产运营的关键绩效指标。加里组建的一支团队建立了一套强调运营优化的标准，并分别在每个业务部门的两家工厂试行。该团队基于收集的信息对这套标准进行了反思和修正，从而帮助完成了从所有地区买进股权。关键绩效指标（见图 6-2）清楚地表明关乎新达纳的是：成本、质量以及安全是所有问题中的重中之重。

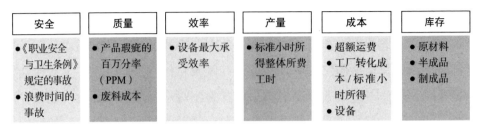

安全	质量	效率	产量	成本	库存
● 《职业安全与卫生条例》规定的事故 ● 浪费时间的事故	● 产品瑕疵的百万分率（PPM） ● 废料成本	● 设备最大承受效率	● 标准小时所得整体所费工时	● 超额运费 ● 工厂转化成本/标准小时所得 ● 设备	● 原材料 ● 半成品 ● 制成品

图 6-2　新达纳的全球关键绩效指标

很多指标可以在短期内轻易实现。例如，在原有体制下，最大的两宗罪是货物不足和运输延误。公司却没有库存标准，显然，这样会造成大量库存的出现。达纳租用了很多仓库存储制成品，甚至低产量产品也会在仓库中待上数月，有时会超过一年。新关键绩效指标中有一条限制库存，达纳的新领导者在接管一年内能够在库存上节约 2 亿美元，这些钱能够立即成为达纳的运营资金。当然，一套库存标准没有将达纳转变成准时化生产的典范，但是它说明了核查库存相关决策和尽可能减少库存的必要性。

满足达纳短期需求最有效的标准是工厂转化成本，包括工厂中所有可以控制的成本。由此导致了人力以外更广泛的成本控制。其他短期的改善则着眼于安全、减少质量瑕疵、开支比率以及产品的复杂性上。

比各项具体标准更重要的是如何汇报和使用它们。加里和运营优化组着手在每家工厂建立一个标准可视化管理体系。每家工厂需要就整厂的管理团队进行关键绩效指标相关目标的每日检查，厂长需要就这些标准每周向加里和运营优化组汇报。确定了这种结构关系之后，新达纳就会毫无疑问地严肃对待这些指标以及厂长的责任。

在工厂考察期间，他们发现了一个显著的问题，即绩效信息的分享非常有限，就算在一家工厂内部也是如此。某个员工会偶尔打印出一系列表格，但是显然这些信息并没有频繁地及时更新，用于决策制定的就更少了。建立可视化管理体系是当务之急，是适应达纳求变谋生的速度的要求。

首次推出的可视化管理体系分别在每个业务部门的两家工厂试行，通过反思和修正，公司在全球开始推行。这一做法的宗旨是让可视化管理体系能够做到与丰田一样的普及使用。推行"工厂级"标准的区域被戏称为"钻石区"，得名于达纳钻石形状的标识，关键绩效指标在这些地方的执行进度被公之于众。这是一次自上而下的改革，达纳全球的每一家工厂都建立了拥有同样设计和同样标准的钻石区。

在一位大股东的建议下，达纳邀请丹纳赫公司一位拥有精益生产背景的管理者勃兰特·麦基（Brandt McKee）负责监管和推动达纳进行成本削减。加里马上让勃兰特加入变革小组，委任他处理每周从世界各地工厂打来的关键绩效指标执行进度的汇报电话。勃兰特这样描述这份工作：

我们在所有业务中都部署了统一的关键绩效指标。然后我们开始通过区域总代进行每周汇报。以周为基准，我会接到来自全球的电话，两天16个小时加上第3天的8个小时，我要和每个工厂以及每一位区域总代谈话。

这些努力的目的是促成丰田式领导力支持与所需的责任制。达纳的很多领导者已经变得没有担当，只要他们的业绩没有恶劣到导致公司翻船，他们就能自行做出决定。由此造成的碌碌无为的企业文化，纵容了忽视最后期限、会议迟到、虎头蛇尾等行为。

为了达成全球的卓越运营，加里邀请马蒂·布莱恩特加入，他曾是加里早期在肯塔基公司的员工，后来擢升为丰田一家供应商的管理人员。马蒂有在丰田以外的公司工作的经历，但是面对缺乏规章和责任的达纳，他还是吃惊不小：

在丰田，可视化管理体系用自己最纯粹的形式说明了责任制。我想不起来在丰田会有在关键绩效指标进度会议上迟到或是没有深思熟虑的目标实现计划的事故。如果你的名字出现在一个项目中，那么你主导它并负有责任。这个体系促动着清晰的预期。每个人都知道生产线不能停止，所以你需要根据关键绩效指标来实现你的所有目标。基本理念非常简单。你的目标是——绿色是好，红色是差。

历时一年，一套精密的可视化管理体系形成，从高级管理层到每家工厂的每个部门都和统一的关键绩效指标联系起来。最初，这些标准被手动收集起来公示，最终演变成下至区域层级、上至公司层级的标准都能到达电脑监控体系（尽管在达纳钻石区和每个主要部门中，这些标准依然被张贴在信息栏上）。加里可以在自己的电脑上看到任何一个层级的所有标准。清晰的结构为发现和解决问题建立了严格、标准的过程（见图6-3）。

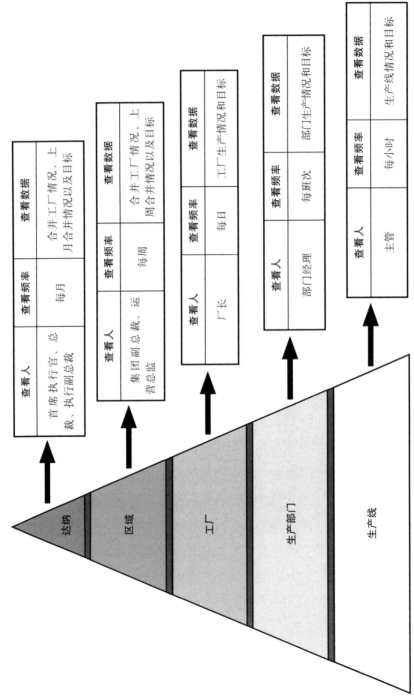

图 6-3　达纳关键绩效指标和可视化管理体系

能够自我提升并培养他人的新领导者

关键绩效指标及其可视化管理对于推动达纳生存所需的快速改革很重要，但是它们还有另一重要职能：帮助发现愿意接受挑战、承担责任、提升自我的领导者。勃兰特·麦基一语道破，"让你陷入困境的领导者几乎都无法帮你摆脱困境"。建立卓越运营的新文化需要新的领导方式，这并不意味着替换达纳全体现任领导者，也不是简单地扶植一批前丰田领导者，而是尽快在达纳发现愿意并能够学习和实行新企业文化（需要的不仅仅是自我提升，还有达纳团队成员的快速提升）的领导者，迅速替代那些不具备这种能力的领导者。

加里、马蒂和勃兰特访问达纳在全球的每家工厂期间，在厂长和其他领导陪同实地考察时得出了大多数评估。加里和他的团队依然相信丰田现地现物的这一原则，所以他们愿意花时间亲自在现场查看。关键绩效指标为考察提供了参照标准，因此他们得以快速地评估出哪些人可以进一步学习新的体系，而哪些人应该被替换。任何一位厂长是否取得改善进展、有何弱点都立刻暴露无遗。留下来的那些人都是对学习持开放态度、积极应对挑战的人。为确保达纳的生存，改善安全、质量以及成本的挑战是持续不断的。在改革开始重中之重的北美区，50%的厂长或自动离职，或被立刻辞退。

为了加强管理团队，加里通过深入挖掘他的人脉，邀请了20多位管理人员和经理人加入达纳。有些人曾是丰田或新联合汽车制造公司的领导者，有些人来自丰田的供应商，还有一些人和丰田没有直接关系但是拥有对学习的开放态度和以结果为导向的领导能力。需要注意的是，加里并没有把丰田经验作为担任新的挑战角色的必要或充分条件。事实上，他认为很多丰田经理人能够在丰田文化中有效地发挥作用，但是不具备达纳急需的应对改革的能力。

其实，不是所有从丰田聘请过来的领导者都能取得成功。尽管一位成功的领导者能够在稳定的丰田环境下推动改善，但是他却可能无法在一个垂死挣扎的陌生公司中做到这一点。丰田全体通过式的决策方式和细水长流式的人员培养模式（且不论达纳有意为期长远发展效仿这样的实践）不得不进行变革，至少在达纳获得财务上的稳定之前。有些新进领导者能够做出艰难的决定，如以极快的速度进行人员的更替，同时还能够着眼于持续改善的文化的创建上。

达纳发展出一种混合文化，融合了传统的强硬、为结果不惜一切代价的美国式管理和为实现长久卓越运营对领导者更为耐心培养的环境。很多经历裁员和重组的公司都不愿意增添人员，即便是对他们真正需要的岗位也是如此。加里知道达纳缺失一些能力，并获得董事会的许可聘请一些新人。具体说来，为奠定卓越运营和丰田式领导力的基础，加里组建了教授丰田管理体系的内部培训顾问小组、帮助重新设计工程流程的流程工程小组。在随后即将讨论的章节中，他还投入创建了在达纳传统中会被界定为增加"开支"的临时组长的角色。

首要事项 3：奠定卓越运营和丰田式领导力的基础

为了配合裁员及成本削减、建立新标准、物色新领导者，加里采取了一些紧急措施来建立卓越运营的基础。从首席执行官到车间的一个部门，见于经营各个层面的人员重组与关键绩效指标的改革吸引了人们的注意力，但是力度还需加强。仅拥有针对正确业务的标准并将其可视化是徒劳无用的，还要有达到这些标准的专家。

传授丰田生产体系 达到标准的工具来源于丰田生产体系，而"做"是传授丰田生产体系的唯一方法。负责丰田生产体系培训的马蒂的第一原则就是不折不扣地将丰田生产体系拿来。他见过其他一些供应商试图发展它们自己简化版的丰田生产体系未果。必要的简化出现在所使用的工具上。马蒂知道，解决问题的专业能力只能随着时间的推移培养，因此教授大量的工具会适得其反。于是，他决定重点培训丰田生产体系以及解决问题的工具的一个子集来推动达纳所需的立竿见影的收获，如标准化作业、操作员平衡表，甚至是工作场所最基本的清洁和整理。

　　培训小组开发了一套简化的丰田解决问题的流程，要求每一位领导者都仔细学习并使用它。曾经用于改善的一页纸 A3 报告很快成为反映问题改善现状以及付出的努力的沟通工具。一页纸报告是把双刃剑：过于简化会带来一种危险——确实，相当一些专家认为 PPT 的这种"要点式"结构是错误根源，从金融危机中薄弱的风险管理到美国国家航空航天局火星机器人的故障崩溃都是如此。当人们着眼于迎合保持一张纸报告的要求而非汇报内容的质量时，失误的危险就会出现。达纳迅速推出 A3 报告取得成效的原因是有足够多的新领导者使用过这种工具，并且知道 A3 报告的好坏之分，同时他们还能够培训组员与其他领导者如何使用。

　　俄亥俄州的利马工厂除了采用了可视化管理，还选择试运行改善的速成班。来自全球的 28 名员工组成了一个跨职能研讨组，研讨组被分成了多个改善小组，这些小组被分配到特定的领域。和我们在先前章节中讲到的丰田的改善小组非常相似，尽管它们没有被送到供应商处，而是在利马工厂发挥改善功能。前两天用于发现问题，随后小组就所发现的问题，在工作中发挥自己的想法找到解决途径。但是这个研讨组一点也不随便。马蒂在推出这个研讨组的时候宣布了一条不寻常的规定：只有当问题得到解决、新流程投入运营后，研讨组成员才能离开。结果，一周后，这个 28 人团队中有 40% 的成员因为改善项目没有完成而无法离开，有些人甚至在组中待了 5 个星期。

　　这项规定是卓越运营所需之责任与义务的另一实例。曾经，达纳研讨组的活动包括少量课程并开展一些集思广益的讨论，然后，所有组员被分散到他们原本的工作中，照常开展业务活动。马蒂想要塑造适用于新生代领导者所需之卓越表现的模式。很快这项规定成为新的企业文化的一部分："在达纳，问题不解决就不能回到原来的岗位。"这样的重点举措取得了可观的成果：这一批率先改善的项目实现了产量百分之百甚至更多的提高。

　　随后，改善研讨组从利马扩展到了其他工厂。马蒂和勃兰特自组建培训和精益顾问组就经常领导研讨组。2008 年，达纳全球大部分工厂都在实行研讨组并汇报相应的成果。研讨组还为发现运营卓越的未来领导者提供了机会。改善研讨组的其中一项成果就是很多工厂提前实现了成本控制的目标，并且能够扩大各自改善的范围。

勃兰特·麦基利用每周关键绩效指标汇报的电话谈话的机会对更多的员工进行丰田生产体系和问题解决的培训。他这样说道：

我教他们如何对自己的关键绩效指标提问，在解决问题方面我有效地扮演了导师的角色。例如，你这周为什么会有这样的产量？出现什么问题了？那么，问题是冲压车床停下来了，它为什么会停工？"我们的原材料用完了。"好的，我们的原材料为什么会用完？我会试图推进这"五个为什么"的思考过程。

截至 2008 年年底，达纳的大部分工厂都经历了改善，形成了基本标准，并且能够展望 2009 年。下一步是为进一步改善建立明确的目标，但是工厂的领导力水平还没有成熟到能够迎接大量任务。工厂领导者依然不知道自己或自己的团队真正的能力。达纳的高管团队建立 3 或 4 项基本改善目标并在全球展开，主要一项着眼于实现转化成本的削减。为了实现方法和阶段性的改善目标，运营经理及其管辖下好几个工厂的厂长负责制订 A3 格式的计划。这些计划会呈交加里、马蒂和勃兰特申请批准。2008 年 12 月 7 日起，他们 3 人连续 3 天从早上 7 点到晚上 11 点在利马工厂接听全球工厂厂长打来的电话，听取他们的汇报并就 2009 年目标及实现计划达成一致。

关于如何实现目标的最初计划表明达纳还要走多远。全球 112 家工厂的计划会通过标准的可视化管理体系的绿色/黄色/红色注释定级。首轮批阅后，半数以上的工厂均为红色。加里及其团队成员会在接听电话时记录他们感觉到的不足，然后立刻通过邮件向厂长表达这些不足之处。厂长需要在 1 月 5 号之前根据反馈拟订新的计划。随后以每月向高层以及每周向区域总代汇报的节奏开始衡量他们在推进目标的实现上的进展。

建立信任　卓越运营和丰田式领导力中有一项被忽视但很重要的部分，即信任。为了促成员工不受拘束的投入以实现所需的卓越运营，工厂中的每位员工都必须相信改善的过程，并且相信只要自己朝精益生产的方向推动改善的过程就不会被裁员。没有信任，改善项目很快就会从发现和解决严重问题演变为责备与推卸责任的争斗。同样，丰田的式领导力也高度依赖信任。如果接受培训的潜在领导者或现任领导者不相信自我提升会获得回报，那么他就不会采取必要的措施来管理自己手头的工作并找寻新的挑战。

信任是融入丰田体系的一部分，在相继而来的 3 次危机（经济大萧条、召回危机以及东日本大地震和海啸）中，员工直接感受到丰田视员工为宝贵的财富，而非需要大幅削减的成本。生产部门没有解雇一个正式员工，就算在经济大萧条期间多家工厂因为供大于求而关闭，或是因为 2011 年地震，多种重要零部件无法得到供应而导致工厂停产。[5]但是达纳的境况不同，如何兼顾自上而下、激进的管理方式以及信任的建立来减少至少 1/3 的成本？这需要大量的努力和沟通，但是如果你在尊重员工的情况下尽自己最大的努力，那么就能为将来播下信任的种子。

建立信任的其中一部分就是确保不让改善与人数的减少混为一谈。在这些改善研讨组中，除了项目不完成不离开以外，马蒂的另一项规定是每组中都必须有小时工。此外，在改善研讨组向运营优化组提出想法获得批准之前，需要先得到相应的小时工小组的批准。在成立了工会的工厂中，工会领导者也必须给出他们的批准意见。让整个公司融入改善不仅是打造公司能力的重要举措，也是建立信任的重要举措。

马蒂还坚持让研讨组着眼于消除浪费，而不是一味减少人数。两者之间的差别堪称细微，但至关重要。通常精益专家会声称自己的服务能够使人数减少。为了避免将改善误以为是减少人数的行动，马蒂不赞成某工厂在实行前两个研讨组时采取减少人数的举措。相反，他希望小组能够着眼于发现最有效的、无浪费的生产流程并将之落到实处。当然，消灭浪费往往会导致生产线所需人员的筛减。在改善的前几轮，消除浪费和平衡生产线而替换下来的小时工将被重新部署到工厂的其他部门或被派到改善组中去。如果财务状况要求进一步裁员，人员变动的过程将会从改善项目中完全剥离开来。我们发现这是一种细微的差异，细微到好像看不出差别。失业就是失业。但是这种差别，尽管细微但至关重要。实际上，有了改善，没有人会失去工作。个人的失业是因为公司为了维持生存决定节约成本，这样的解释简单明了、易于接受。

在第一周的培训中，老师向经理人反复传递的信息是，并非人数减少就是消除浪费："如果你着眼于人数，你将会错失消除浪费的机会。"如果经理人认为在一个流程中减少两名工人能让财务状况看起来可观的话，那么他们从一个 10 人的生产线上减去两人之后要能带来 20% 的产量提高。但是如果他们让全员积极参与其中，人数还是 10 人但是将产量提高了 25%，那么他们未来还能带来更好的改善。通过这种方法，改善研讨组频频实现50% ～ 100% 的产量提高。

在密切关注成本削减、劳动力成本逐月减少的同时，在达纳建立信任和运营基础的另一方面就是在其工厂中建立小组长一职。实际上，这是一个额外的职位，显然是在维持公司生存减少人数时期增加的职位。加里及其团队明白，这一角色对改善的威胁以及保留足够的小组长人数的短期打击足以换来长远利益。所有的小组长没有一人是新进员工，都是成功通过改善而替换下来的小时工。

建立信任之路有时贯穿着冲突　我们当然不想造成信任的建立易如反掌的印象，但是加里和他的同伴们在存续达纳的同时尽可能地实践着对员工的尊重。曾经有过很多紧张的冲突，但是其中有些也转危为安。印第安纳州韦恩堡的制造工厂就是一则鲜活的案例。

正如我们从第 1 章中所了解到的，汽车行业传统的工会管理关系建立在冲突模式的基础之上。管理层关注的是成本控制和盈利，而员工关心的则是保住工作并保障自己在车间的安全与福利。随着这种员工与管理层之间非输即赢关系的发展，正式的工作守则和职务分类成为一个关键战场。

双方关系的好坏，你可以从公司与工会商定的工作协议的灵活性或是其中可能缺少的某些工作守则和职务分类中评判而得。当管理层和员工之间建立了信任，工作协议就会赋予管理层组织团队、跨部门培训、重新分配员工的灵活性以实现产量最大化。当双方关系破裂，员工不信任管理层时，工作守则和职务分类就会成为反抗每一项管理创新和保护每一位工会员工专属权的工具。

作为达纳的副总裁，加里意识到，如果公司想要寻求任何生存的机会，自己需要更大的灵活性，同时也需要工会参与到生产效率的改善之中。管理层的目标是让每一个地方工会签署一项新工会协议，类似于有些达纳工厂已有的工作协议，这样，公司会获得更大的灵活性，也能创造出让工会主动配合管理层执行达纳运营体系并消除浪费的环境。加里及其团队为工会抛出的奖励则是，拥有达纳运营体系之后公司更具竞争力，就能为员工带来新的订单和更多工作岗位。但是情况往往如此，工会常常不赞成这些新的想法，令他们改观就必须经过好几轮艰苦的谈判。

艰难谈判之后的一项重要工作就是修正流程。管理层和工会是继续保持对立关系，还是为公司和员工的利益联手合作？在达纳，当工会逐渐看到运营优化项目从整体上令员工的作业变得更容易和安全时，最恶劣的对立关系中的一些部分发生了积极的改善。在韦恩堡的工厂中，厂长鲍勃·弗林（Bob Flynn）是懂得如何营造合作精神的卓越领导者。加里任副总裁时和这个工厂曾有过艰苦的谈判，但是当他从达纳退休18个月后，以高级顾问的身份再次拜访这家工厂时，却欣喜地看到了其内部的高水平合作。

厂长鲍勃·弗林建立信任的想法之一就是，让管理层和工会领导者每个月都一起参加5S现场清理操练。双方领导者组成一个小组，在轮班间隙花两小时清理工厂的某个部分。通常选定的区域已有20年没有清理过了。这些领导者小组将会在清理操练期间穿上自己最旧最脏的衣服出现，淹没在灰尘、油污和堆积物之中。在对该工厂的一次考察中，加里有机会参与了一次这样的练习。他偶然间发现自己和工会副主席搭档，之后工会主席丹尼·利齐尔（Denny Leazier）也加入进来，3人并肩刷漆、拂灰。这真是一次让人意想不到的经历。

共同工作（做清理工厂的脏活），然后达到了共同的目的。这不仅为管理层信任的建立搭建了平台，还改善了整个工厂的文化。组员们可以直接看到管理层为改善做贡献，因而不再害怕努力工作、奉献自己。工厂中出现了一些积极的议论：你可以想象一个老工会员工上班时发现，自己的工作区域整整齐齐并且公司管理层的最高领导者正拿着水桶和拖把站在一堆杂物中。

在这期间建立起的共同信任开始在工厂管理层和工会之间的协商中收到成效。每当加里考察这家工厂时，他都会逗留一段时间，以便会见谈判委员会。工会方有着惊人的转变。在一次考察中，谈判委员会正在讨论的话题是因产量下降而被辞退的员工。丹尼抗议要求让其中一些员工回来。"我必须让我的人回来。"他这样对加里说。加里的回应是："丹尼，你不能那样做，我也不能。"颇为愤怒的丹尼质问道："你说我不能是什么意思？"加里解释道："丹尼，只有我们的顾客才能让那些被辞退的员工回来，因为是他们以及他们的订单决定了我们的工作量。如果我们沿着这条路走下去，提高效率，赢得订单，这样才能让那些人回来。我们和你一样希望那些员工能够回来。"

在另一次考察中，加里发现组员和小组长就一个关键点产生了冲突。在旧的职务分工体系下，小组长是禁止从事线上作业的，他的角色被严格限定为监督线上工人的操作。在丰田的体系中，正如我们在第 2 章中所讨论的，小组长会频繁地介入，帮助或训导线上工人，能够在需要时胜任该组的生产线上的任何一种作业。加里和丹尼一起帮助工会看到灵活机动的小组长更有利于整个生产线上的工人，每个人在赶上假期、遭受病痛和工伤或是碰到家庭突发事故时都有了更多的灵活性。

这样几经反复证明加里及其团队正在实施的改善让每个人的生活变得更好，并不像通常管理层为少数人利益而榨取工人，也改变了整个工厂的氛围。他们做法中的很大一部分则是管理层为有利于工人的事情而努力。例如，在时任轻型车辆部门总裁的马蒂对该工厂的一次访问时，他偶然听到组员之间抱怨洗手间如何恶劣，就立刻前去查看。恶劣可能是一个保守的评价。所有的洗手间都设在位于设备正上方的二层，往来不便。更糟糕的是，它们基本上不在工厂的空调系统范围内，夏季闷热，冬季寒冷。而且几十年来它们一直在维修单上垫底。于是马蒂立刻授权，拨出预算来翻修洗手间。

翻修二楼洗手间的竞标即将开始，加里指出，一楼的管道全都可以用，同时，由于改善工作消除了浪费和库存，因而腾出了大量的空间，所以工厂一楼有足够的场地建造洗手间。于是他建议鲍勃·弗林让投标方对比翻修旧洗手间和在一楼建造组员最想要的全新洗手间的成本。结果两种方案的成本不相上下，于是就有了现在一楼那7间全新的洗手间。

这次小小的举措为该工厂创造了巨大的商誉。工人切实地看到，管理层并没有以牺牲工人为代价来换取成本的节约。在随后而来的工会协议的达成上，工会与管理层的合作更密切，工人更满意，整个工作环境也变得更加积极和高效。丹尼·利齐尔在这儿是一位帮助实现"达纳运营体系"的领导者。当年加里收到了来自丹尼和谈判委员会的一张圣诞贺卡。这是加里有生以来第一次收到来自一个工会组织的节日卡片——由此可见从前工会与管理层的关系有多么疏远。正是有了工厂管理层与工会的成功配合，达纳开始重新投资工厂，购入新的设备，提高产量并雇用更多工人。

正式实行"达纳运营体系"

首轮改善和领导力强化培训成功帮助公司摆脱了灭亡的危险。传统的重组（也就是裁员、关闭工厂以及减少职员利益）无疑短期收效最好，但是此外的达纳运营体系以及其他有关运营优化的努力使得达纳的工厂减少了转化成本，仅2009年就节约了两亿美元。

大多数带来生产成本大幅下降的早期运营改善都要归功于作为高管的马蒂以及他所推荐的合伙人马克·华莱士（Mark Wallace）的领导力。加里聘请马蒂为负责全球运营优化的副总裁。马蒂的成功带来了一系列快速的晋升，他推荐自己的前任老板马克来填补他的旧岗位。最后，随着总裁职位压缩为两个，马蒂成为服务汽车市场的轻型车部门总裁，而马克·华莱士则成为重型商用车部门总裁。他们认识到要支持公司改革就需要继续发展出正式的运营优化框架，还要以两位副总裁为首进行组织。其中一位就是大卫·吉布森（David Gibson），他曾经和加里一起在新联合汽车制造公司和肯塔基公司共事，是丰田生产体系的老手。大卫负责所有亲身实践的改善支持小组，另一位副总裁埃德·柯普科沃斯基（Ed Kopkowski）负责所有正式培训、计划、核查以及高级训导。

为推动达纳运营体系在所有工厂的实行，大卫·吉布森是加里所聘请的最重要的人员之一。大卫的经历说明了丰田生产体系的领导力更依赖资质和学习的动力，而不是他在公司中的正式职位。他的职业生涯从一名电工开始，然后受雇于新联合汽车制造公司成为一名小时工，多年之后，他的领导力才能让他晋升为新联合汽车制造公司轮架组件的维修经理，与此同时，他还负责所有组装运营的改善项目组。随后，大卫追随加里去了肯塔基公司负责相似的事务。当加里成为达纳的首席执行官时，大卫又再次追随他，最终被提升为监督所有运营优化组的副总裁。

相反，埃德没有任何丰田生产体系的直接经验。他有一段很长的运营方面的职业经历，在流程改善方法上有着丰富的经验。他的第一家雇主联信公司是六西格玛的探索者之一，他率先将六西格玛用于刹车部门的运营优化。在博世收购了该刹车部门之后以及在随后的几家汽车公司任职时，他又接触到了更加以"精益"为中心的生产方式。在所有这些公司中，他都担任运营管理和运营优化的角色。2006 年，埃德以运营副总裁的身份加入达纳，随后在 2008 年成为达纳全球运营优化副总裁。

尽管埃德有着如此丰富的经验，但是他第一次近距离了解丰田生产体系和丰田模式是在加里和马蒂来到达纳之时。埃德马上注意到他们的管理风格不同于自己以往了解并使用的基于工具的管理风格：

管理风格是与众不同的部分——真正地亲赴现场查看和走进车间，着眼于问题的解决和领导力的培养，领导者要指导公司其他同事。这些是我从加里及其团队身上感受到的独特的风格。

以丰田模式努力进行自我提升的埃德有着一条不平坦的学习道路。但是学习还不是唯一的挑战，他还需要开发和部署一项在全球 90 多家工厂进行持续改善以及支持作业的正式计划。他是如何应对这一挑战的呢？根据埃德描述：

起初，我们非常关注维持生存的每日、每周、每月的运营结果。与此同时，我们设计了达纳运营体系五年发展规划并开始执行。因此，在我们盯着每一块钱开支的同时，仍然致力于员工的培养与研讨组的实施。但是每当我们要推进达纳运营体系的精益活动时，又总是抱着可以带来巨大变化的意愿来进行。

达纳运营体系以屋状图的形式呈现，与丰田生产体系的屋状图非常相似（见图 6-4）。[6] 和丰田生产体系一样，达纳运营体系也有两大支柱。一是准时化生产，它有着根据客户需求、正确数量、恰当的时间而严格生产的真北愿景。这一支柱在标准化作业、单件流等工具的支持下消除了产品之间的转变，使得设备运转完好。二是自働化，或是保证无失误的质量。自働化要求每一个问题出现时都能够暂停纠错，安灯系统、可视化管理以及错误预防措施是其实现手段。

这幅达纳运营体系示意图被设计成一个 5 年计划。在一个高的层面上，这个 5 年计划个看上去像是非常机械的"7 步走"（见图 6-5）。第 1 步在先前有过详细的讨论，着眼于快速改善的实现，通过开展关键绩效指标，清晰地对比预定目标与实际完成情况的差距，然后运用系统的问题解决途径缩小差距。第 2 步是进一步界定达纳运营体系的细节，部署更多正式的培训，为全球所有工厂培养精通达纳运营体系所有工具的当地业务专家。

这"7 步走"不仅是高度的概括，而且具体每一步都有一整套极其细致的活动和计划。例如，第 3 步"执行流"和第 4 步"固定单元生产"（二者之间关联紧密），就被分解为 11 项具体的活动。早期的步骤可能会影响工厂的稳定性，因为它们是为迅速解决重大问题而推出的：众多改变在工厂中同时进行，这是为了实现成本削减和产量目标以维持公司的生存。这 11 项具体步骤旨在更具体细致地回顾所有流程，以发现额外的浪费并去除它，使改进后的流程标准化，并对流程进行追踪监督和持续改善。当然，每日的现场核查则意味着管理层有进一步提升自己和培养他人的机会。

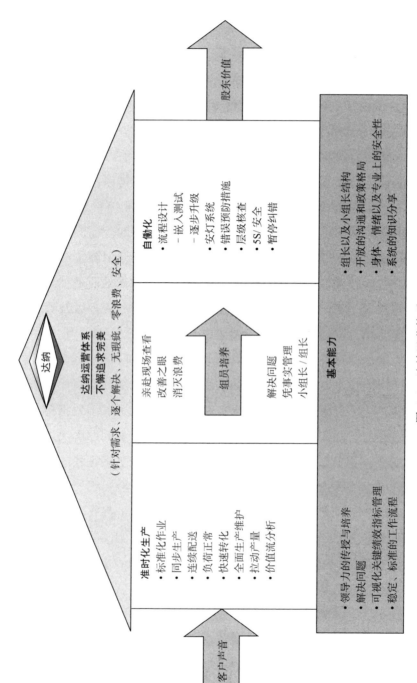

图 6-4 达纳运营体系

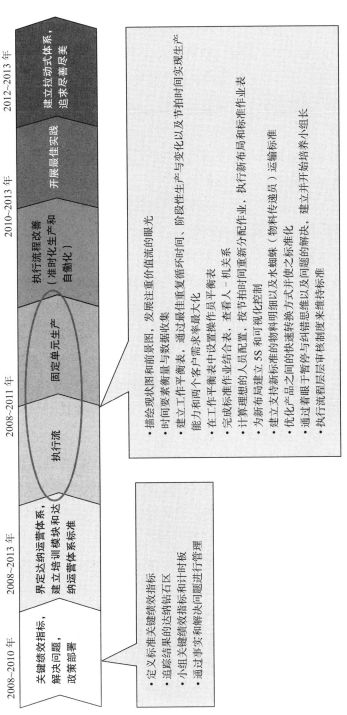

图 6-5 达纳运营体系 5 年计划执行示意图

　　这样一幅细致的示意图会令很多读者感到熟悉，它能够成为高度结构化的、工具驱动的变革方法。但这幅图还融入了一些重要的方面，确保了部署工具、获得成果以及培养人才之间合理的平衡。

　　第一，给予领导力培养的关注与推动变革和获得成果的一样多。这种多方平衡由加里、勃兰特、马蒂以及其他担当老师的领导者，在实现基于关键绩效指标的挑战性目标的过程中率先实行。标准化的 A3 报告是这一过程的重要环节，因此高管和教练能够清楚地明白经理人的思考过程，并指导他们改善这些流程。

　　第 1 步为领导者的自我培养提供了关键要素：挑战性的目标、针对有意义的标准的具化目的、对正确流程的培训以及教练经常性的支持与反馈。厂长也同样有机会在指导自己的下属时获得自我提升。每位厂长都需要提升自己团队的水平。这里要强调的是工具本身只是实现一次目的的手段，而不是终点。工具为正在试图改善流程的新领导者提供了获得反馈，了解优点、缺点及改善机会的可见的框架。着眼于工具而非领导者的方法有可能会带来短期的收益，但是不能达成达纳生存所需的可持续改善。

　　第二，尽管这幅示意图呈现出一定的顺序性，但在实际中，你会发现图 6-5 中的时间段有相当一部分重合的阶段。埃德及其团队在执行这些工具时并没有严格的顺序要求。他们创造的这幅示意图是适用于厂长的一套指南，这些厂长在现场工作，并且能够更敏锐地察觉自己工厂在特定情况下需要什么。尽管所有的工厂都必须经过第 1 步，但是不同的工厂会按照不同的顺序采用不同的工具。

　　第三，最初的三年会有意识让所有事情努力做到简单，工具这项尤为如此。在加里看来，对于达纳生存所须达到的早期成果最重要的工具就是关键绩效指标驱动的基本问题解决方法，呈现出增值类工作与流程中的浪费之间的平衡关系的操作员平衡表，以及显示现有浪费情况与设计未来流程状况的价值流图示。实行更多精细的拉动式体系以及平衡工作计划则是在随后几年推出的。但是自始至终，团队的目光都着眼于长远。例如，即便是在早期阶段，加里也引进了丰田供应商支持中心（TSSC），即焦点放在外部的非营利丰田生产体系的培训队伍，开始试行一套彻底的拉动式体系。[7]丰田供应商支持中心派出一位顶级专家协同达纳的团队，在达纳田纳西州戈登斯维尔工厂运用看板管理实行一套拉动式体系。戈登斯维尔工厂后来成为达纳全球其他工厂学习和支持拓展拉动式体系的典范。

第四，每家工厂都被要求选出示范生产线，这样才能够在全厂普及之前进行试验、掌握各种工具和辅助手段。例如，新的小组长需要接受培训以明确自己的角色，而这是在示范生产线上进行的。这种方法能够在这一改变扩展到全厂之前，让所有人参与消除障碍，对这种方法和工具产生信任。相反，如果不经过深入学习就全厂普及，通常会导致工具部署流于表面，因为没有强大的拥护者，就连发起者也没有好好地使用过这些工具。[8]

第五，业务专家的培养与工具的使用同步。埃德及其团队明白他们试图规划的每一个工具都有很多需要学习之处。每一家工厂都需要本地专家提供保持运营动力所需的快速反应和即时培训。因此，运营优化组的重点落在了在每家工厂为每一个工具培养当地专家（他们对运营经理负责）。对培养当地专家的投入是显而易见的，因为达纳确实为此调拨了各种当地资源，不过，厂长必须完成很高的关键绩效指标目标。埃德以欧洲为例，描述了如何实现当地专家的培训：

我们会就不同的工具发起研讨会。在第一次研讨会中，我们从一半欧洲工厂中选出一批人员，让他们发现一位业务专家，即有技术能力、现场作业表现好并与同事相处融洽的一个人。我们的预期是他们会积极参与到全部3次研讨会中：第一次是参与，第二次会基于不同的价值流而承担更多责任，第三次则是共同促进。就此，我们打算让他们在第四次时能够独当一面。

达纳运营体系的努力成果不言自明。我们已经提到过2009年转化成本解决的一个事例，但是整体成本的削减、产量的提高、质量的提升以及库存的减少都是惊人的。大多都是通过日常改善活动而实现的，但是正规的研讨会也对所有关键绩效指标产生了巨大的回报（每个研讨会前后比较），正如

表 6-1 对 2009 年和 2010 年的汇总。大量的研讨会于 2010 年完成的原因是达纳运营体系最初在北美地区重点实行，而后在 2010 年扩展到全球，产生了更为广泛的影响。以上成果不包括工厂领导者和员工在每一次学习循环过程中的大量收获，懂得这个过程是对未来提高的巨大投资。

表 6-1　达纳运营体系 2009 年与 2010 年全球研讨会汇总
（平均关键绩效指标改善后的状况 vs. 先前的状况）

年份	完成的研讨会	安全负荷（kg×m）（%）	质量（内部产品瑕疵的百万分率）（%）	半成品（%）	占地面积（%）	生产能力（部件/工时）（%）
2009	75	58	62	64	36	76
2010	467	52	51	57	34	52

需要认识的一个重点是，领导这场全球教育与培训部署的埃德，在加里初次来到时并不符合一位丰田领导者的标准。埃德需要转变自己的思维模式，从视流程改善专家领导下的精益六西格玛为工具箱的观念变为视直接负责运营者领导下的精益为持续改善。值得称赞的是，埃德最终获得了加里的信任（这是非同小可的功绩）。正如埃德所言：

回想 1994 年，联信公司开展六西格玛，在当时它是一个业务单位级别的体系，联信公司所有工厂的资源以及黑带专家都要向"黑带冠军"汇报。自从为加里工作之后，我明白了厂长以及负责经营业务的人员都需要掌握哪些资源。你之所以会按照联信的方式设置期望值，是因为要确保每个人都遵循指导，这是一种命令与控制的方法。但是从长远来看，这种方法不利于可持续发展。我明白了对于资源的维持，你需要知道在何处投入、在何处使用，使之能够对负责我们力图实现的文化转变的厂长负责。

结语

可惜的是，丰田的锦囊妙计中没有让一家公司轻易起死回生的魔法。达纳不得不关闭一批工厂、解雇大量员工。坦白地说，达纳的员工并不能胜任他们的工作，至少以加里和约翰·迪瓦恩希望达纳达到的高标准来看是这样的。另外，仅仅借助财务手段帮助公司度过经济衰退时期并没有太大的价值，除非可以双管齐下，同时通过强大的领导者和小组将达纳打造成世界一流的公司。不培养领导者的生存对策只能算是缓兵之计，不能扭转乾坤。

2011 年 9 月，达纳显然已经度过最困难的时期，正走在健康、长远的发展轨道上。加里、约翰、勃兰特、马蒂、埃德以及达纳公司上上下下努力带来了惊人的短期人事变动。达纳 2007 年的销售额是 87 亿美元，在 2008 年减少为 81 亿美元。2009 年第一季度，销售额已经跌至年化水平的 56 亿美元，但是利润损失却从 2008 年的 1.22 亿美元减少至年化水平的 9300 万美元（不包括利息、税项、折旧、偿还金以及人员重组的成本）。从根本上来说，维持运营所需的开支减少了 1/3，其中包括了 51% 的直接劳动力成本的减少。过去销售额为 90 亿美元时还处于亏损状态的达纳，能够在销售额为 65 亿美元的情况维持收支平衡。人员重组是成本削减最大的一块，3.55 万名员工中的 1.35 万人丢了工作，但是公司仍然维持运营并保住了 2 万多人的工作。

在 2009 年 3 月的低谷时期，达纳的股票成交值只有 19 美分。经过这些年之后，其股票价值一路飙升，翻了 68 倍，约为 13 多美元每股，成为世界上市值攀升最大的汽车公司。2009 年 9 月，达纳非常成功地收回了股本。它出售了 3600 万股，由于股市需求大大超过了公司意欲出售的量，因此股票价格也超出了预期。这样，达纳就有了偿还债务的 1 亿美元以及另外能够投入运营的 6 亿多美元的可用现金。锦上添花的是，达纳还拿到了未来四年共10 亿美元的新订单。

截至 2010 年，达纳的销售收入从 2009 年的 56 亿美元增长到 61 亿美元，并且预测未来五年会有 50% 的增长。2011 年年初，达纳公布了 17.6% 的年度净资产收益率。这一强有力的数据表明，达纳有能力偿还债务并取消了贷方在达纳濒临破产又遭遇经济危机时强制执行的协议。这就意味着，达纳再也不用为每个季度银行是否要求清算而担心了，也意味着达纳资本成本大幅下降，更有利于未来投资。

达纳进而能够从短期的生存模式转变为更积极的成长战略，特别是在新兴的中国和印度市场上。例如，他和印度艾克瑟尔斯有限公司（Axles India，LTC）达成协议，以1300万美元收购了该公司的商用车车轴业务的部分资产。印度的商用车市场正在以8%的年复合增长率成长。而在中国，达纳技术中心在江苏无锡破土动工，将于2011年年底全部投入运营。该中心还加入达纳感兴趣的其他7种中国设备。达纳还进一步在巴西投资，其在南美洲的运营年销售额超过了10亿美元。

达纳濒临绝境时所进行的公司改革方法与丰田在经济衰退时期削减成本、提高质量并培养人才的做法有着一定的相似之处，但是二者之间仍然存在很大的差别。丰田耗费数十载培养了谙熟丰田之道的人才，同时由于丰田连续58年都在盈利且采取保守的财务措施，丰田能够坐拥大笔现金，还能以低利率贷款。经济衰退为激活最佳领导力提供了契机，丰田借助危机促进了下至生产辅助级别人员的提升，让整个公司在每个地区的分公司都朝着自力更生的方向发展。领导风格与领导哲学没有发生变化，反而其发展得以加强和加快。

达纳无法激发公司内的全部领导力，因为它们大多并不存在。但是加里领导的这家奋斗中的公司颇有丰田风格。究其本质，加里将简化版的丰田式领导力培养模式引入了达纳。这一过程的第一步必须要以简单的方式快速完成，但同时也要为未来的发展步骤留有余地。

达纳需要从头开始建立丰田式领导力与卓越运营的基础。它的目光需要聚焦于正确的方向——什么才是真正的领导力和卓越运营。当然，首次尝试是不可能瞄准正确的方向的，毕竟丰田也是经历了半个多世纪之后才找到了真正的方向。加里及其团队认识到，快速而粗略地辨别出那些能够提升自我又培养他人、迅速启动日常改善并推动目标和通用标准的实现的人，是达纳生存的必需，同时也不损害其作为强大的制造企业的核心能力。这一结果促使达纳严肃地思考成为行业佼佼者的长远战略规划。

达纳接受了来自外部专家顾问的帮助，但是加里很快将他们中最优秀的人才变为全职员工，使得他们能够参与内部领导。尽管从最开始起，加里就明确地表示，实现这些挑战性目标的责任，如减少转化成本，完全落在了厂长肩上和他们的汇报中。加里不希望改善的责任掌握在顾问或持续改善部门手中。

甚至在埃德开始实施针对达纳运营体系的培训并规划出一幅改革5年示意图后，每家工厂还保有灵活性来适应自己的环境和需求。但是大家的着眼点基本一致，即在车间推动达纳运营体系的执行同时培养能够实施日常改善的工作组。即便在快速削减成本期间，加里和他请入达纳的管理人才依然坚持为未来领导力投入，一方面在达纳内部培养人才，另一方面从外部引进人才。

尤为突出的一点是小组长角色的建立，为此大多启用的是通过改善替换下来的生产工人。管理团队同时还坚持认为，尽管厂长们争取实现削减成本的挑战性目标要减少员工，但是他们还要留出负责学习精益工具、成为业务专家的人员。当所有努力都以结果为导向的同时，管理团队对未来公司和企业文化有着雄心壮志，并对其基础建设做出投入。公司的企业文化自下而上地进行着稳步改革。改善取代了对危机分散的回应，在日常工作中获得了认可。

我们着眼于工厂的改进工作，但是整个公司也在开展包括研发、后勤运营以及战略规划的相似工作。在所有的案例中，开发周期被大大削减，跨职能团队协作被大大加强，A3汇报格式使得问题的解决更透明和系统化，可视化管理得到普及，关键绩效指标建立，各个流程以达纳公司前所未有的效率运行。加里从达纳内部提拔的首席技术官乔治·康斯坦德开始着手培养精益领导者并将精益方法运用于产品开发，在降低成本的同时更快地产出新的技术，帮助公司在竞争中拔得头筹。他还负责整合全球工程并使之规模合理化，他将轻型车桥和重型车桥合并为一个单元，将轻型传动轴和重型传动轴设为另一个单元。此外，通过在印度建立的设计中心，他还开发了一个24/7的工业流程，使得他通过全天候的设计为所有业务提供支持。通过实施规模的合理化以及资源分享，他还能够在中国建立一个技术中心，为达纳的中国市场提供客户支持。

我们要说的是，鲁莽使用精益工具进行成本削减、重组、裁员，会使一个公司落入险境。这就是我们看过的典型悲剧。许多精益顾问将公司掏空，凭一系列短期指标来宣扬所谓的成功，而不是塑造强大的公司，使之拥有内建质量、实施日常改善、回应来自客户与环境的不断增长的挑战以及创造持续创新的新产品的能力。也许，这就叫作为精益而精益。这种方式确实会令一个公司变得脆弱，而且常常置其于险境。

达纳的关键不同点在于领导者的雇用与培养上的投入（既有时间上的投入，也有极为少见的资金投入），即便在其生存都成为问题的最艰难的时期也是如此。在达成短期标准的同时，加里及其团队还要确保培养领导者的长远目标也能实现。这就是达纳的故事在今天成为正面案例的原因。我们将会在最后一章中思考精益领导力，思考希望真正走上持续改善企业文化之路的公司会面临的考验。

学习丰田式领导力

太上，下知有之；其次，亲之誉之；其次，畏之；其次，侮之。信不足焉，有不信焉。悠兮其贵言。功成事遂，百姓皆谓："我自然。"

——老子

　　我们写本书的目的是要在丰田模式的基础上探索一种精益领导模式，让其他公司通过学习，也能在自身业务领域成为卓越运营的先驱和典范。我们一直认为保持长期的卓越运营必须践行这种或者类似的领导模式，环境剧变中丰田长期的成功已经说明了这一点。诚然，丰田在 2008 ～ 2011 年发展并不顺利，接连遭遇全球经济大萧条、美国召回危机和日本大地震。但是在每一场灾难中，丰田都利用停工期进行员工训练和日常改善，进行深刻反思，积极采取应对措施，最终在很短的时间内恢复生产，以更强大的姿态重新站起来。达纳在破产边缘实现的神奇转变说明，即使在最不乐观的处境中，如果坚持丰田式精益领导模式的话，丰田以外的公司同样可以走上一条通往真正的卓越运营的道路。

丰田模式既是技术机制，又是一种社会机制。它要求领导者在两种机制内都是行家里手：为使持续改进成为日常现实，领导者要能够利用各种工具调动和发展员工。能有一位讲究效率的领导者做老师，每日进行指导，那么流程改善和员工发展就能够互相促进共同发展。

强大的领导者非常重要，这一点无可置疑。对于伟大的领导者，每个人都能轻松举出 4 个、5 个乃至 10 个。不过，如果你问西方人，是什么使这些领导者伟大的，他们的回答就显得很抽象，如亚伯拉罕·林肯有信念，马丁·路德·金的梦想给人以激动人心的愿景，杰克·韦尔奇下手果断，迈克尔·乔丹有一种张力。所有这些说法都不能算错，但是对那些致力于在内部培养领导者的公司来说却没有具体的指导意义。公司能传授信念、愿景、果断和张力吗？

很明显，在通常情况下公司是不能传授这些的。不过，让员工通过具体实践培养信念、坚信愿景、应对挑战、变得更为强大、面对快速变化果断采取行动，这样的一种环境，公司能创造吗？答案是肯定的。关键就在于创造一种文化氛围，不断强化实践，促使真正的领导者发展起来。文化与领导力是同一问题的两个方面，而且两者都必须不断地（准确地说，一天也不能间断），通过有意识的行为进行再更新和再巩固。持续改进需要持续的领导力。

多数西方人都认为日本文化是温和的、反对冲突的。然而当丰田领导者践行尊重员工的价值观，解决有关顾客的问题的时候，他们的行事风格一点都不温和。当上司要求加里把返修率降低 60% 的时候，话说得直截了当，气势压人。这可不是什么皆大欢喜的建议，而更像是一个令人望而生畏的挑战，要求加里施展所学到的全部技能，把好钢用到刀刃上，把事情做得更好。

丰田已经证明，在新文化氛围里可以发展领导者，不过过程很艰辛，也不会立竿见影。那么，一家公司或者说个人该从何下手呢？

在本书中，我们以加里和其他领导者的经历为例，说明了发展丰田领导者的方法。我们根据我们在新联合汽车制造公司和丰田的经历提出了精益领导力发展模式，而在其最初阶段要完成的一项艰巨任务就是自我发展。即使是久经沙场的领导者也要照照镜子进行反思："我是成功过，可是我有很多的缺点和要学习的东西。"不断发展的精益领导者接下来就可以培训他人，实际上，做老师是提升自我的最佳方式之一。如果包括工作一线在内的绝大多数领导者都经过了培训，那么他们就可以有条不紊地推进日常改善和持续改进，最终实现方针管理，更好地协调公司各部门的行动，迎接更严峻的环境挑战。但是和达纳一样，很多公司都处于一种我们称为精益领导前的阶段。

所谓精益领导前的阶段，是指这些公司要么正处于危机中，要么本身文化太过消极被动，太关注眼前利益，常常经历各种并购交易，或被为实现季度收入目标和提高股价而进行的短期成本削减弄得焦头烂额。还有，一些现任领导者经历多次提升之后，在人们眼中成了成功人士，就不再致力于自我发展，也不大看重员工培训。有的领导者认识不到合作的机遇而更倾向于把环境看成竞争性的：适者生存。有抱负的领导者希望从丰田追求卓越的经历中得到一些启示，知道从何开始着手，这可能是很不容易做到的。

你真的想追求卓越吗

刚进入丰田时，加里最难忘的印象是感觉丰田像一个交响乐团，技艺高超的音乐家在演奏着美妙的音乐。组装线上的一线员工快速地重复做着同一个动作，他们怎么会像技艺高超的音乐家呢？这就是丰田所谓的"造物"（monozukuri）。造物是一种不断创新把事情做好的无所不能的激情。丰田首先是一家制造公司，其价值就在于其设计和生产的产品，因此丰田必须满怀自豪地生产和销售自己的产品。

无论是服务于病人的医院，还是为客户服务的律师事务所或城市的公用事业服务单位，都必须有传递自己价值观的激情。只有有了这种毫不妥协的激情，领导者或者公司才能制定出可以切实培养和激发领导力的愿景：要么是长期的"全球愿景2020"，要么是达纳所采用的那种短期恢复计划。

如果你想走上真正的精益领导力之路，你就必须问自己一个很重要的问题："我真的想追求卓越吗？"如果你觉得大体过得去就可以，那么你就没有必要拿丰田做典型。有很多方法可以让你把工作做好，得到想要的结果，挣到钱，在公司一直熬到退休。但是我们希望你想要的不仅仅是这些，还希望你成为行家里手。

在丰田，行家里手所达到的境界和登峰造极的武术大师有异曲同工之妙。作家迈克·鲁斯就曾用一个日语词"kata"来解释怎样在较深的层次上成为流程改善和指导技能提高的行家里手。[1]kata 这个词的字面意思是"形式"，广义上指歌舞伎、空手道和茶道中精心设计的一招一式。在这些领域中，在老师的悉心指导下成为行家里手自有一种逻辑和程序。当然，达到完美很不容易，也是难以真正实现的。不过，完美应该是目标，放弃追求完美往往会导致不断后退。

随着现代跨国公司和严格商业规范的发展，成为行家里手似乎不再是人们追求的目标，也不再能激起我们的兴趣。有很多的书和咨询公司都要求公司把追求竞争优势、与众不同当成一种理念。我们似乎也不再把激励人们追求卓越当成目标。乔治·伦纳德（George Leonard）是合气道练习者，技能娴熟，曾经不无批评地写道"美国掀起了反对成为行家里手的风潮"，还专门提到了电视时代，称"消费主义对我们的价值体系的统治已经达到了前所未有的程度"，人生成了永无尽头的"高潮迭起的各种片段"，而要达到这样的生存状态根本无须工作或者进行严格的锻炼。[2]

罗伯特·托马斯（Robert Thomas）专门研究是什么造就了高效率的领导者。他发现这样的领导者无一例外都经历过严峻的挑战。[3]而把他们与效率低下的领导者区别开来的正是他们应对严峻挑战的方法，以及从中所学到的东西。和成功的运动员或者艺术家一样，这样的领导者也经历了艰苦的磨炼。他们都掌握了个人学习策略，所经受的严格训练使他们能够实现自己的梦想。托马斯还发现，成功领导者最重要的能力是适应能力：一种观察和乐于学习的能力。而且这还是一种持续挑战、适应、学习，为下一个严峻考验做准备的过程，且这个过程会不断重复。丰田已经有意识地开发了一些方法，可以提供此类关键性的必需的学习机会和锻炼，帮助领导者和一线工人成为行家里手。不过要想成为行家里手，仅仅有促使人发展的环境是不足够的，这还有赖于个人发展：员工要有学习和成为行家里手的激情。不容乐观的是，很多想成为领导者的人身上都缺乏激情。

丰田模式下的精益领导力真的与众不同吗

深深植根于丰田基因中的这种培养领导模式和传统的西方公司所践行的模式有着根本的不同。《改变世界的机器》(*The Machine That Changed the World*)$^{\ominus}$ 把精益生产界定为一种全新的生产规范。同时这本书还给我们呈现了一种培养领导力的新范式。在表7-1中，我们把这些主要差异进行总结，所观察到的不同可以归为两类：一种与领导者制定决策和解决问题有关，另一种与领导风格和动机有关。丰田领导者一开始就对真北有清晰的认识，并致力于让流程变得完美。一个好的流程会不断产生好的结果，可是一个强制推行坏的流程的领导者要达到想要的结果只能依赖运气和一些权宜之计，而这两者都不可能产生长期的效果。我们见过很多人不费吹灰之力就能从概念上区分好的流程和只有短期效益的坏的流程，可是很少有人真正理解丰田概念中的"好的流程"是什么。多数西方管理者轻率地认为，好的流程就是没有错误的流程。其实相反，在丰田概念中，好的流程是让问题彰显而不是根本看不到问题的流程。丰田的员工经常投身于解决问题，他们在这一过程中学习，而不是通过有名无实的练习或者在教室里听课来学习。

这样自然就产生了领导者职责和动机的不同。在传统的西方模式中，似乎有一种自然而然的假设，认为多数员工只对自身感兴趣，而且能力都不强。领导者必须承担起为大众思考的重担，并通过制定指标，用奖惩手段引导人们做该做的事情。常常有人向我们问起丰田的激励机制。问这样问题的人潜在地认为：如果所有人，包括一线工人和管理人员都致力于追求卓越，

$\ominus$ 此书中文版已由机械工业出版社出版。

那么他们一定得到了什么好处。这种看法是站不住脚的，因为研究已经表明，当外在动机处于控制地位的时候，如果得不到有形的立刻能够兑现的奖励，人们就不会从工作本身得到快乐。[4]

表 7-1　传统的西方领导者与丰田领导者的对比总结

传统的西方领导者	丰田领导者
制定决策和解决问题	
工作是为了实现财务商业计划	追求真北愿景
为达目的不计成本	正确的流程和明确的目标可以确保预期结果的实现
通过数字管理	在现场深入了解流程
短期思考，快速产生结果	花大量的时间做计划，让员工和流程为长期效益做准备
跨越障碍	在行动之前深刻了解问题，把握问题的根本原因
领导风格和个人动机	
傲气，逞英雄	谦逊、爱学习
致力于晋升：在职业阶梯上快速攀升，以获得更多的奖励和认可	致力于成为行家里手：深入且广泛地学习，然后承担起发展自我和他人的日益增加的责任
用指标、奖励和惩罚控制人们	指标只是协调人们行动并激励他们实现其参与制定的目标的工具
通过员工完成任务	训练员工以团队形式高效工作以解决问题
与公司是一种交易关系：这样对我有什么好处	对公司是一种奉献关系：我们怎样才能创造更伟大的事业

与此相反，丰田模式认为，如果人们心中有明确的目标追求，掌握了问题解决方法，参与了目标制定和工作改善过程，那么他们就可以在这些过程中感受到足够的激励。这种方法几十年来不断改进，对管理对象有巨大的激励作用，其作用已经被大量的研究证实。[5]

丰田制定各种指标并非让管理者强迫人们做出预期的举动，而是要让每个员工和各级团队都拥有判断自己业绩的工具。制定指标是为了自我发展而不是为了监督和实施管理控制。这些指标有助于在质量、成本和完成目标上实现有意识的日常管理。这种方法与其他方法真正的区别不在于指标本身，而在于员工是否能全身心地投入不断重复的 PDCA 循环过程。领导者对这一过程负有责任，应给予大力支持。与此相反，我们合作过的很多公司都建立起了多层级的指标，可是当领导者并不真正理解自己所领导的团队所做工作的时候，他们就会按照这些指标强行进行控制，根本谈不上用系统的方法改进该项工作。

和优秀的领导力图书所提倡的没有太大区别

丰田式领导力和我们在西方公司常见到的情况有很大不同，对此我们已经做了强调。可是我们还看到了两者之间的诸多相同之处。在第 3 章我们就曾提到丰田领导者向巴里推荐当代一些关于"服务型领导"的图书，希望能有助于他理解丰田式领导力的真正含义。在看丰田式领导力的时候，你心里也许会想到吉姆·柯林斯（Jim Collins）的《从优秀到卓越》[6] 中所提到的第五级领导力——从人性到激励人们努力奋斗拥有激情等诸多方面，两者都出现了重合。

读者也许还会联想到史蒂芬·柯维（Stephen Covey）的《高效能人士的七个习惯》[7]。如果任选一个丰田领导者让他看柯维的这七个习惯，你都可能听见他这么说："这些习惯都很有意义，我们丰田人追求的就是这些。"柯维界定的几种习惯丰田都有，如在真北愿景之上建立长期目标；利用可视化管理；在给出建议之前要耐心倾听；把有效的问题解决方法应用到与他人的合作中，等等。

这样的例子我们可以一直举下去。肯·布兰佳提出"情境领导力"[8]，强调在正确的情境下用正确的方式进行领导。这种领导模式经常在北美丰田内部进行传授，强调人们所需要的是适应目前发展阶段的可行的支持和可遵循的章法。彼得·圣吉（Peter Senge）在他开创性的著作《第五项修炼》[9] 中曾提出一种模型，而丰田追求的学习型组织与这种模型完全契合。彼得·圣吉的学习型组织包含 5 个部分：自我超越；心智模式；共同愿景；团队学习；系统思考。这些与丰田公司各个层级都追求的目标非常相似。

区别在于不同文化中关于能力与领导魅力的理念不同

丰田领导模式与众不同，而丰田为贯彻这种模式所做的努力更是与众不同。第一个就是公司非同寻常的坚持：年复一年，每一个层级都在坚定不移地培养践行丰田模式的领导者。我们从不同层级和不同国家随机选取一组丰田领导者，就会发现他们都有着很强烈的共同价值观（不过在丰田模式下，不同层级的领导者在领导能力上肯定会有不同）。

第二个不同在于（部分可以归结为上面的结果），丰田式领导力已经逐渐发展成了一种机制。正如彼得·圣吉提倡的要成为学习型组织一样，丰田就是这样一个学习型组织，不断吸收不同的领导方法和理念，已经形成了协调一致、不断发展的有机整体。这种学习的整体过程被认为是丰田的 DNA。这当然会产生一个问题：长期以来，丰田是怎样把这种 DNA 深深植根于不同层级的领导者心中的呢？

很多公司都有非常高效的领导者，但是这些领导者分别处在公司发展的不同的历史时期，他们之间的差异是非常巨大的。伟大的公司并非永远都能保持伟大，有时也会退化为平凡。在统计中这种情况被称作平庸退化。如果没有真北领导者，取得的精益改变出现一定程度的倒退是在所难免的。例如，标准普尔 500 指数变化之大令人难以置信：截至 2007 年，即标普 500 指数开始编制的第 50 年，只有 86 家公司一直维持原有指数。

我们在本书中探索的领导力发展模式是丰田发展起来的一种机制（还在继续发展中），把丰田的 DNA 深深植根于所有领导者心中。从开始招募新人时丰田就极其用心，然后依据这些人在行动中表现出来的领导能力和抓住机遇总结经验的能力，再从他们当中进行选拔，然后给予被挑选出来的人更大的挑战。

丰田不在乎领导者的个人魅力。很多丰田最好的领导者在外人眼里都很平常，他们如果参加竞选或者受欢迎度测评绝不会胜出。2012 年 2 月，当包括丰田章男在内的丰田领导者被召集到美国国会参与关于丰田汽车突然意外加速的听证会的时候，他们在面对来势汹涌的质问时所做出的反应并没有得到公众很高的评价。丰田并不特别看重领导者的个人魅力，倒是那些更低调、谦逊、勇于承担责任、乐于为团队努力并善于学习的人在丰田更受人欢迎。丰田非常看重那些有能力，并在工作中不断展示出来其能力的领导者。丰田员工只有展示出自己有较高水平的能力才能有机会进入领导岗位。那么他们该表现出什么样的能力呢？

第一，他们必须深刻了解工作本身。在很多公司常会听到有人抱怨老板并不真正了解工作，不配当老板。员工们会私下里议论，说老板能当上老板要么是因为政治关系，要么是因为他巧舌如簧，要么就是因为他在公司待的时间足够长，对公司死心塌地。抱怨的人也许意识不到自己能力并不高，但是他能感觉到有什么地方出问题了。当丰田领导者，如加里和马蒂进入其他公司的时候，正如我们在达纳所见到的，他们都发现那里的管理者在能力方面似乎比丰田所要求的要低得多。其实多数公司的领导者都是如此：他们有一定的忠诚度，有一定的能力，但是远没有达到卓越，没有成为行家里手。从来没有人给他们以支持或者给他们以章法，让他们为实现更高的目标去学习。像丰田这样有着"造物"的真北愿景的公司，更需要能力强、对工作了如指掌的卓越领导者。因此丰田花费大量的时间和资源培养这样的领导者，这是一种远远高于可衡量的投资回报率的资源。

第二，他们必须抛开肤浅的理解，深入把握精益思考方法。要达到丰田领导模式所要求的能力水平并维持下去，即使是高层管理者也必须深入实地。即使是那些接受过丰田方式训练的人，不亲自实践也很难明白深入实地到底是什么，深入实地后要干什么。加里在新联合汽车制造公司的第一年里遇到不少麻烦。在通用汽车和福特汽车，他为了解、解决问题已经习惯了对问题追根溯源，可是丰田的深入实地并不仅仅是这些。管理者不深入实地就自行解决问题的方法是非常不利于员工发展的。深入实地就是指富有魄力的领导者首先深入工作现场，全面了解工作情况。一旦到了现场，他要做的就是给予员工一些挑战、指导和支持。

与之相反，西方领导文化常常在隐隐约约地鼓励人们避开不容易解决的问题。领导者只有在成功解决了一个难题时，才能得到奖励；而如果失败，他们承担的风险和后果则是巨大的。而且，如果公司推崇"出头的椽子先烂"，领导者还会把问题隐藏起来。这一藏就是很多年。

对问题的根本原因刨根问底是极度痛苦的过程，需要付出耐心，与相关员工进行沟通，培养足够的信任感，让员工在即使对自身不利的情况下也能做到实话实说。这并不等于说与员工的交流要说空话，要含糊其词。丰田领导者都有过因为错误和失败被老师毫不留情狠批的经历。

日本有一种风俗由来已久，那就是要避免出现尴尬场景，让别人"保留面子"（mentsu）。在对待公司外部人员的时候，丰田这一点做得很到位。可是在公司内部与下属和同事之间就成了另外一番景象。我们发现，在丰田，如果问题属于内部问题的话，尤其是在非公开会议上，讨论就非常直接，特别是在一个高级别管理者对下属说话的时候更是如此。在这种情况下，把下属的不足之处指出来在与会人员眼里非但不算挑刺，反而是帮助员工进步的一种关爱，是一种"严厉的爱"[10]。

第三，对真北要永怀激情。真北是丰田人做任何事情都坚守的最重要的理念。真北可以让致力于进取的领导者在没有现成解决方案的时候就敢毫无畏惧地迎接新的挑战。要经历多年培训、老师教导，以及亲身经历才能深刻把握丰田追求完美的愿景。而要学会技能娴熟地评估现实情况与真北之间的差距花费的时间则更长。完美无法实现，差距会永远存在。但是一个受过良好训练，拥有高效解决问题能力的卓越领导团队会越来越接近这种愿景。

丰田式领导力是方式和结果管理

我们在第5章探讨过，丰田式领导力的另一个主要方面就是方针管理体制。实际上，方针管理是把各级领导者和公司为应对环境变化而不断调整的业务目标连接起来的最后一个链条。下面我们将以此为切入点进行进一步的探讨。

方针管理常常被拿来和受到全面抨击的"目标管理"[11]进行比较。目标管理的意义在于通过制定明确的目标让公司中所有员工都有权力找出实现目标的最佳方式，并允许管理者和员工通过委派的形式来实现这一目标。通过具体措施达成的实际结果和预期结果两相对比，可以用来对员工的工作进行评价。在理论上，这种方法可以赋予人们权力，限定微观管理，鼓励承担责任，都是先进的管理渴望实现的，实际上也是可以实现的积极目标。

但是，尽管出发点是美好的，目标管理也有着消极的影响。目标管理从本质上忽略了管理者和员工实现既定目标的方式方法，往往会产生大量意想不到的后果。很多时候目标管理会促使员工为完成任务而抄近路。在很多推行目标管理的公司里，目标远比方法重要，公司中的所有人，包括各级管理人员都依照目标行事。

很多追求精益发展的人都指出目标管理忽视了实现目标的方式。这种仅仅追求结果的偏颇做法促使另外一种新的名为"方式管理"（management by means, MBM）的方法的产生。这种方法建立的理论基础是，如果管理者用正确的方式追求目标，那么产生积极结果是水到渠成的事。[12] 一些提倡方式管理的人甚至进一步提出标准化管理：给管理者制定一整套的行事规则（如每天沿着标准线路深入实地查看工作，按部就班地问一系列问题，并给出指导建议等），确保正确的管理方法得到实施。[13]

方式管理是一种很了不起的设想，它准确地认识到，大多数管理者太在乎结果，而对达成结果的方法却并不真正了解。可是在实际中，这种方法的局限性和目标管理一样大。为什么呢？很简单，因为如果你追求没有目标的结果的话，就无从判断追求过程是否采用了正确的方法。方式管理着力于纠正不利于实现预期结果时的不平衡，却往往矫枉过正，走向了另一个极端。我们无意为"不惜一切代价追求结果"的心态正名，只想说明目标和方式是紧密地联系在一起的。

对丰田领导者来说，没有达到指标是一件非常丢脸的事。你永远都不会听到丰田的领导者说："该用的方法我们都尝试过了，因此没有达到指标也没有什么遗憾了。"曾经，丰田的一位总经理接到任务，要求他把冲压模具的生产时间压缩一半，杰弗瑞问他如果只能完成49%的话，心里会怎么想。这位经理的回答是："我夜里会睡不着觉。"这并不是方式和目标应该选哪一个的问题，而是两者都要。一个真正的丰田模式领导者会不遗余力地追求目标，只不过是按照丰田模式去做。

目标制定出了偏差，或者说环境发生了变化，导致用正常的方法无法实现目标，这些情况都会出现。遇到这些情况就要好好反思目标的制定过程。真正的精益管理者认为，目标制定过程和追求目标的过程不是互不关联的。如果公司没有用正确的方法制定目标，员工也不具备制订具体计划的能力和动机，那么无论你是"通过方式"还是"通过目标"管理都无济于事了。

正如我们在第 5 章所看到的，"全球愿景 2010"中设定了一个雄心勃勃的目标，它建立的价值观基础是："成为世界上最受敬仰的汽车公司。"这样一个目标是难以衡量的，因此要把它分解成具体的目标，其中包括 15% 的全球市场份额。在丰田方针管理体制中，目标总是以预期结果为出发点，一级一级分解为具体的计划（方式），然后通过指标衡量进展情况，从而把目标和方式结合起来。北美公司对"全球愿景 2010"的分解致力于在 4 个领域制定目标：改善供应商、降低成本、促进员工发展以及提高顾客满意度。我们曾详细探讨过加里是怎样实现把返修率降低 60% 让顾客满意这样一个关键目标的。在 21 世纪第一个 10 年末的时候，这一目标实现了。所有的目标都无所谓对与错，但是追求目标的过程不能违背公司的价值观。

我们相信，方式管理在一定程度上可以抵消几十年集中精力追求结果所产生的负面影响；我们相信标准化管理有一定的价值。但是仅仅相信这些是远远不够的。这只是在成为精益领导者的过程中迈出的很小的一步。我们在第 2 章里讲到，每一个丰田员工在每一个发展阶段都会经历一些基本的发展步骤，都要经历完全复制的最初学习阶段（"守"的阶段），掌握基本技能的成熟阶段（"破"的阶段），然后是在基本技能方面成为行家里手，实现超越和发展的阶段（"离"的阶段）。

标准化管理只是学习中"守"的阶段。方式管理仅仅是"破"这一阶段的一小部分。一个领导者只有在不断使用正确方法达成预期目标的时候，才能说达到了"离"的阶段。

短期性降低成本行为什么会扼杀精益转变

不幸的是，多数公司的高层管理者都把精益管理看成简单的降低成本方法。首先，受命进行精益改善的人被赋予一定的权力空间：制定愿景，发展培训模块，考虑长期保持卓越运营会是什么样，甚至还可以从示范生产线着手。然后促进转变，直至预期结果出现。在追求精益的最初几个月里，或者在第一次日常改善之后，或者是第一次培训之后，我们就能看到这种变化。之后首席执行官宣布要在年底看到精益努力的回报。

正如我们所提到的，用正确的方法追求精益和省钱并不是对立的。两者可以同时实现。这一过程的关键字就是"能"。太多时候，高层一下达节省目标，精益领导者就会产生畏难情绪。他们解雇精益培训者，不再把精力用在促进员工的长期发展上，进而采取一切可能手段降低成本。降低成本就意味着赚到了现金，这样常常会涉及减少人数——通过精益活动减少员工数。在本书中，我们一直强调要勇于面对挑战，要有能力创造一种持续改进的真正文化。高层下达的快速降低成本的命令通常会扼杀长远的文化投资，破坏员工的信任感，而精益也随之成为降低成本的工具。

我们把标准化管理比喻成用辅助轮学骑自行车。这种比喻非常贴切。方式管理把力量集中于监督员工，看他们是否遵循正确的流程。如果你开始进行管理的话，这些都是需要的基本条件。以这些工具为起点是必须的，因此它们非常有用，也许会使领导者不再使用单纯的结果管理方法。不幸的是，太多的管理者并没有意识到自己依然处于"守"这一早期学习阶段，一旦有成就立刻就停止发展自身技能。他们想不明白，丰田和其他花费多年心血发展精益领导者的公司都发生了转变，取得了突破性结果，为什么自己就做不到呢？

精益领导力是使丰田适应主要环境变化的力量

杰弗瑞·莱克和蒂莫西·奥格登在《丰田模式（危机应对篇）》(*Toyota*

Under Fire）[14][⊖]一书中详细分析了丰田对最近几次危机的反应。我们也在该书的序中把丰田应对召回危机的反应进行了总结，同时还讨论了大萧条的情况，并指出，把丰田应对财政危机所采取的独特做法进行总结是非常值得推崇的。

在最近两个经济繁荣时期，新闻媒体对各家公司提供给员工的各种额外补助进行报道已经成了家常便饭。无论这些额外补助是现金红利、无偿配股还是免费美食，反映的情况都一样：很多公司赚足了钱，面对劳动力紧俏的状况，当然都要在员工身上花钱，对他们进行奖励。很多首席执行官都成了商业杂志传记中的主人公，其对员工的奉献和富有创意的领导都得到了大肆宣扬。

紧接着艰难时代来临，曾经被称为公司最值钱资产的员工却被成批炒了鱿鱼，很多创新型领导者自己也被清除出公司，依然留在工作岗位上的是那些飞快变身成了成本削减能手的人。我们有充分的理由去质疑在公司处于盈利时期领导者得到的赞美之词。在公司最赚钱的时候，他们承诺要把员工当作最值钱的资产，要推崇意见一致、团队协作的领导方式，在培养新领导者时要有耐心，所有这些说起来都是轻而易举的事情。

有句老话说得好，人的品性在没人看到的时候才会表现出来。对于领导者和公司来说，在某种程度上，要把这句话反过来说：领导者的品性只有在众目睽睽之下才能表现出来。心理学家告诉我们，在压力之下我们最真的品性才会表现出来。一个公司到底该怎么看待领导方式在压力之下会暴露无遗呢？经济大萧条是最好的凸透镜，通过它可以透视丰田式领导力。事实确实如此，因为丰田2008财政年度首次宣布年度亏损时已经连续50年保持盈利。在压力之下，丰田式领导力脱颖而出了吗？在危机中丰田是怎样实现领导的？简而言之，时局艰难时，丰田不仅坚持了丰田式领导力，而且还加快了发展领导者的节奏。

经济大萧条并不是丰田第一次面临的挑战。丰田不断利用挑战作为发展

领导者的契机。挑战精神位于丰田模式 5 个根本价值观的首位绝不是偶然。

丰田佐吉当年在贫穷的日本农村发明自动织布机的时候，他面对的环境要远比丰田在现代大萧条时面对的环境艰难。丰田佐吉让儿子丰田喜一郎建立一家汽车公司，几年之后公司羽翼丰满却又陷入二战的困境。丰田和其他日本公司一样都遭受过 1973 年石油贸易限制的沉重打击，因为日本石油完全依赖进口。经历了一次次的挑战，丰田变得越来越强大。

正如我们不断提到的，丰田生产体系每天都会产生挑战。这些每日都有的挑战促使公司摆脱自满情绪，并不断给成长中的领导者以训练机会。换句话说，丰田很重视用创造性的精神和勇气面对挑战，只有把挑战看成机遇（由于丰田生产体系的存在，他们拥有很多这样的机遇）的领导者才能得到提升。在日本有一句老话，"错误是财富"，意思是不顺与错误会产生确定问题根本原因的机遇，这样有助于进一步改善整个体制，从而防止将来再出现同类问题。

丰田生产体系、日常改善或者是董事会制定的过高目标（如把市场份额增加到 15%）都会在工厂内部产生挑战。这些挑战与全球经济大萧条带来的巨大挑战是完全不同的。如果公司仅仅是没有完成目标的话，那么它依然有回旋的余地：占有市场份额，赢得巨大利润以及在质量和生产能力上胜过竞争对手。人是容易自满的，可是丰田曾经多次实现目标，然后不断挑战极限，所有这一切都给人留下深刻的印象。可是在钢铁和石油价格在 6 个月之内翻了两倍的时候，丰田就没有了回旋余地，之后所有发达国家几乎同时陷入经济萧条。

在这瞬息万变的环境中要谋求生存与发展，需要高层有更强大的领导者。但是，即便在一家规模只有丰田的 1/10 的全球性公司中，需要变化的东西也太多了，不能仅仅依赖高层领导者。每一位领导者都必须随时准备对重大变化做出反应，积极调动全公司人力应对不断改变的环境。

从某种意义上来说，丰田怎样应对重大危机很难落实到笔头，因为丰田并没有要求领导者各显神通应对重大变化。和冠军运动员对失败的反应一样，丰田面对挫折时做出的反应就是把目前能做得好的地方做得更好，投入更多的精力。对重大改变做出快速反应使自我发展能力更强，而不是更弱；对日常改善给予更多支持，而不是取消改善活动；面向未来，而不是纠结于眼前的危机，用更快的速度，把方针管理往更深层次推进。实际上，丰田肯塔基公司并没有关闭一个工厂，没有解雇一位正式员工（不过临时工全部遣散），在研发（不过费用有所减低）上继续远远胜过竞争对手。丰田充分利用这样一个契机为未来发展构建更为坚实的基础。

在经济大萧条时期，丰田制造厂因为能做的工作少了很多，因此所承受的打击也最大。在美国，自经济大萧条前的 2008 年夏季以来，生产耗油多的大型汽车厂家所遭受的打击最为沉重。

丰田在印第安纳州普林斯顿的印第安纳公司于 1996 年建立，很快就成了北美最盈利的厂家。该公司生产大型的红杉多功能汽车、塞纳小型面包车和坦途卡车。2000 ～ 2008 年，印第安纳公司连续（2003 年除外）赢得了 J. D. Power 初始质量大奖。该公司的产量在 2005 年达到最高峰，年产量达到 370 000 辆，但是在 2008 年春季末石油价格暴涨的时候，这些大型车的销售量一落千丈，其下降的速度之快是人难以想象的。到了这一年夏天，坦途和红杉的库存飞速增加，公司因此做出了一项决定（按照丰田标准，下手已经太晚）：完全停止生产这些车型 3 个月，把工厂里的两条生产线关掉一条（只留下塞纳小型面包车生产线）。即使关闭的生产线后来恢复生产，但由于经济萧条全面袭来，至 2008 年年底的年度生产量只达到了前一年的 48%。

但是即便关掉一条生产线，丰田也没有解雇正式员工（临时工被解雇，加班也取消了）。在这 3 个月的时间里，两条生产线只运行一条，要做的工作很少，可是 1800 名员工还是照常来到工厂，参加深度培训和日常改善。关掉一条产品线之后，加上经济萧条，工厂连续 8 个月销售量降低到之前 50% ～ 60%。全厂员工分成两组，交替在线上工作和接受培训进行日常改善。

不光是这些经历过长达 3 个月时间培训的员工，所有经历过一定时间培训的员工都会奇怪：丰田怎么就知道在员工身上花钱会有回报呢？而且，如果培训目标不明确的话，培训很快就会退化成为培训而进行的培训或员工小憩和打发时间的绝佳机会，而不再是学习技巧的契机。

为了抵制这种倾向，印第安纳公司把在教室学习和在培训者指导下在一线进行日常改善结合起来，而且把方针管理的目标往前提了一年。工厂采用仿真生产线，不间断运行，在真正的生产线保持运行的同时让员工们都可以亲身体验生产过程。有120多个组长和管理者在丰田模式下被训练成了培训者，掌握了丰田生产体系的所有基本工具和问题解决方法。他们鼓励员工把教室中所学的东西尽快应用到生产实践中，这样就等于让员工在温习所学东西（学习中"守"的阶段）的同时，严格遵循标准，完成生产流程。在第3个月月末，公司制定出安全、质量和生产的具体目标，使员工有了衡量自身进步的标准。

我们发现，在印第安纳公司，方针管理并没有有效地推行至工作组层级。组长和小组长在经济萧条之前都没有经受过正式的丰田问题解决方法培训。尽管组员做出了很多日常改善，但是与高层管理的方针目标并无多大关联。因此这一阶段的一个重点是给生产小组（在可视化指标板的基础上）设计一种"车间管理发展系统"，在整个工厂推行，把各个层级的目标联系起来。

在员工身上的投资在短期内就有了回报：工厂降低了成本，省下了数百万美元的资金；新推出一种新的车型汉兰达；原先会发包出去的工作都由工厂员工完成了；质量、安全和员工士气都达到了一个全新水平。印第安纳公司还制定了北美生产百辆汽车最少缺陷的新标准。当然，以长远目光来看，在员工身上投资得到的回报远不止这些。

当召回危机袭来、需求暂时下降，以及后来日本发生了21世纪最惨烈的地震，导致丰田500个零部件供应中断的时候，丰田依然坚定不移地进行日常改善、培训员工以及参与社区志愿活动。丰田领导者把为社会做贡献和保护员工利益内化为一种品质。因此，艰难时期不削减员工和为社会做贡献对公司来说是很自然的事情。

踏上征途

在与众不同的领导哲学的引导下，丰田构筑了一种浓厚的文化氛围，这对丰田来说当然是一件好事，可是对其他与丰田有着不同文化的公司来说又意味着什么呢？我们看到丰田已经把它的领导模式成功在北美文化中推行，因此这种领导模式在全世界丰田的工厂、研发和销售部门都是可以成功推行的，知道丰田远没有达到完美也让人宽慰不少，其实这才是所有日常改善的起始点。在本书中我们一直在罗列包括印第安纳公司在内的丰田公司的不足之处。当印第安纳公司被外界誉为基准工厂的时候，加里就开始在厂里构建领导团队和公司文化。在丰田，没有人认为丰田在应对召回危机时做得尽善尽美。在应对危机以及危机过后所做的深刻反思中，会产生重大问题的严重缺陷都被——暴露出来。丰田已经开始着手采取很多措施解决这些问题，并致力于消除问题产生的根本原因。我们认为，如果有着与众不同的发展领导者的体系和强大的持续改进的公司文化的丰田在不同时间和地点都存在不尽完美的地方的话，那么所有的公司都有可能会遇到相似的问题，甚至更大的挑战。不足暴露出来之后，丰田所表现出来的克服缺点的能力使我们相信丰田领导方式是值得学习的典范。

那么，丰田之外的领导者怎样开始系统学习成为一个真正的领导者并培养员工呢？实际上你已经开始了：既然你在读这本书就说明你有自我发展和确定现实与目标之间差距的愿望。接下来你要做的就是确定下一步会面临什么样的挑战。

只有在你有了永不放弃追求卓越的愿景，以及对公司现状做出近乎残忍的客观评价的时候，才能确定什么是真正的挑战。理想和现状之间的差距有助于确定问题，让你和其他领导者通过大大小小的改变发展自我、发展他人并促进持续的改善。在一个公司里，在一个有梦想的领导者的职业生涯中，这种确定现状和理想之间差距的过程会反复进行。

接下来你就可以运用我们的领导力发展钻石模型，对自己的公司进行诊断。

1.你的公司有全员共有的真北愿景吗

我们相信在多数公司里，答案都是否定的。公司里会有任务说明或者其他的一些文件，但都因太过笼统而失去了指导意义。愿景应该具有可信度、可行性，并在工作进行过程中进一步具体化。正如我们在达纳案例中所讲到的，愿景应该与公司的成熟度相适应。当公司还没有成熟到承担起富有挑战性的 10 年愿景的时候，就可以把制定一套短期运营原则和针对关键绩效指标的明确目标作为很好的起点。

2.你的公司有现成的乐于以积极的心态迎接挑战并提升自我的领导者吗

长期的目标把整个公司上上下下所有领导者都调动起来进行自我提升。正如我们已经讲过的，自我提升并不是要你单独干，通过一位老师来传授和教导是非常关键的。不幸的是，很少有大中型公司中有足够多的老师进行指导。而要公司各个部门同时行动起来的话，有老师传授是必须的条件。这还要有目的明确的培训方法。有的公司一开始培训的是高层领导者，让他们深入一线进行日常改善。还有另外的一种方法，就是加里在印第安纳公司所使用的培训方法，即带领上中层领导者深入供应商进行日常改善，然后把所学到的东西带回到本部门进行应用。不过，还有的公司发展了一种示范生产线，即把某一个生产流程中的一个关键部分变成一个示范点，让其他生产线效仿。无论你采用什么方法，关键是要意识到：这只是不断加深和扩展的学习循环中的一个起点。[15]

3.所有层级的领导者都承担起老师的责任，发展员工让他们为将来做领导者做好准备了吗

自我提升是一种挑战。还有一种挑战就是把几十年来都做决策的领导者转变成培训他人的老师。两相对比，前者要简单得多。对加里来说，学会克制、不急于给出解决方案是最难做到的，直到今天依然如此。巴里从服务型领导中学到的一点是：领导者必须集中精力促进员工发展，而不是运用权力发号施令。做到这些需要领导者非常成熟与自律。刚开始时一定要给领导者培

训员工做出明确预期，并将其作为对他们持续性的绩效评估和反馈的一部分。

4. 各级员工都在遵循严格的过程一步一步地解决问题吗

我们正在讨论的不仅仅是一个知道这些步骤的思考过程，根本性问题的解决涉及最根本的行为倾向。急于给出解决方案以便快速看到结果是人之常情。计划—实施—检验—行动这一过程首先要把主要精力集中在计划上，然后强调只有在检验之后启动行动的时候整个过程才是完整的。实施最多是所有步骤中的一环，不幸的是，为了结果而实施是很多领导者所追求的。任何想从丰田学到东西的公司都必须把包含适度"实施"过程的问题解决方法的传授置于持续培训与发展的中心位置。[16]

5. 你的公司有没有让人制定一致的改善目标，并且把达成这些目标的好做法在全公司进行分享的氛围

我们已经强调过，方针管理会随着公司的发展而演进。首先，正如我们在达纳的例子中所看到的，我们经常需要强调的是，公司高层该怎样制定合适的目标，并对目标的实现情况进行衡量和奖励。方针管理最重要的一点在于，公司各个层级都要有实现目标的配套计划。加里和他的团队做到了这一点：他们坚持在所有工厂管理者中推行 A3 计划报告，并客观地加以评价。方针管理是一种领导者发展工具，而不仅仅是实现商业目标的工具。领导者遵循良好的问题解决过程，照此发展下去，实现商业目标是自然而然的事情。

6. 你们是否做到了利用来自环境的巨大挑战进一步增强领导力，并促进公司进一步强大起来为长期的愿景而努力

可惜的是，用拉姆·伊曼纽尔的话说，我们最近研究的多数公司都把"本来可以有所收获的危机浪费掉了"。[17] 面对危机这些公司恐惧了，于是开始撕裂公司，使之处于更加弱势的状态，即使在将来经济复苏的时候也很难有能力发展业务。危机带来挑战，产生一种生存压力，因此在危机中公司很难建立起追求卓越的文化氛围。丰田把经济萧条、地震以及召回危机作为进一步发展员工和公司的机遇。达纳引入已经能熟练利用丰田模式的领导者，

把本来最不利的形势转变成了积极的形势，为公司追求卓越奠定了坚实的基础。其他公司现在都有机会培养自己应对下一次冲击世界经济的"大海啸"的能力。

需要老师

我们很乐意给你一张关于精益领导力的路线图。标准化领导工作似乎是一种不错的路线图，很宽慰人心。怎样培训领导者？要花费多长时间？教室培训和基层走访的最佳结合方式是什么？首席执行官应该亲自参与多少次日常改善活动？这样的问题我们可以一直问下去，但我们能给出的只是一个无法让人满意的答案：这得视情况而定！

发展丰田式精益领导力没有现成的方法。但是我们依然认为在你致力于发展精益领导力的时候，要对本章中提出的 6 个问题反复进行思考。如果根本不需要老师则更好，可是追求丰田式管理的公司的文化、信仰以及习惯与那些真正践行丰田模式的公司不一样，所以，如果你想成功构建一种崭新的文化，就必须接受指导。幸运的是，在丰田有很多指导者帮助新来的有抱负的领导者学习怎样完成这样的过程。这些指导者都是践行丰田领导原则 20 ~ 30 年的经验丰富的人。在达纳，有这种能力的人是很少的，因此加里才从外部招聘，自己也承担起了培训员工的角色。对很多公司来说，让高层管理者接受新型领导方式需要至少一位指导者做出指导。

雇用精益咨询师有为我们自身利益服务的嫌疑，其实我们也并不推荐这样做。在达纳，加里有意尽可能地限制咨询师数量，而是着力于引进专家担任经理和高层管理者。咨询师则主要负责在雇用这些人之前验证他们的能力。

按照传统，咨询师的作用是运行一个项目、制订行动计划。在本质上，咨询师是在替顾客思考。很多精益咨询师都是这样的：声称在精益方法方面有专长，并保证能消除浪费；可以带来快速的经济利益，让公司学到一定的精益方法。可是结果都一样，公司根本没有取得什么学习成果，它们从咨询师那儿学来的顶多是一些毫无用处的东西。尤其要小心那些对答如流、从容自信，声称可以实现激进的价值主张的咨询师。在短期内实现价值主张意味着咨询师们必须快速行动，这可是常规的精益方法最忌讳的。因为精益方法致力于找到问题的根本原因和最好的解决方法，致力于持续改善问题并进行分享经验。过来应急的咨询师们可没有时间让内部员工应对挑战，真正地学到一些东西。我们去过很多公司，它们都是让外部咨询师进行闪电式培训以获取巨大的短期效益。可是这种方法是不能持久的。当仅仅强调实施的时候，计划—实施—检验—行动这个循环过程就会断掉。

相反，一位好老师所起的作用应该像丰田的内部训练者那样：她会提出挑战，和领导者实地查看整个流程，提出问题，给出建议，让领导者去努力思考；她会拒绝把责任揽过来替公司思考；她会播下让公司领导发展的种子，找到足够多的能提升自我的领导者，鼓励他们互相学习，并发展员工，而这些员工反过来会促进整个循环进一步发展。衡量老师价值的尺度在于你的公司学到了多少东西，如何发展内部领导者并使这些领导者培养员工。如果高层管理者雇用了老师，然后自己就撤出，静观公司发生的变化，那么这种做法注定要失败。把提升自我委托给别人是不可能有结果的。经常有人问我们，一个公司怎样才能从精益中不断获得收益呢？好老师都知道，公司期望的不应该是什么收益，而应该是员工发展和流程改善这样相互关联的良性过程。

你不需要等待完美的首席执行官

那么，如果你只是公司的中层管理者，你该怎么办呢？还有，如果你的首席执行官认为激励员工的关键是要培养适者生存而不是共同发展的文化氛围的话，你又该怎么办呢？这其实是很多大公司都会有的情况。

我们的建议是，你依然要着手去做。也就是说，我们曾经见过那么多的指导者和管理者热衷于丰田模式，并在力所能及的范围内推行丰田的价值观。*The Toyota Way to Continuous Improvement*[18] 一书举了两位副总裁的例子。这两个人在没有首席执行官或者公司其他业务部门支持的情况下，成功实现了自己所属业务部门的文化转型。要记住，好的问题解决方法意味着对目前状况的局限性有清楚的把握，而且，无论你处于什么样的境地，在你力所能及的范围内都有很多可行的办法。我们建议你致力于自己能控制的部分，为他人树立榜样。

要勇于尝试，而后要深刻反思，然后再去尝试。如果你有幸遇到一位老师，一定要牢牢抓住这个机会，因为总有更多需要学习的东西。成功会引起人们的积极关注和兴趣。即使你最终离开了现在的公司去了与你价值观相匹配的公司（就像当初加里离开福特汽车来到丰田那样），那你也是有准备的，因为你一直都在把自己当作领导者而努力。

实践丰田模式需要领导者做出的承诺要远远高于多数公司所能做到的。这不是一个有固定起点和终点的过程，提升自我和发展他人是一生的旅程，永远都没有终点。

面对这样的挑战，你准备好了吗？

注　释

前言

1. 关于丰田对大萧条和召回危机的反应的深入分析，请参见 Jeffrey Liker and Timothy Ogden, *Toyota under Fire* (New York: McGraw-Hill, 2011).

2. 如果说丰田任何部门都没有裁减过员工，那是不准确的。在这轮经济大萧条中，丰田的销售部门便裁减过一些码头工人。新联合汽车制造公司关闭了，不过，它不是丰田的工厂，而是丰田的隶属机构。

3. Andrea Tse, "2010 U.S. Auto Recalls," The Street, June 28, 2010.

4. 这可以在下述网页中找到: http://www.toyota-global.com/company/vision_philosophy/toyota_global_vision_2020.html.

导论　丰田全球商业领导地位的根源

1. Jesse Snyder, "Ford Scores Tumble, Toyota Rebounds in Initial Quality Survey," *Automotive News*, June 23, 2011; http://www.autoweek.com/article/20110623/CARNEWS/110629937.

2. Jeffrey Liker and James Franz, *The Toyota Way to Continuous Improvement* (New York: McGraw-Hill, 2011).

3. Geert Hofstede, Gert Jan Hofstede, and Michael Minkov, *Culture and Organizations: Software for the Mind*, 3d ed. (New York: McGraw-Hill, 2010).

4. Samuel Smiles, *Self Help* (1859; West Valley City, Utah: Waking Lion Press, 2006).

5. 丰田（Toyoda）家族的姓名拼写中有一个字母 d，但是在丰田汽车公司（Toyota）的拼写中却是字母 t，原因如下：用日语假名书写 Toyota（とよた / トヨタ）时一共有 8 画，8 是一个幸运数字；视觉上更简洁；清辅音 t 比浊辅音 d 听起来更悦耳。同时丰田家族本身也想和企业保持一定的距离。

6. 1971 年，心理学家 E. L. 德西（E. L. Deci）研究发现，明确的奖励会产生这种负面作用 [E. L. Deci, "Effects of Externally Mediated Rewards on Intrinsic Motivation", *Journal of Personality and Social Psychology* 18（1971）：105-115]。近期还有一项对各种电脑游戏所做的研究：控制组成员要做的就是开心地打游戏，所以他们会不停地打游戏；而对照组成员打游戏则要支付相应的费用，所以一旦付费停止，他们的游戏也要停止 [Brian Tietje, "When Do Rewards Have Enhancement Effects?" *Journal of Consumer Psychology* 12, No.4(2002):363-373]。

7. Jeffrey Liker and Michael Hoseus, *Toyota Culture* (New York: McGraw-Hill, 2008).

第 1 章　丰田领导方式：终身的旅程

1. 这个故事摘自横井明未出版的回忆录，他的回忆录叫作 "与三河王的斗争：印度尼西亚、澳大利亚和欧洲的项目档案"（*Fighting the Three River Kings: Project Files of Indonesia, Australia and Europe*），是他在去世前几年写的。

2. C. K. Prahalad, *The Fortune at the Bottom of the Pyramid* (New York: Pearson Prentice Hall, 2009).

3. Jeffrey Liker and Timothy Ogden, *Toyota under Fire* (New York: McGraw-Hill, 2011).

4. 本章的概念均来源于丰田的一份内部文件 "丰田之道 2001"。该文件是由张富士夫牵头创建的，也是第一份以书面形式清晰地阐述丰田之道所有原则的文件。

5. Jeffrey Liker and Michael Hoseus, *Toyota Culture* (New York: McGraw-Hill, 2008).

6. Liker and Ogden, *Toyota under Fire*.

7. 此前丰田已成功地将丰田生产体系引入南加利福尼亚一家生产车箱的工厂 TABC，但那家工厂的规模小得多，流程也简单得多。

第2章　自我提升：岗位发掘制和教练式培养

1. 这里的话及本章开头的引语来自孔子之孙孔伋（字子思）所著的《中庸》。译本为 William Theodore De Bary et al., *Sources of Chinese Tradition*, vol. 1 2nd ed. (New York: Columbia University Press, 2000).

2. John H. Berthrong and Evelyn Nagai Berthrong, *Confucianism: A Short Introduction* (Oxford, U.K.: Oneworld Publications, 2000).

3. Malcolm Gladwell, *Outliers: The Story of Success* (New York: Little Brown, 2008).

4. Jeffrey Liker and Michael Hoseus, *Toyota Culture* (New York: McGraw-Hill, 2008).

5. Geoff Calvin, *Talent Is Overrated: What Really Separates World-Class Performers from Everybody Else* (New York: Portfolio, 2008).

6. Jeffrey Liker and David Meier, *Toyota Talent* (New York: McGraw-Hill, 2007).

7. Dori Digenti, *Zen Learning: A New Approach to Creating Multiskilled Workers*, Center for International Studies, Massachusetts Institute of Technology working paper MIT JP 96-29, 1996. Digenti 分析了在日本文化语境下禅宗对于教学的意义，并称之为"禅学"。

8. Mike Rother, *Toyota Kata: Managing People for Improvement, Adaptiveness and Superior Results* (New York: McGraw-Hill, 2009).

9. 岗位指导训练的详情可参考 Liker and Meier, *Toyota Talent*, and Calvin, *Talent Is Overrated*.

10. 详情可参考 Gladwell, *Outliers*, and Calvin, *Talent Is Overrated*.

11. H. Dreyfus and S. Dreyfus, *Mind Over Machine* (New York: Free Press, 1982).

12. 我们很快就会注意到，那些认为提供的激励奖金额度越高，建议制度就会运转得越好的人完全错了。在丰田看来，高额的奖金将会转移员工对自我提升的重视，使得他们为了获得个人经济收益与该制度进行博弈。高额的奖金会让那些自私自利而非注重自我提升的人更加突出。

13. Jeffrey Liker, *The Toyota Way* (New York: McGraw-Hill, 2004).

14. 有少数政府高级官员加入了丰田并成为董事会成员，比如来自日本原通商产业省（MITI）的官员。除此之外，董事会成员均由执行副总裁及其以上职位的人担任，他们都终身在丰田任职。

15. Liker and Meier, *Toyota Talent*.

16. James Morgan and Jeffrey Liker, T*he Toyota Product Development System* (New York: Productivity Press, 2006).

第 3 章　指导和培养他人

1. 想要了解如何正确地运用 A3 报告来对员工进行良好的指导和培养，请参见John Shook, *Managing to Learn* (Cambridge, Mass.: Lean Enterprise Institute, 2009).

2. 现在它是丰田生产体系支持中心。2011 年，该中心作为一个非营利中心，其一半的工作是为大多数与丰田没有业务关系的私营公司提供培训，另一半的工作是为卫生保健和教育领域的非营利机构以及慈善服务组织提供培训。

3. 事实上，即便在召回危机发生时，美国人也没有完全自力更生——此时，新联合汽车制造公司已经成立了差不多 25 个年头。召回危机带来的一个结果是，公司决定加快区域性公司自力更生的进程，同时让更多的美国人担任公司的最高层领导者。

4. Robert Greenleaf, *The Power of Servant Leadership* (San Francisco: Berrett-Koehler, 1998).

第 4 章　日常改善：自上而下的持续领导力培养

1. Rensis Likert, *The Human Organization: Its Management and Value* (New York: McGraw-Hill, 1967).

2. Jeffrey Liker, *The Toyota Way* (New York: McGraw-Hill, 2004), pp. 188–191.

3. 该维修服务工厂以及北美的大多数丰田工厂都熟知肯·布兰佳的"情境领导力"概念 [Ken Blanchard, Eunice Parisi-Carew, and Donald Carew, *The One Minute Manager Builds High Performing Teams* (New York: William Morrow, 2009)]。不同类型的领导力必须用于对应的情境中，才能发挥正确的作用。在新小组起步阶段，必须采用指导型领导力；随着小组的成长，可以采用支持型领导力；最终，成熟的小组可以较为独立自主地运作。

第 5 章　方针管理：组合愿景、目标和计划，实现持续改善

1. 可用于这一目的的实例请参阅 Thomas L. Jackson, *Hoshin Kanri for the Lean Enterprise* (New York: Productivity Press, 2006) and Pascale Dennis, *Getting the Right Things Done: A Leader's Guide for Planning and Execution* (Cambridge, Mass.: Lean Enterprise Institute, 2006).

2. 当然，在以往，董事会成员几乎全是日本人，我们希望今后这一状况能够改变。

3. 加里担任丰田北美制造公司的执行副总裁时，是丰田任命的第一位美籍制造主管。丰田北美销售公司的前任总裁吉姆·普雷斯（Jim Press）是第一位成为丰田董事会成员的美国人。

4. 杰弗瑞·莱克和迈克尔·豪瑟斯所著的《丰田文化》（北京：机械工业出版社，2009）一书的第15章包含了有关"车间管理发展系统"（FMDS）的详细介绍，以及该系统是如何与肯塔基公司的年度计划及目标联系在一起的。

5. 详情可参考 http://www.resourcesystemsconsulting.com/blog/archives/102.

第 6 章　丰田式领导力扭转达纳的处境

1. Jeffrey Liker and Timothy Ogden, *Toyota under Fire* (New York: McGraw-Hill, 2011).

2. 协议通常是在破产期间和贷方协商的财务指标。以达纳的案例为例，协议中有一项明确要求，达纳的现金流至少要能达到其巨额债务应付利息的两倍。但是事实很快表明，伴随着经济衰退，这一点不可能像协议要求的那样实现得如此之快。

3. Jeffrey Liker and David Meier, *The Toyota Way Fieldbook* (New York: McGraw-Hill, 2006), Chapter 4.

4. 杰弗瑞·莱克和迈克尔·豪瑟斯所著的《丰田文化》（北京：机械工业出版社，2009）一书中描述了生产部门的矩阵组织结构，詹姆斯·摩根和杰弗瑞·莱克所著的 *The Toyota Product Development System*（New York: Productivity Press, 2006）中描述了产品开发部门的矩阵组织结构。

5. Liker and Ogden, *Toyota under Fire.*

6. Jeffrey Liker, *The Toyota Way* (New York: McGraw-Hill, 2004).

7. 丰田供应商支持中心（TSSC）衍生于日本丰田的运营管理顾问部门。正如我们在第 3 章中所讨论的，正是这支团队帮助加里培训了肯塔基公司的管理人员。TSSC 派出北美公司的总经理助理杰米·博尼尼（Jamie Bonini）为顾问，加里任肯塔基公司总裁时曾经雇用过他。

8. 有关示范生产线的作用以及深度执行与广泛实施的优点的讨论，请参考杰弗瑞·莱克和詹姆斯·弗朗茨所著 *The Toyota Way to Continuous Improvement* (New York: McGraw-Hill, 2011) 的第 3 部分。

第 7 章　学习丰田式领导力

1. Mike Rother, *Toyota Kata: Managing People for Improvement, Adaptiveness and Superior Results* (New York: McGraw-Hill, 2009).

2. George Leonard, *Mastery: The Keys to Success and Long-Term Fulfillment* (New York: Penguin Books, 1991).

3. Robert J. Thomas, *Crucibles of Leadership: How to Learn from Experience to Become a Great Leader* (Cambridge, Mass.: Harvard Business School Press, 2008).

4. Daniel Pink, *Drive: The Surprising Truth about What Motivates Us* (New York: Riverhead Trade, 2011).

5. Edwin A. Locke and Gary P. Latham, *Goal Setting: A Motivational Technique That Works* (Englewood Cliffs, N.J.: Prentice-Hall Trade, 1984).

6. Jim Collins, *Good to Great: Why Some Companies Make the Leap . . . and Others Don't* (New York: HarperBusiness, 2001).

7. Stephen Covey, *The 7 Habits of Highly Effective People*, rev. ed. (Boston: Free Press, 2004).

8. Ken Blanchard, Eunice Parisi-Carew, and Donald Carew, *The One Minute Manager Builds High Performing Teams* (New York: William Morrow, 1991).

9. Peter Senge, *The Fifth Discipline: The Art and Practice of the Learning Organization*, rev. ed. (New York: Crown Business, 2006).

10. Chun-Chi Lin and Susumu Yamaguchi, "Japanese Folk Concept of *Mentsu*: An Indigenous Approach from Psychological Perspectives," in G. Zheng, K. Leung, and J. Adair (eds.), *Perspectives and Progress in Contemporary Cross-Cultural Psychology*, Selected Papers from the Seventeenth International Congress of the International Association for Cross-Cultural Psychology, online edition, 2004; http://ebooks.iaccp.org/xian/TOC.htm.

11. George S. Odiorne, *Management by Objectives: A System of Managerial Leadership* (New York: Pitman Pub., 1965).

12. H. Thomas Johnson, *Profit beyond Measure* (New York: Free Press, 2008).

13. Joe Murli, "Integrating Leader Standard Work with Visual Management Tools," pdf download from Lean Enterprise Institute, 2011; www.lean.org/downloads/lei_dec_9_visual_managment.pdf.

14. Jeffrey Liker and Timothy Ogden, *Toyota under Fire* (New York: McGraw-Hill, 2011).

15. 有关学习循环的加深与扩展，杰弗瑞·莱克和迈克尔·豪瑟斯在《丰田文化》（北京：机械工业出版社，2009）一书中进行了详细的探讨。

16. Rother, *Toyota Kata*.

17. 奥巴马任期内的白宫幕僚长；http://online.wsj.com/article/SB122721278056345271.html.

18. 请参考杰弗瑞·莱克和詹姆斯·弗朗茨所著的 *The Toyota Way to Continuous Improvement* (New York: McGraw-Hill, 2011)，其中第 8 章列举了福特汽车健康系统的一位副总裁在病理学和检验医学方面所做的改革；第 11 章列举了某家汽车零部件供应商的一位副总裁在工程组织方面所做的改革。

致　　谢

　　说起这本书的起源，还要追溯到 2004 年。当时，杰弗瑞在丰田位于肯塔基州厄兰格的美国总部介绍了《丰田模式：精益制造的 14 项管理原则》，加里也在场。会后，加里找到杰弗瑞，对他的著作大加赞赏，并且说："我还有 3 年就要退休了，到时我也想写一本书，谈谈我在新联合汽车制造公司和丰田的职业生涯中的收获。你愿意和我一起来写吗？"杰弗瑞深感荣幸，但又颇为怀疑，毕竟，有很多精彩的想法最后都没有化为行动。然而，差不多就在 3 年后，加里联系杰弗瑞说："我接到一个任命，即将在退休之后出任 3 年的高级顾问。你还想跟我一起写书吗？"就这样，我们便开始合作撰写这本书。

　　当然，我们当时面临的一个大问题是：这本书应该写些什么呢？是不是应该像一本自传，悉数道来加里是如何一路走来，最终成为丰田领导者的？就像其他几位退休的首席执行官的自传那样，说出精彩的故事，表达睿智的洞察；还是从丰田创办新联合汽车制造公司开始，对丰田在这 25 年间的所作所为进行社会和历史方面的分析，或者这两方面内容兼而有之？说实话，在这个问题上，杰弗瑞的儿子杰西起到了决定性作用。他先是读了导论部分的初稿，提出了具体的意见（大多是否定意见），但当他看到 20 来页时，他写道："天啊！我真不敢相信，总算说到领导力了！我太激动了！我终于了解到除丰田历史以外的东西了，我还想多看一些这方面的内容！"杰西认为这本书应该"教给大家一些有用的东西"（跟这个孩子在一起真是件开心的事儿），我们接受了他温和的建议，决定将重点放在领导力上。

　　很多公司试图复制丰田的管理系统，结果均以失败告终，当我们对此提出很多"为什么"时，我们俩都发现，缺乏领导力显然是导致失败的主要原因，而领导力也正是丰田在过去几十年里能够保持极强弹性和适应性的原因所在。出于这个理由，我们调整了这本书的写作思路以及需要进行的各种采访。领导力和领导力发展成为我们在丰田的各家工厂和办公室采访时聚焦的内容。后来，作为丰田董事会成员的加里出任濒临破产的达纳的首席执行官，那是一家根据《美国法典》第 11 卷而接受破产保护的汽车零部件供应商。加里及其团队发挥领导力，使达纳起死回生的经历、他们所雇用的出类拔萃的员工、在将哪些人培养成高效领导者的问题上所做的艰难决策，所有这些素材都为本书提供了全新的观点，以阐明如何培养出有能力将一家公司、一家工厂或一个工作群体带上卓越运营之路的人。

我们对卓越运营的关注源于一个简单的想法，这个想法似乎与大多数股评家的观点背道而驰：一家有价值的公司应该是整个公司的各个层级都能把事情做得很棒。应该收购或出售哪些公司、投资哪些生产线、聘用或解雇多少员工、把哪些业务外包到人力成本低的国家去、谁该成为下一个明星首席执行官，如果仅仅就这些做出交易性决策并不足以造就卓越的公司。卓越必须渗透到公司的各个部分，并且真正融入公司的文化。

然而，卓越运营必须与战略挂钩。如何挂钩呢？这就是加里从丰田获得并愿意与我们分享的东西。在写书的过程中，我们从不计其数的人那里汲取了集体智慧，这些人是我们的导师和楷模，在我们自以为是行家里手的时候又对我们提出疑问，促使我们思考，最重要的是，他们鼓舞和激励了我们。在此，我们将列出其中一些人，感谢他们赋予我们的人生经验，不过，还有更多的人我们无法在此一一列出，这不失为一大憾事。其实，我们在书中列举的每一个卓越领导的事例背后都有成百上千个类似的事例。

首先，以下这些人对加里丰田式思维方式的形成有着深远的影响，他们其中很多人还向杰弗瑞传授了丰田管理系统的内在深刻理念：

- 丰田前任总裁及名誉董事长丰田章一郎博士。从 1984 年新联合汽车制造公司创办伊始，他便展现出广阔的视野，对丰田的未来充满信心，这些都是驱动丰田全球拓展大获成功的动力。过去 30 多年来，丰田章一郎博士的领导力对公司每一位领导者都产生过巨大的影响，这种影响力也将确保公司未来的领导者能够深入理解并践行丰田之道。

- 丰田前任总裁及名誉董事长丰田英二。坦白地说，如果没有丰田英二的全力支持和付出，绝不可能完成与通用汽车合资成立新联合汽车制造公司。新联合汽车制造公司的成功加深了丰田对北美市场的理解，并赋予其进军北美的信心。丰田在美国和加拿大的投资达几十亿美元，为当地人们提供了数千个很好的就业岗位，成为当地社区真正的合作伙伴。

- 丰田前任总裁及高级顾问丰田达郎。作为新联合汽车制造公司的第一任总裁，丰田达郎亲自领导团队工作，这显示了丰田对新联合汽车制造公司的成功志在必得。丰田达郎具有极高的声望，他超凡的个人魅力和热心赢得了公司每一个人的支持。

- 丰田前任总裁以及后来成为董事长的张富士夫。他是大野耐一的弟子，也是丰田生产体系的专家。在丰田最初进军北美市场时，他颇具热情和耐心的领导赢得了肯塔基公司数千名员工的支持。

- 丰田负责全球工程和制造的前任执行副总裁楠木兼良。他在技术上完全通晓丰田的制造流程和设备，同时又具有非凡的远见，因而在丰田的全球扩展中指导公司进行各种战略投资。

- 丰田负责全球制造和物流的前任执行副总裁和副董事长池渊康介（也是大野耐一的弟子），他曾领导团队创建新联合汽车制造公司。他教会了加里丰田式领导力的真正含义。

- 丰田北美公司的前任总裁兼首席执行官田口俊昭。田口俊昭真诚、文雅和亲切的个性为北美公司带来了亲切友善的领导风格，赢得了公司内外无数的支持者，他们都欣然接受丰田融入美国的主流社会。

- 丰田执行副总裁及普锐斯最初的首席工程师内山田武。他证明了丰田的工程师们为了提高未来的交通技术是如何持续不断地努力的。在他的领导下，普锐斯的混合动力车技术成为 21 世纪最重要的环保驱动系统。

- 丰田负责全球制造和采购的执行副总裁酒井敦。酒井敦让加里认识到，想要在北美实现"丰田全球愿景 2010 年"，全球战略规划以及各职能部门的密切合作是非常重要的。

- 丰田北美公司的总裁和丰田汽车销售公司的董事长及首席执行官稻叶良睍。他在北美的丰田汽车销售公司所表现出来的强大领导力，为他赢得了各丰田经销商的尊重与敬佩。后来在纽约和华盛顿，他又树立了丰田在投资者、分析家以及华盛顿从政者心中的良好形象。

- 丰田汽车工程和制造的执行副总裁、丰田北美公司的高级副总裁、首位担任丰田公司高级执行董事的加拿大人雷·谭桂。雷具有很强的领导力，他将创新的社会与技术解决方案用于汽车制造。他与加里合作了 20 多年，共同促进丰田北美公司的成长，使其发展成为年产 200 多万辆高品质汽车的制造公司。作为丰田（加拿大）汽车制造公司的负责人，雷的领导力对公司做出生产雷克萨斯的决策起到了至关重要的作用（这是迄今为止雷克萨斯在日本以外的唯一一个生产地）。

- 丰田汽车工程和制造的执行副总裁和北美质量特别小组的首席质量官史蒂夫·圣安杰洛。与那些在新联合汽车制造公司工作的数百名通用汽车的高管相比，史蒂夫对丰田模式的吸收和理解更加深刻，因而后来成为丰田北美公司在制造方面的美籍高层领导者和首席质量官。

- 新联合汽车制造公司负责行政和人力资源的前任副总裁比尔·蔡尔兹。比尔将丰田模式成功地运用于全体员工的人力资源管理，并与全美汽车工人联合会的代表建立了真诚的合作关系，为新联合汽车制造公司迅速成为通用汽车在生产力和质量上的先锋铺平了道路。

- 丰田汽车北美公司的前任高级副总裁丹尼斯·库尼奥（一位深谙丰田生产体系的律师）。丹尼斯分享了他在新联合汽车制造公司时以及其后的丰富经验，并且在聘用加里出任新联合汽车公司总经理一事上起到了很大的作用。

- 新联合汽车制造公司的前总裁和制造总监杰西·温盖德。杰西是加里第一个招进汽车制造公司的人，他不断证明了自己卓越的领导力，并且以身作则，成为众人效仿的榜样。

- 新联合汽车制造公司的前任制造总监加里·特威斯曼。作为一名前福特汽车的杰出工程师，特威斯曼在流程工程和维修方面具有丰富的经验。他是一位善于鼓舞人心的领导者，为新联合汽车制造公司的工程师们设立了标准；他还亲力亲为地参与维修人员的工作，从而使新联合汽车制造公司复杂的设备始终保持良好的运行状态，这在北美地区是不多见的。

- 在新联合汽车制造公司里担任加里和杰西的前任行政助理贝思·努涅斯。企业里的每一个高管都知道，你不能低估一位优秀助手的重要性，有了这样的助手，你才能集中精力处理手上的工作。幸好这14年来我们都有这样一位必不可少的人——贝思。

- 丰田肯塔基公司的前任总裁和董事长马斯莫托·马特·埃姆斯瓦。马特离开新联合汽车制造公司后出任肯塔基公司的执行副总裁、总裁，加里在肯塔基公司的最初那几年，马特是他的导师。马特对丰田生产体系有着自己深刻的理解，他让加里专心在实践中学习。他们使得很多丰田供应商和肯塔基公司的车间经理们的能力得到了提高。

- 丰田肯塔基公司的前任行政和人力资源副总裁皮特·格里顿。皮特用日常行动证明，要赢得员工的信任，良好的沟通、公正和透明是多么重要。

- 丰田肯塔基公司的前任制造副总裁谢里尔·琼斯。在谢里尔面前，从来就没有什么克服不了的难关。她在加入丰田之前，曾在当地的杂货店工作过几年。谢里尔以其惊人的能量和领导力，成功地克服了面临的所有难关，最终成为丰田北美公司的女性高管。

- 丰田肯塔基公司的前任制造副总裁唐·杰克逊。唐在质量控制方面培养了很强的问题解决能力和项目管理技能，他的领导力对于管理丰田在肯塔基公司的几个最具挑战的项目是不可或缺的。

- 丰田肯塔基公司的总裁威尔·詹姆斯。在 20 多年的职业生涯中，威尔承担过各种颇具挑战性的职能和责任，他出众的品质和超强的领导力必然使他成为丰田第一位非裔美籍总裁。

- 丰田肯塔基公司的前任制造副总裁帕特·德伊拉莫。加入丰田之前，帕特在通用汽车的事业相当成功。作为"外来人"，他在刚刚加入丰田时遇到了来自很多团队成员的阻力。但他凭借自己无限的能量、优秀的沟通技能、诚实正直的品性、解决问题的敬业精神很快便赢得了大家的尊重。

- 丰田肯塔基公司的前任总经理巴里·夏普。巴里和帕特一样，也是从福特汽车来到丰田的，他通过严格的自我发展在丰田赢得了一席之地，他还以此在肯塔基公司界定了"服务型领导"的标准。

- 丰田供应商支持中心的前任总经理马克·赖克。马克为方针管理提供了宝贵的见解。

- 丰田北美公司战略规划与多元化副总裁拉塔德拉·牛顿。他为我们提供了有关丰田岗位培养的重要见解。

- 丰田肯塔基公司的工程技师瓦希德·加威。他为该公司车身车间引进了世界一流的创新流程，他从"技术专家"向工作组领导者转变的过程有力地证明了提升自我与培养他人的强大。

- 丰田肯塔基公司前任质量经理尤里·罗德里格斯。通过不断提升自己领导改善的能力，他成为厂内改善水平最高的人之一。

- 丰田肯塔基公司前任总裁助理杰基·安默曼。从一名当地乡村女孩成为一名车间生产线组员，杰基通过提升自己的能力成为加里看重的下属之一。加里也为她能选择与自己共事而感到荣幸。

其次，达纳也有一个很长的感谢名单，这些人在帮助一家优秀的美国公司起死回生、走向卓越运营的良性发展道路的过程中发挥着至关重要的作

用。加里希望亲自对他们表示感谢，在本书中先对几位关键人物致以诚挚的
谢意：

- 达纳前董事长约翰·迪瓦恩。作为前福特汽车首席财务官和通用汽车副董事长，约翰在汽车行业拥有强大的高管人脉和资深的经营造诣，他是加里的最佳搭档。他给予了身为首席执行官的加里充分的灵活性，让他能够凭借自己的丰田经验，着眼于达纳全球生产根基的重新建立。

- 达纳前首席行政官兼人事总监的罗伯特·马辛。在经济大萧条时，罗伯特以意想不到的速度完成了重大的人事重组和减员。

- 达纳执行副总裁兼首席财务官詹姆斯·约斯特。他领导达纳进行了全球财务重组、就协议与贷方重新谈判，并且与投资者和分析师建立积极的关系，帮助他们了解达纳的真正价值。

- 负责达纳采购、战略规划以及商务拓展的副总裁雅基·德多。她凭借其采购和商务拓展方面的领导力，在达纳快速建构复杂的全球组织结构的过程中，为迫切所需的改善提供了必要的支持。此外，她频繁加强外部联系，凭借自己建立的强大的汽车行业网络为达纳寻求支持。

- 达纳轻型车部门前任总裁马蒂·布莱恩特。马蒂是加里为达纳聘用的最重要的人员，曾任丰田的管理人员。马蒂卓越的领导才能随着他所管理的领域的不断拓展而逐渐绽放。作为业务架构总裁，他将公司绩效改善得非常之好，为销售带了数以百万美元的增值价值。达纳将6个运营部门逐步压缩为两个，在每一次整合时，约翰·迪瓦恩都会问谁有能力掌管新的部门，答案自始至终都是马蒂·布莱恩特。

- 负责达纳传动轴系、售后以及全球运营的总裁马克·华莱士。马蒂·布莱恩特在举荐马克·华莱士（马蒂的前任上司）负责全球运营的时候这样说道："马克的能力是我的两倍。"加里对此持有怀疑，但是这对充满活力的组合屡次证明了他们都是能够在车间和会议室之间运筹帷幄的卓越领导者。

- 达纳的首席技术官乔治·康斯坦德。达纳很庆幸能够在公司内部找到乔治来担当重任，在巩固达纳各种设计和工程中心并使之合理化的同时开发满足消费者需求的新技术。

- 达纳法律总顾问马克·莱文。作为执行委员会成员中唯一服务达纳多年的领导者，马克·莱文对公司有着深刻的认识与合理的判断，这使得他成为达纳在摆脱破产以及处理后续工作时引领公司走出混沌的无价资产。

- 中桥公司的高管勃兰特·麦基。当中桥将勃兰特"借与"达纳全职参与达纳运营团队的工作后，中桥在达纳的大手笔投资产生了显著的效益。在协助达纳全球 26 个国家的 113 家工厂的卓越运营上，勃兰特超凡的领导力发挥了至关重要的作用。

- 达纳运营副总裁、前丰田高管、将丰田生产体系应用于车间的专家大卫·吉布森。大卫用"干中学"的方法有效地指导了达纳全球运营方面的领导，使得团队节约了数百万美元的运营成本和库存。

- 达纳运营副总裁埃德·柯普科沃斯基。埃德在传统美国公司有着多年领导精益六西格玛项目和各种运营的经验，他继续以丰田模式提升自己来领导达纳运营体系的组织和培训。

- 达纳首席执行官助理桑迪·米勒。加里从未遇到过像她一样能干、得体、高效的助理。公司里的每一个人都会求助于桑迪完成一件又一件事情，而她总能像真正的行家一样处理得当。

还有一些人与我们两位笔者以及本书有着特殊的关系。丰田的社长丰田章男不断证明他在培养丰田式领导者上所付出的努力。丰田章男与加里同在新联合汽车制造公司时，他告诉加里，最重要的人才总是那些在现场（工作完成的地方）的员工。他为本书慷慨作序。更重要的是，凭着他谦虚、勤勉致力于丰田模式的精神，丰田度过了公司历史上最艰难的一些时期。丰田模式的精神流淌在他的血液中。

蒂姆·奥格登和劳拉·斯塔里塔是我们的编辑，但是他们做的远不止编辑的工作。起初的合作可以说是"骑虎难下"，我们并不知道被推荐过来的 Sona Partners 出版社能给我们带来什么。我们原以为编辑只是按照我们的要求来疏通语句，他们却成为我们最苛刻的评论员。他们质疑我们的各种推断，并结合他们自己的看法来解释我们真正希望表达的东西，最终将复杂晦涩的书稿变成流畅的文章。同为精益图书作者的迈克·伯乐（Michael Balle）和凯伦·马滕（Karen Marten）也为本书的编撰提供了宝贵的帮助。

我们必须向在新联合汽车制造公司工作过的全体员工致以衷心的感谢。因为这里是加里开始接触学习丰田式领导力基础的地方，也是丰田学习在美国培养其独特文化的地方。他们为成千上万睁大眼睛参观工厂的人树立了榜样，让他们看到了真正融入企业的员工。在他们的帮助下，原先的通用汽车运营提升到了更高的层次。我们著书期间时值经济大萧条，通用汽车从新联合汽车制造公司退出，随后丰田决定该厂停产。那一天是精益制造的历史上悲剧性的一幕，但所幸，新联合汽车制造公司就像巨大的橡树播种留下自己的幼苗一样，随着特斯拉公司的接管，该厂有望为世界带来新水准的环保汽车。

最后，同样重要的是，我们都有幸拥有很棒的家人，给予我们爱护、支持、鼓励和宽容。黛博拉、艾玛和杰西，他们一直支持着杰弗瑞。黛博拉、科丽莎、查德、凯文、大卫以及艾丽西娅不断地给予在全职工作之余撰写此书的加里以鼓励。每本书的作者身后都有一个家庭，这个家庭让作者不用操心日常生活的琐事，从而保持清醒的头脑，心无旁骛地写作。

 与弗雷迪·伯乐合著有《金矿》《金矿Ⅱ》和《金矿Ⅲ》，这三本书中文版已由机械工业出版社出版。

作 者 简 介

　　杰弗瑞·莱克（Jeffrey K. Liker）博士是密歇根大学工业工程教授，同时也是莱克精益顾问咨询公司（Liker Lean Advisors）的总裁。他是全球畅销书《丰田模式:精益制造的 14 项管理原则》[⊖]（麦格劳－希尔公司,2004 年,此书被译成 26 种语言）的作者，同时也是另外 6 本关于丰田的著作的合著者。这 6 本书是：与大卫·梅尔合著的《丰田模式（实践手册篇）》[⊜]（麦格劳－希尔公司，2005 年）；与詹姆斯·摩根合著的《丰田产品开发体系》（生产力出版社，2006 年）；与大卫·梅尔合著的《丰田人才精益模式》[⊜]（麦格劳－希尔公司，2007 年）;与迈克尔·豪瑟斯合著的《丰田文化》[⊛]（麦格劳－希尔公司，2008 年）。

　　他最近的两本著作由麦格劳－希尔公司在 2011 年出版，分别是《改善再生》（包括不同行业进行变革的详尽案例）以及《丰田模式（危机应对篇）》[⊛]（关于丰田如何适应并摆脱经济衰退与美国汽车召回事件的威胁）。他的文章和著作获得过 9 次新乡科研奖；而《丰田模式》还荣获 2005 年工业工程师协会年度图书奖与 2007 年斯隆年度行业研究图书。杰弗瑞·莱克经常受邀为主讲顾问。他在美国东北大学获得工业工程理学学士学位，后在马萨诸塞大学获得社会学博士学位。

　　加里·康维斯（Gary L. Convis）是全球汽车、商用车以及越野车零部件供应商达纳控股公司前首席执行官兼董事会成员，后来成为达纳首席执行官特别顾问，为致力于卓越运营转型的管理人员提供讲座和顾问服务。

_____

⊖⊜⊜⊛⊛　此书已由机械工业出版社出版。

　　康维斯先生在丰田、通用汽车以及福特汽车度过了 40 余载春秋。2001年，他成为丰田在日本以外最大的工厂肯塔基公司的首位美籍总裁。2003 年，他被丰田任命为首位美籍制造主管。与此同时，他还担任丰田北美公司执行副总裁一职。此前他在通用汽车与福特公司工作了 20 多年，担任过不同的职位。

　　康维斯先生是库博标准汽车公司以及康帕斯汽车集团公司的董事会成员，他拥有密歇根州立大学数学和物理学双学位。